JN440679

에콰도르, 볼리비아, 페루

Ecuador, Bolivia and Peru

이 저서는 2008년도 정부(교육과학기술부)의 재원으로 한국연구재단의 지원을 받아 연구되었음(NRF-2008-362-B00015).

이 도서의 국립중앙도서관 출판시도서목록(CIP)은 서지정보유통지원시스템 홈페이지(http://seoji.nl.go.kr)와 국가자료공동목록시스템(http://www.nl.go.kr/kolisnet)에서 이용하실 수 있습니다(CIP제어번호 : CIP2013023991)

라틴아메리카 지정학 03

에콰도르, 볼리비아, 페루

포스트 신자유주의 시대의 안데스 국가의 변화와 도전

서울대학교 라틴아메리카연구소 기획 | 김달관 엮음

한울
아카데미

싸이의 「강남스타일」과 해외지역 연구

역사적 의미에서의 21세기는 1990년대 초에 시작되었다. 1989~1991년 동안 진행된 사회주의권의 붕괴는 20세기의 마지막 사건이었다. 이후 21세기에는 미국을 중심으로 신자유주의가 더욱 강화되었다. 그러나 2001년 9·11테러 사건, 2008년 금융위기, 2012년 유럽의 재정위기와 미국의 '월스트리트를 점령하라(Occupy Wall Street)' 시위로 자본주의의 위기와 미국 패권의 위기가 노출되었다.

이러한 상황에서 신자유주의를 강제하는 미국의 워싱턴 컨센서스로 인해 라틴아메리카에서는 사회 양극화가 심화되면서 국민들의 고통이 가중되었다. 1989년 베네수엘라의 카라카소, 1990년 에콰도르의 원주민봉기, 1994년 멕시코 치아파스의 원주민운동, 1990년대 후반 아르헨티나의 피케테로스운동, 2000년대 초반 볼리비아의 물·가스전쟁 등은 신자유주의에 반대하는 국민의 저항이었다. 1998년 베네수엘라의 우고 차베스(Hugo Cháez)를 필두로 2012년 페루에서는 오얀타 우말라(Ollanta Humala)가 승리함으로써 라틴아메리카에는 진보적인 정권이 들어서게 되었다(베네수엘라, 니카라과, 엘살바도르, 브라질, 에콰도르, 볼리비아, 우루과이, 파라과이, 도미니카공화국, 아르헨티나 모두 진보정권이 권력을 장악했다).

라틴아메리카의 진보적인 정부 간에는 자연적·역사적·지리적·사회적 측면에서 다양한 차이점이 존재한다. 그러나 라틴아메리카에 단 하나의 정치만 있고 라틴아메리카가 단 하나의 모델만 추구했더라면 다양한 라틴아메리카 진보정권이 승리하지 못했을 것이다. 이러한 다양성 속에서도 라틴아메리카는 신자유주의, 보수적 발전주의, 식민적 역사유산, 지역 통합과 같은 공통의 문제를 안고 있다. 라틴아메리카에 들어선 다양한 형태의 진보정권은 자본주의에 대한 '대안의 대안'으로서 21세기 공동체주의를 위한 새로운 가능성을 의미한다.

신자유주의하에서 자본주의와 식민유산을 극복하고자 한 라틴아메리카의 노력은 다양한 국가개혁의 논의를 촉발시켰다. 라틴아메리카에서 추진된 이러한 국가개혁의 실천과 방향성을 요약하면, 첫째, 자본주의 종식 여부, 둘째, 식민성 종식 여부로 구분할 수 있다. 자본주의 종식 여부는 미래에도 자본주의가 지속될 것인지, 아니면 자본주의가 종식될 것인지에 대한 인식의 차이에서 비롯된다. 자본주의가 지속된다는 관점은 자본주의의 전반적인 효율성을 향상시켜 자본주의를 최적화하면서 민주주의를 결합하는 것으로써, 브라질이 이러한 경우에 해당된다. 자본주의가 종식된다는 관점으로는 21세기 사회주의를 향한 베네수엘라의 차베스와 토착적 사회주의를 향한 쿠바의 피델 카스트로(Fidel Castro)를 들 수 있다. 다른 하나는 현재의 위기를 극복하려면 신자유주의뿐 아니라 500년 동안 지속된 식민성을 극복해야 한다는 탈식민적(decolonial) 관점에서 원주민의 공동체적 공생방식을 새로운 패러다임으로 추구하는 경우로, 에콰도르의 라파엘 코레아(Rafael Correa)와 볼리비아의 에보 모랄레스(Evo Morales)가 여기에 해당된다.

베네수엘라, 에콰도르, 볼리비아의 경우 자본주의 이후의 미래에 대한 진정한 방향전환을 추구하기 때문에 이들을 한편으로는 급진파라 부르기도 하고, 다른 한편으로는 낡고 포퓰리즘적이며 비민주적인 좌파라고 명명하기도 한다. 파블로 스테파노니(Pablo Stefanoni)는 이 3개국에서 정책이 실행되는 구체적인 과정을 보면 반자본주의적 또는 사회주의적 모델이라기보다는 '선한 자본주의'(공공투자 확대, 국가역할 확대, 금융자본과 생산자본의 균형, 소외계층의 권리 증진)의 모색에 가깝다고 주장한다. 이 3개국에 현존하는 모델은 신채굴경제와 민주주의의 결합이다. 신채굴경제는 옛날의 채굴경제와는 달리 수출모델과 자원개발을 중단하지 않으면서도 더욱 적극적인 재분배 정책을 통해 어느 정도 제도화되고 보편적인 사회정책이 민주주의와 양립하는 방식이다.

신자유주의와 500년간 축적된 내부식민성(colonialidad interna)으로 인해 특히 안데스 국가에서는 투자기업, 사회단체, 국가 간에 사회적·환경적 갈등이 발생하고 있다. 여기서 말하는 사회적·환경적 갈등은 환경, 환경자원(물, 광물, 가스, 석유, 목재 등) 및 환경자원의 배분적 정의에 관한 것이다. 또한 사회적·환경적 갈등은 신자유주의가 지속적으로 전개된다면 앞으로도 계속 안고 가야 하는 문제다. 다시 말해 사회적·환경적 갈등은 신자유주의의 외부요인이 아닌 내부요인인 것이다. 예를 들면 현재 광물자원의 국제적 교역조건은 안데스 국가에 유리하다. 따라서 안데스 국가 정부는 광물자원 부문에 대한 투자를 증대시키고 있다. 그 결과 산악지방과 아마존 지역에 거주하는 전통적인 원주민공동체가 피해를 입게 되었다. 그러면 피해를 입은 주민들은 정부에 저항하는 수밖에 없다. 이러한 갈등은 국가와 투자기업 사이에, 국가와 농촌 원주민 사이에 발생한다. 또한 수도와 지방 사이에, 그리고 시장논리와 집단조직 사이에서도 발생한다.

이처럼 안데스 국가에서의 국가개혁은 선언과 현실 간의 격차를 보여주고 있다. 이러한 격차를 줄이기 위해서는 채굴산업과 농산물 수출산업에 집중된 경향을 어떻게 점차 줄이면서 과학기술적 혁신을 이룰 것인가, 채굴산업에 필요한 단기자금의 필요성과 국가개혁 프로젝트에 대한 장기적 전망을 어떻게 조화시킬 것인가, 진행 중인 개발주의와 새로운 발전모델의 필요성에 대한 논의를 어떻게 연결시킬 것인가 등을 연구하는 것이 중요하다.

베네수엘라의 차베스, 에콰도르의 코레아, 볼리비아의 모랄레스의 혁명적 선언은 사실 속도에서나 계획과 실제 적용된 정책 간의 차이에서나 많은 문제를 안고 있다. 그러나 의심스러운 점이 있다고 해서 현재 진행 중인 변화의 잠재력이 무효가 되는 것은 아니다. 이들 나라에서의 국가개혁은 새로운 헌법 제정을 통해 모든 것을 하루아침에 깔끔하게 정리할 수 있는 성질의 것이 아니라 시간을 필요로 하는 일이다. 왜냐하면 자본주의와 식민성의 모순은 신대륙 발견 이래 500년 동안 누적된 모순과 적대의 역사이기 때문이다.

이 책을 준비하면서 볼리비아, 페루, 에콰도르의 사회변화에 대해 원고를 청탁할 사람을 찾아보았지만 끝내 찾지 못했다. 부족한 대로 이 3개국의 사회변화를 보여줄 수 있는 글을 번역하는 것으로 대체했다. 이 때문에 전체적인 모습을 일관성 있게 보여주기에는 부족하다는 아쉬움이 있다. 서울대 라틴아메리카연구소가 라틴아메리카에 대한 전반적인 지식과 정보를 제공하기 위해 노력하고 있지만 여기에도 역시 여러 가지 제약이 있다.

2013년 대한민국에는 새로운 정부가 들어섰다. 필자는 새로운 정부에게 과학기술 분야에 대한 연구개발 투자뿐만 아니라 해외지역 연구에 대한 투자도 필요하다는 사실을 강조하고 싶다. 아무리 훌륭한 기술로 만들어진 제품이더라도 현지인이 그 제품을 사지 않는다면 아무 쓸모가 없다. 훌륭하지 않은 제품이더라도 현지인의 세계관, 소망, 기쁨, 슬픔,

어려움을 이해한다면 약간의 배치전략을 통해 상당한 결과를 만들어낼 수 있다. 또한 장기적으로는 현지 사정에 대한 이해를 바탕으로 한 국가 이미지 관리도 중요하다. 따라서 이러한 관점에서 해외지역 연구에 대한 투자가 장기적으로 필요하다. 필자는 한국연구재단의 지원으로 2013년 2월에 볼리비아로 현지조사를 다녀왔다. 볼리비아에서는 싸이의 「강남스타일」을 들을 수 있었다. 싸이의 「강남스타일」을 현지에서 들으면서 우리나라의 위상 변화와 문화의 위력을 절감했다. 조지프 슘페터(Joseph Schumpeter)가 주창한 혁신의 개념은 새로운 자원, 시장, 제품을 지향하는 것에서 새로운 사람, 새로운 가능성, 새로운 분야에 대한 투자로 확대되어야 한다는 생각이 들었다.

이 책은 한국연구재단의 지원을 받아 서울대 라틴아메리카연구소가 라틴아메리카 주요국에 대한 사회적 요구에 부응하기 위한 방편이자 '지정학 시리즈'의 일환으로 기획되었다. 여러 가지 어려움이 있었지만 이 책이 안데스 국가에 대해 이해하는 데 조금이나마 도움이 되었으면 하는 바람을 가져본다. 이 책을 준비하는 데 참여해준 분들과 출판사에 진심으로 감사드린다.

2013년 10월

김달관

차례

제3부 페루

제4부 안데스 국가의 변화와 도전

표/그림 차례

제 1 부
에콰도르

제1장

에콰도르의 어제와 오늘

김달관

1830년, 에콰도르는 식민 시대를 마감하고 공화국으로 독립했다. 그러나 식민 시대 때 유지되었던 권력구조와 사회구조에는 아무런 변화가 없었다. 1959년 쿠바혁명의 성공과 함께 라틴아메리카에서는 반미주의가 확산되었으며, 에콰도르의 내부 사정과 미국의 영향으로 인해 1979년 에콰도르는 라틴아메리카 가운데 가장 빨리 민주화로의 이행을 시작했다. 그러나 이러한 과정에서 1981년의 외채위기로 1982년 신자유주의를 도입하기에 이르렀다. 이후 민주화와 신자유주의의 영향으로 인해 1990년 에콰도르에서는 라틴아메리카 최초로 원주민운동이 발생했다. 게다가 1997~2005년 동안 3명의 대통령이 국민의 봉기로 인해 강제로 퇴진 당했다. 이러한 상황에서 치러진 2006년 대선에서는 진보적인 성향의 코레아가 대통령에 당선되었으며, 2008년 신헌법이 제정되었다. 2008년 신헌법은 국민의 여망을 상당히 수용한 헌법으로, 에콰도르 역사에서 가장 진보적인 헌법으로 인식되고 있다. 이에 이 글에서는 에콰도르에 대해 ① 1979년 민주화 이전 시기, ② 민주화 시기(1979~2005), ③ 코레아 정부 등장의 순서로 살펴보고자 한다.

김달관 스페인 마드리드 콤플루텐세대학교에서 중남미지역학을 전공했다. 현재 서울대학교 라틴아메리카연구소 HK연구교수로 재직 중이다.

* 이 글은 김달관(2010, 2011a), 김달관·조영현(2012)을 바탕으로 에콰도르 역사를 일별할 수 있도록 정리했다.

에콰도르는 1830년 독립한 이후에도 식민 시대의 정치유산이 지속된 국가라고 할 수 있다. 이는 식민 시대 엘리트의 후예인 정치엘리트와 농업수출에 종사하는 과두세력이 독립 이후에도 기득권을 유지했기 때문이다. 그러나 1970년대 초에 아마존 지역에서 석유가 발견되면서 엘리트는 양분되었다. 석유 수출에 기초한 키토 중심의 군부와 정치엘리트가 한편이고, 농산물 수출에 종사하는 과야킬 중심의 정치·경제 엘리트가 다른 한편이었다. 이러한 과정에서 군부가 성장할 수 있었고 이어 군부독재가 들어서게 되었다. 그러나 군부세력은 해안지역에 과도하게 편중된 경제권력을 견제하면서 제조업 중심의 기업인을 지지하는 국가발전을 추구했다.

이러한 과정에서 1979년 에콰도르는 민주화를 이룩했다. 그러나 국민이 쟁취한 민주화가 아니라 군부세력이 자발적으로 퇴진한 수동적인 민주화였다. 따라서 1979년에 민주화가 이루어졌지만 국민의 삶과 일상은 그대로였다고 할 수 있다. 그러나 장기적인 측면에서는 500년 동안 억압받아온 원주민이 조금씩 각성하는 계기가 만들어지고 있었다. 경제적인 측면에서 에콰도르는 1981년 외환위기를 겪으면서 IMF의 요청에 따라 1982년 신자유주의를 도입했다. 이러한 정책은 사회의 가장 하층인 원주민에게 피해를 주었고, 이로 인해 1986년에는 원주민 운동 단체인 에콰도르원주민연맹(CONAIE)이 창설되었다. 이어 1990년 6월에는 라틴아메리카에서 가장 먼저 원주민봉기가 발생했다. 이 사건은 에콰도르 사회에 엄청난 충격을 던져주었다. 이후 2000년대 중반까지 에콰도르 사회에서 원주민은 중요한 정치주체로 활약하면서 사회 여러 분야에서 변화를 이끌었다.

1992년 신자유주의가 가속화됨에 따라 국민의 삶은 더욱 어려워졌다. 1995년부터 경제적 어려움이 가중되기 시작해 1999년 에콰도르 역사상 가장 심각한 경제위기를 경험한 에콰도르는 2000년 달러화를 도입하기에 이르렀다. 여기에 정치적으로는 국민이 선출한 3명의 대통령이 임기 중에 국민봉기로 인해 사임하는 사태까지 발생했다. 즉, 1997년에는 압달라 부카람(Abadalá Bucaram) 대통령이, 2000년에는 하밀 마우아드(Jamil Mahuad) 대통령이, 2005년에는 루시오 구티에레스(Lucio Gutiérrez) 대통령이 임기를 마치지 못하고 탄핵되는 초유의 사건이 발생한 것이다. 이러한 경제적·정치적 위기 상황에서 에콰도르는 국민의 요청으로 1998년과 2008년에 새로운 헌법을 제정했다. 이 과정에서 시민사회운동은 다국민성(pluri-nacionalidad)(김달관, 2011b: 9),[1] 상호문화성(inter-culturalidad)(김달관, 2011b: 11~13),[2] 수막 카우사이(Sumak Kawsay),[3] 압야 얄

---

1) 에콰도르 원주민은 스페인 식민 시대 이전에 현재 에콰도르에서 수천 년 동안 거주하던 사람을 지칭한다. 에콰도르를 스페인이 지배하면서 스페인계 백인이 에콰도르에 거주하게 되었으며 아프리카 흑인도 노예로 에콰도르에 거주하게 되었다. 이후 시간이 경과하여 혼혈인이 생겨나면서 에콰도르에는 다양한 국민이 정치적·사법적 주체로 살게 되었다. 그러나 1830년 스페인에서 독립한 에콰도르는 스페인계 백인과 그의 혼혈인을 중심으로 하는 단일 국민국가 체계를 구축했다. 이에 수천 년 전부터 살아온 원주민은 국민으로서의 자격을 박탈당했다. 이러한 조치에 따라 원주민은 정치적·사법적·경제적·문화적·사회적 측면에서 구조적으로나 실제적으로나 배제되는 역사가 독립 이후 지속되었다. 하지만 1990년부터는 소수의 엘리트에 의해 대표되는 단일 국민국가에 의문이 제기되기 시작했다. 원주민이 권위주의적 정당들에 의한 지역주의적·분리주의적 정책을 근절하기 위해 하나의 국가 안에서의 다양성 통합을 의미하는 다국민성을 주창한 것이다. 단일문화 국가는 사회의 다양성을 인정하지 않는다. 유일한 공식문화로 단 하나의 문화만 인정하고 다른 문화는 인정하지 않음에 따라 다른 문화는 비가시적인 것이 되고 동질화 관점의 틀에서 추상적으로 통합된다. 에콰도르 사회에서 다국민국가가 주장되는 것은 에콰도르의 국민국가가 제대로 기능하지 못하다는 인식에 기초를 두고 있다.

2) 상호문화성(inter-culturalidad), 다문화성(multi-culturalidad), 복합문화성(pluri-

라(Abya Yala),[4] 자치, 영토권, 공동체 등을 주장했고, 이러한 요구는

---

culturalidad)은 문화의 다양성을 표현하는 말이다. 다문화성은 기본적으로 묘사와 서술의 개념이다. 다문화성은 그들 간의 관계가 필연적으로 존재하는지와는 상관없이 특정 공간 안에서 존재하는 문화의 복수성을 의미한다. 즉, 관계적 측면의 고려 없이 다양한 문화 사이의 분리를 의미한다. 이것은 한편으로는 사회 속의 문화적 피지배 단체에 대해 배제의 대안으로서 특별한 정책, 대우, 권리 등을 요구한다. 다른 한편으로는 이러한 상황에서 타인에 대한 관용은 더 큰 갈등, 문제, 저항 없이 사회가 기능할 수 있도록 하는 데 필요한 것으로 인식된다. 그럼에도 관용은 관계적 측면에서 특정한 사람에게 특권을 주는 구조와 제도는 그대로 두면서 사회의 불평등과 불균형의 존재는 은폐하는 기능을 담당한다. 복합문화성은 원주민과 흑인이 백인, 혼혈인과 수 세기 동안 공존해왔던 차이의 의미를 긍정적으로 인정하는 개념이다. 다문화성과 반대로 복합문화성은 역사적·현재적 다원성을 강조한다. 즉, 역사적·현재적 다원성은 다양한 문화가 영토적 공간에서 공존할 수 있도록 하는 국민적 총체성을 만들어낸다. 상호문화성은 문화적으로 다른 사람, 지식, 실천, 논리, 합리성, 원칙 사이에 상호행위를 추구한다. 그리고 행동능력을 갖춘 주체로 여겨지는 타자로서 가능성을 제한하는 제도적 조건과 사회적·경제적·정치적·권력적 불균형을 자신들의 일부로 받아들이는 상호행위이기도 하다. 상호문화성은 그 자체로 차이 또는 타자를 관용하고 인정한다는 단순한 의미가 아니다. 그것은 사회적·정치적·소통적 수단을 통해 존재·지식·의미·실천 사이에 대화·연합·만남의 공간구축을 허용하는 상호교환 과정을 적극적으로 촉진함을 의미한다.

3) 수막 카우사이는 키추아어로, 직역하자면 '자연친화적인 안데스 원주민의 좋은 삶' 정도로 이해될 수 있다. 수막 카우사이라는 원주민의 개념은 2008년 제정된 에콰도르 신헌법의 총 444조 가운데 161항에 들어가 있다. 따라서 수막 카우사이는 신헌법을 관통하는 전체적이고 통합적인 개념이다. 신헌법 전문에 수막 카우사이는 "다양성 및 자연과 조화에 기초한 공생의 새로운 방식"으로 규정되어 있으며 공생은 수막 카우사이의 가장 중요한 요소다.

4) 원주민의 관점에서 바라보는 세계관을 의미하는 것으로, 서구 근대성의 핵심적인 이분법인 문명과 자연(야만)의 대립이 아니라 이들의 상호공존을 중시한다. 즉, 압야 얄라는 자연과 상호성을 중시하는 세계관으로, 서구의 인간중심주의와 대별

대부분 2008년 헌법에 수용되었다.

이와 같은 상황에서 라파엘 코레아(Rafael Correa)는 2006년 원주민의 지지로 대통령에 당선되었다. 코레아는 2008년 신헌법 제정에 중요한 영향을 끼쳤고, 2008년 신헌법에 의거해 2009년에 실시된 대통령 선거에서 다시 당선되었다. 이에 이 글에서는 에콰도르를 3개의 시기, 즉 ① 1979년 민주화 이전 시기, ② 1979년 민주화 이후 시기, ③ 진보세력인 코레아 정권이 등장한 시기로 구분해 살펴보고자 한다.

1. 민주화 이전 시기: 1979년 이전

1) 민주화 이전의 에콰도르

에콰도르는 1920년대 국제 코코아 시장의 붕괴 및 1930년대 대공황 같은 외부적 충격으로 1948년까지 경제적·사회적 불안이 증대되었다. 게다가 1931~1948년 사이에 21개의 정부가 난립하고 모두 중도에 퇴진하는 등 정치적으로도 어려운 시기를 겪었다. 그러나 1948년부터 안정기에 진입하기 시작했고, 1940년대 후반에는 전통적인 농산품의 수출도 증가했다. 수출이 가장 많이 증가한 품목은 바나나였는데, 바나나는 10년이 채 지나지 않아 에콰도르 총수출의 절반 이상을 차지하게 되었

되는 생명중심주의다. 지금은 근대성의 핵심인 자본주의에 기초한 개발이 자연과 인간을 파괴하는 상황이므로 이를 극복할 수 있는 대안으로 자연과 상호성을 중시하는 원주민의 세계관이 주목을 받고 있다. 원주민 세계관의 근저에 있는 수막 카우사이처럼 인간과 인간뿐만 아니라 인간과 자연이 공생할 수 있는 인식이 새로운 대안으로 떠오르고 있는 것이다.

다. 당시 바나나의 주요 생산지는 중미였다. 그러나 자연재해와 태풍으로 바나나 생산이 감소하자 미국계 회사는 중미를 대신할 수 있는 바나나 생산지를 찾았고, 이에 에콰도르 정부가 적극적으로 호응하면서 바나나 수출 붐이 조성된 것이다.

에콰도르에서 코코아가 대농장을 중심으로 생산과 수출이 이루어졌다면, 바나나는 기본적으로 중소 규모의 농장이 중심이었다. 대농장과 외국계 기업의 바나나 생산량은 에콰도르 총수출의 20% 정도에 불과했다. 중소 규모의 바나나 생산자들은 주로 해안지역에서 바나나를 재배했다. 이 시기에 국가는 신용제공, 기술지원, 도로건설, 사회간접자본 투자 등에 기여했다. 생산관계도 변모했다. 예전의 전(前) 자본주의적 방식은 대농장뿐 아니라 중소농장에서도 임노동 방식으로 바뀌었다. 바나나 생산 부문에서는 외국자본 비율이 높지 않았지만 유통 부문에서는 외국자본 비율이 더 높았다.

바나나 생산증대는 국제시장에 대한 생산자 단합을 유도하면서 바나나 카르텔에 더 협력하게 만들었다. 바나나 생산증대로 중소규모 농장주의 위상이 격상되었고, 국가 관료제가 팽창했으며, 지방의 노동자도 증가했다. 당시 경제성장 속도는 지역에 따라 차이가 있었는데, 1950년대에는 총인구의 40%가 해안지역에 분포했으나 1960년대에는 해안지역 인구가 내륙지역 인구보다 더 많아졌다.

1960년대에 이르러서는 바나나 수출이 하락했고 미국계 기업도 에콰도르를 떠났다. 국제수지 적자로 인해 에콰도르 정부가 평가절하를 단행하자 10여 년 동안 안정되었던 물가가 상승했다. 이에 국민의 시위도 증가했다. 이것은 전통적 경제구조의 침식을 반영하는 1차 생산품 수출 모델의 위기를 의미했다.

그러나 1972년부터 에콰도르는 석유를 수출하면서 경제호황을 누리게 되었다. 1972년 이후 석유생산이 빠르게 확대되면서 대표적인 석유 수출국이 되었고, 이로 인해 라틴아메리카에서 가장 빠른 속도로 경제 성장을 이룰 수 있었다. 1972년에서 1981년까지 에콰도르의 연평균 GDP 성장률은 8%였다. 석유가격 상승과 석유 수출로 공공수익이 증대되자 에콰도르 정부는 국제수지의 지속적인 적자를 충당하기 위해 국내 세금에 의존해야 했던 상황에서 크게 자유로워졌다. 또한 정부는 적극적인 산업발전 정책을 시도할 수 있게 되었고, 사회간접자본 시설투자와 사회투자도 할 수 있게 되었다. 에콰도르의 수도인 키토 근처의 아마존 지역에서 발견된 유전은 과야킬에 뿌리박은 전통적인 해안지역 과두세력에 휘둘리지 않게 만드는 경제의 핵심으로 부상했다. 석유에서 나오는 수익금으로 군사정부는 경제계획을 실천할 수 있었고 다양한 국가기구도 창설할 수 있었다.

2) 1979년 에콰도르의 민주화 과정

바나나 붐 시대까지 과두세력이 에콰도르 사회를 지배했다면 석유가 등장한 1970년대 초부터는 국가가 헤게모니를 획득했다. 즉, 국가의 주요한 재정수입이 농산물 수출에 의한 관세에서 석유 수출 대금으로 대체되었다. 이에 지역발전은 민간 기업에 의존하기보다는 공공투자에 더 큰 영향을 받았다. 이처럼 사회 전반에 개혁이 필요한 상황에서 군부는 과두세력을 대표하는 5선 대통령 벨라스코 이바라(Velasco Ibarra)를 1972년 퇴진시켰다. 그리고 혁명적이고 민족주의적인 성향을 대표하는 기예르모 로드리게스(Guillermo Rodríguez) 장군이 대통령이 되었다. 이후 1976년에는 민선정부로 권력을 이양하기 위한 과도적 조치인 '사법 재건 계획(Plan de Reestructuración Jurídica)'에 따라 잠시 삼두 정권

(Triunvirato)이 등장했다. 삼두 정권은 국민투표를 실시하는 한편 '민주주의 복귀(Retorno a la Democracia)'를 표명했다. 1978년에는 국민투표로 민간인인 하이메 롤도스(Jaime Roldós, 1979~1981년 재임)가 선거에 승리했고, 이로 인해 1979년에는 삼두 정권이 권력을 이양하고 퇴진했다.

남동부 유럽 또는 라틴아메리카의 억압적인 독재 정권과 비교되는 에콰도르의 군사정부는 중도적·개혁적·근대적 성격을 갖고 있었다. 1962년부터 1968년까지 집권한 군사정부는 '진보를 위한 동맹'에 영향을 받았고, 제한적이나마 토지개혁을 추진했다. 1970년대의 군사정부(1972~1978)는 페루의 지도자인 벨라스코 알바라도(Velasco Alvarado)의 영향을 받아 민족주의적이고 개혁적인 비전을 지지했다. 아무튼 로드리게스 장군은 연평균 GDP 성장률 9%를 유지하면서 토지개혁을 비롯해 새롭고 광범위한 변화를 추구했다. 군사정부는 롤도스에게 권력을 이양하면서 자신들이 상당히 성공적이었다고 자평했다. 모든 측면에서 인상적인 발전을 이루었기 때문이다. 그러나 민선정부는 군사정부의 성과를 정반대로 평가했다. 롤도스에 따르면, 첫째, 군사정부는 외채와 비효율성에 기초했기 때문에 에콰도르 성장이 지속적이지 못했다는 것이다. 실제로 1970년에서 1980년 사이에 에콰도르 외채는 19배나 상승했다. 둘째, 정치적 억압과 배제가 존재했다는 것이다. 셋째, 육체노동자 조직의 기대가 반영되지 못한 개혁이었다는 것이다.

어쨌든 민주화 이행기라고 부르는 1980년대에는 경제적·사회적·문화적 측면에서 시민참여의 요구가 분출되기 시작했다. 이와 함께 정치 논쟁도 '발전'에서 '민주주의'로 이동했다. 1980년대 초까지 '발전'은 사회변화를 위한 중요한 키워드였다. 그러나 1980년대에 민주화가 진전됨에 따라 '수막 카우사이'(공생)에 대한 시민사회의 요구가 증가했고, 1980년대 말에는 대안사회운동이 출현하기 시작했다.

2. 민주화 시기: 1979~2005년

1) 에콰도르 원주민운동의 출현

1964년과 1973년에 실시된 토지개혁으로 에콰도르 사회는 급변했다. 국가의 전국적인 영향력 확대, 토지개혁 관련 법률 제정, 아시엔다(농장)의 소규모 임대, 기본교육 확대, 정부와 국제기구의 원조와 교육 등은 원주민 통제의 기초를 흔들기 시작했다. 또한 이는 에콰도르 공산당 추종세력과 가톨릭 진보세력이 출현하는 계기가 되었는데, 이러한 조직은 조직적·상징적 자원으로서 원주민을 동원했다. 이러한 변화는 원주민 입장에서 새로운 관계를 형성하기 위한 기회였으며, 결국 원주민운동의 기초가 되었다.

원주민운동의 주축인 에콰도르원주민연맹은 1986년 11월에 개최된 '제1회 에콰도르 원주민 국민회의'에서 36개의 원주민 조직이 통합해 창설된 조직이다. 창설 목표는 원주민의 권리회복과 토지회복이었다. 에콰도르원주민연맹에 가입한 대표적인 원주민 조직은 에쿠아루나리(ECUARUNARI: Ecuador Renacunapac Richarimuni)와 에콰도르 아마존원주민연맹(CONFENIAE: Confederación de Nacionalidades Indígenas de la Amazonia Ecuatoriana)이었다. 이들 조직의 공통점은 해방신학에 기초한 가톨릭교회의 지지로 창설되었다는 것이다. 1972년 내륙지역에서 창설된 에쿠아루나리는 대부분의 에콰도르 원주민을 포함하며, 1980년에 창설된 에콰도르 아마존원주민연맹은 아마존 지역의 원주민 조직이다. 내륙지역의 원주민운동과 아마존 지역의 원주민운동 간에는 차이점도 있었는데, 내륙지역의 원주민은 토지·농업과 관련된 요구사항에 집중한 반면, 아마존 지역의 원주민은 영토를 잘 보존하고 있었기 때문에 영토의 자결권을 요구한다는 점이 달랐다.

1980~1990년대 에콰도르는 민주주의의 기틀을 마련하는 한편, 신자유주의를 도입함으로써 배제적인 경제발전 방식을 추진했다. 이것은 국민이 권리를 주장하거나 반대의견을 표현할 수 있는 공간과 구조가 존재했음을 의미한다. 이러한 상황에서 에콰도르 정치체제는 1997~2005년 사이에 3명의 대통령이 중도 퇴진하는 정치위기에 직면했다. 이러한 위기가 발발한 것은 에콰도르에서 이제 막 자리를 잡기 시작한 민주주의와 국민의 요구가 서로 부합하지 못했기 때문이다. 1990년 6월부터는 원주민 조직이 주요한 정치 행위자로 등장해 사회 갈등이 점증했다.

에콰도르의 첫 원주민봉기는 1990년 6월 4일 발발했다. 1990년 5월 28일 80여 명의 원주민이 산토 도밍고 교회에서 농성을 시작하긴 했으나 에콰도르 원주민 조직과 다양한 세력이 연대해 본격적으로 봉기한 때는 6월 초다. 사실 원주민들은 그해 4월에 개최된 제5차 에콰도르원주민연맹 총회에서 원주민이 처한 심각한 상황을 논의하고 6월 4일부터 6일까지 봉기하기로 결정한 바였다. 이날 원주민은 16개 조항을 요구했는데, 그 가운데에는 토지개혁 대한 요구와 다국민국가(Estado plurinacional) 선언과 같은 요구도 포함되어 있었다. 첫 봉기는 6월 6일부터 정부와 대화를 시작함으로써 종결되었다. 단기적 관점에서 보자면 1990년 발발한 원주민봉기는 미시적 수준(지방 수준)에서는 구체적인 요구를 중심으로 원주민을 동원할 수 있었고, 거시적 수준(전국 수준)에서는 국가에 대한 저항이라는 개념으로 원주민을 동원할 수 있었다. 한편 장기적 관점에서 보자면 1990년의 원주민봉기는 에콰도르 역사의 모든 식민 시기(1500~1830)와 공화제 시기(1830~2000)에 반대하는 원주민의 적극적인 실천이었다고 할 수 있다.

2) 에콰도르 원주민운동의 성장

에콰도르에서 1990년 6월 초에 발생한 원주민봉기는 놀라움 그 자체였다. 당초 예상을 뛰어넘어 수많은 원주민이 봉기에 참여했기 때문이다. 봉기 당일까지 원주민이 몇 명이나 참여하고 얼마만큼의 영향력을 발휘할지는 아무도 확신할 수 없었다. 이 결과 원주민운동의 시기 구분에도 변화가 생겼다. 이전에는 에콰도르원주민연맹이 창설되던 1986년부터를 원주민운동의 성장기로 보았으나 이제는 1990년 6월 이후를 성장기로 구분하게 되었다. 6월 봉기 이후 원주민운동이 조직·동원 능력 측면에서 매우 급격히 성장했기 때문에 1990년 봉기 이전은 원주민운동이 출현한 시기의 연장선으로 인식하게 된 것이다.

원주민 동원이라는 측면에서 보자면, 1990년, 1992~1993년, 1999~2000년 세 시기에 가장 많은 원주민이 동원되었다. 특히 원주민운동이 언론에 많이 노출된 시기인 1992~1993년 동안은 급격한 구조조정 시기와 일치한다. 이후의 원주민운동은 정확하게 신자유주의에 대한 반대와 관련이 있다. 이러한 경제적 구조조정에 반대하는 원주민운동의 결정적인 시기는 전기, 통신, 에너지 등 공공영역의 노동조합으로부터 지지를 받는 사회운동협력체(CMS: Coordinadora de Movimientos Sociales)가 창설된 1995년이었다. 이해 가장 중요한 현안은 농민사회보험(Seguro Social Campesino)의 민영화와 농지개혁의 공식적인 종결이었다. 이 두 가지 문제는 원주민의 상당한 저항과 논쟁을 유발시킨 요인이었다.

이처럼 1990년대 중반에는 원주민운동에 영향을 끼친 일련의 변화가 발생했다. 1995년부터 경제위기가 심화되면서 모든 경제지표는 재앙의 시작을 알리고 있었으며, 이와 함께 정치위기도 시작되었다. 여기에 하나의 요인을 더 추가해야 하는데, 그것은 원주민운동의 정체성에 대한 요구였다. 토지투쟁은 1990년 원주민봉기에서뿐만 아니라 1994년 봉기 때에도 핵심적인 사항이었다. 그러나 이후 갑작스럽게 원주민운동에서 토지문제가 사라졌다. 그러나 이는 토지문제를 포기했다는 의미가 아니라 강조점의 변화를 의미했다. 즉, 원주민 정체성에 대한 요구가 증가했는데, 이는 원주민운동이 계급으로서의 농민운동의 성격에서 종족운동의 성격으로 변모했음을 의미한다. 이러한 운동의 성격 변화는 에콰도르 사회가 더 많은 변화와 문제에 대해 다시 생각할 수 있는 계기가 되었다.

아마존 지역의 석유갈등으로 원주민운동의 더욱 적극적인 대응이 필요해지자 에콰도르 원주민운동 내부에서는 정당 설립에 대한 논의가 촉발되었다. 이에 대응해 내륙지역의 원주민단체는 다국민운동연맹(Movimiento de Unidad Plurinacional)을 제안했다. 이리하여 참여적 해결을 위한 방법으로 파차쿠틱(Pachakutik)이 1996년에 창설되었다. 파차쿠틱은 다양하고 구체적인 정치행위자가 참여할 수 있는 개방적인 조직이었다. 그러나 파차쿠틱 내부에서는 이견이 분분했다. 아마존 지역 출신은 항상 정치에 실용적인 관점을 갖고 있는 반면, 내륙지역 출신은 이데올로기적 관점을 보유하고 있는데, 이는 당시 복잡한 정치상황에서 파차쿠틱이 출현했기 때문이다. 이후 파차쿠틱은 1996년 선거에서 자신들이 지지하는 대통령 후보자를 추천했으며, 8명의 의원, 75명의 기초단체장, 12명의 광역단체장을 당선시켰다.

3) 에콰도르 원주민운동의 성과와 한계

1990년부터 원주민운동은 에콰도르에서 명백한 조직능력을 보여주었다. 전국적 수준에서 조직역량을 보유하고 있는 원주민운동은 상당한 정치행위자가 되었다. 이러한 사실은 원주민운동이 낮은 선거대표성을 갖는 것과는 대비되었다. 그러나 원주민운동의 정치세력인 파차쿠틱은 지방정부와 전국선거에서 일정한 위상을 획득했다.

이처럼 원주민운동은 장기적인 측면에서는 현재까지 발전 과정에 있지만, 다른 한편으로는 에콰도르원주민연맹과 파차쿠틱 사이의 내부적인 갈등과 정부와의 갈등이 표출되기도 했다. 일례로 1996년 11월에 개최된 에콰도르원주민연맹 총회에서는 아마존 지역 원주민과 내륙지역 원주민의 갈등이 드러났으며, 당시 대통령 후보인 부카람을 지지하는 원주민과 그를 지지하지 않는 원주민 사이에 분열이 나타나기도 했다.

에콰도르 원주민운동에서 에콰도르원주민연맹이 이룬 성과는 다양하다. 첫째, 에콰도르원주민연맹은 라틴아메리카에서 가장 동원력이 높은 단체로서, 산맥지역(키토를 중심으로 한 내륙지역), 해안지역, 아마존 지역의 에콰도르 원주민을 대표하는 조직으로 성장했다. 에콰도르원주민연맹은 이러한 능력을 기반으로 1997년 부카람 대통령 퇴진과 2000년 마우아드 대통령 퇴진에 적극적으로 참여했다. 또한 에콰도르 - 미국 사이의 자유무역협정을 결렬시키기도 했다. 에콰도르 정치에서 에콰도르원주민연맹의 원주민 동원 능력은 1990년 첫 원주민봉기부터 지속적인 압력으로 작용했다. 둘째, 정부와의 협상에서 에콰도르원주민연맹은 교육, 토지소유권, 수자원 접근권 등의 구체적인 요구사항을 관철시켰다. 아울러 논란의 여지가 없지 않으나 원주민을 위한 정책과 프로그램을 실시하고, 1998년 신헌법에서 에콰도르가 다문화·다국민국가를 선언하게 만든 것도 에콰도르원주민연맹의 성과다. 셋째, 다양한 선거에 직접적으로 정치에 참여했다. 별 어려움 없이 9곳의 시장선거에서 승리했으며, 4년 후에는 이 수가 3배로 증가했다. 넷째, 상징적·실질적

행동에서 에콰도르원주민연맹의 원주민 동원력은 매우 강력했으며, 이로 인해 에콰도르원주민연맹은 에콰도르 내에서 가장 중요한 사회단체로 부상했다. 마지막으로, 가장 중요한 성과는 에콰도르 역사에서 원주민을 재출현시킨 것이다. 이처럼 원주민운동은 원주민의 인종적·지리적·문화적·사회적 배제를 정치화하는 역할을 담당했다.

그러나 다른 한편으로 에콰도르 사회는 1999년부터 위기의 심연을 보여주었다. 이러한 위기의 첫 번째 징후는 1999년 3월 은행예금이 동결되고 연료가격이 인상된 것인데, 이로 인해 반대시위가 엄청나게 증가했다. 이윽고 2000년 1월에는 원주민운동과 군인이 합세하면서 당시 대통령이던 마우아드가 실각했다. 이때 군인이던 구티에레스가 에콰도르 정치무대에 등장했으며, 2002년 1월 그는 원주민운동의 지원으로 대통령에 당선되었다.

4) 압달라 부카람의 퇴진

부카람 정권 이전인 식스토 두란 바옌(Sixto Durán Ballén, 1992~1996년 재임) 정권에서는 모든 공공기관이 부패 스캔들로 몸살을 앓고 있었다. 게다가 지도부를 혁신하지 못한 전통적인 정당의 위기와 1980~1990년대의 지속적인 경제위기로 인해 에콰도르는 불안정한 상태에 빠져 있었다. 이러한 상황은 정치적 후견주의(clientelismo)가 나타나는 배경이 되었다. 1996년 부카람(1996~1997년 재임)은 대중주의적이고 후견주의적인 담론으로 대통령에 오를 수 있었다. 그럼에도 불구하고 1997년 2월 부카람이 의회의 의결로 해임된 사건은 1978년부터 시작된 정치체제의 약체성이 집적된 결과였다. 이러한 약체성은 정치체제와 정치지도자의 부패, 권위주의 등에 의해 정당성이 지속적으로 악화되는 결과를 낳았고, 그 결정판이 부카람의 퇴진이었다.

부카람은 전국적인 수준에서 새로운 이슈가 부재한 가운데 경제가 침체한 시기에 대통령에 취임했다. 대통령 취임 후 6개월이 지나자 부카람에게 투표했던 국민들은 수도·전기·가스·전화요금 인상에 대해 불만을 표출했다. 게다가 원주민운동단체, 정당, 시민사회단체, 종교단체도 부카람 정부를 불신했다. 부카람 대통령과 집권세력의 권력남용, 각급 공공기관에 친인척을 임명하는 연고주의(nepotismo) 등으로 부카람 정부에 대한 국민의 신뢰가 급격히 하락했기 때문이다. 예를 들면 부카람은 아들 하코비토 부카람(Jacobito Bucaram)을 관세청 고위직에 임명했으며, 이어 하코비토의 '100만 달러 재산 형성'을 기념하는 성대한 파티를 개최했다. 국고는 바람처럼 사라졌으며, 1996년 12월 16일 만타 지역에서 발발한 비행기 사고 피해자를 돕기 위한 성금은 제대로 사용되지 않았다. 또한 부카람이 정부 공개입찰 시 부당하게 수수료를 받은 사실도 드러났다. 이에 시민사회의 불만은 다양한 형태의 시위로 표출되었다. 게다가 1997년 1월 29일에는 주에콰도르 미국대사인 레슬리 알렉산더(Lesli Alexander)가 부카람 정부의 부패에 대해 의견을 표명했다. 이러한 일련의 사태로 인해 전통적으로 경쟁관계였던 정당들이 협력했고 1997년 2월 11일 의회는 헌법 제100조에 의거해 부카람을 한정치산자로 규정해 탄핵안을 통과시켰다.

결론적으로 원주민운동이 급속히 확대되는 과정에서 부카람 대통령의 부패와 연고주의는 시민사회운동을 촉발시켰다. 부카람은 국민의 투표로 당선된 대통령이었지만 대통령 임기 중에 시민사회의 기대에 부응하지 못하자 국민은 그를 강제로 해임시켰다. 이로써 부카람은 에콰도르 역사에서 시민사회운동에 의해 강제로 퇴진된 첫 번째 대통령이 되었다.

5) 하밀 마우아드의 퇴진

마우아드(1998~2000년 재임)는 1998년 7월 결선투표에서 51%의 득표로 승리해 대통령에 당선되었다. 마우아드 대통령은 제프리 삭스(Jefrey Sachs) 및 아르헨티나의 재무장관 도밍고 카바요(Domingo Cavallo) 등의 조언과 워싱턴 컨센서스에 따라 1998년 IMF가 제안한 신자유주의 정책을 수용했다. 이에 빈곤층을 위한 가스, 전기, 중유에 대한 정부 보조금 지원을 중단하면서 각종 서비스 가격이 인상되었으며, 에콰도르 수크레(sucre)화도 평가절하되었다.

1999년의 경제위기는 에콰도르에서 최근 100년 가운데 최악의 시기로 손꼽힌다. 1999년 대부분의 경제지표는 부정적인 측면에서 기록을 갈아치웠다. GDP는 7.3% 하락했고, 투자는 34.7% 하락했으며, 최종소비는 10.1% 하락했다. 수입은 38.4% 감소했고, 재정적자는 20억 달러가 발생했다. 게다가 정부는 금융위기를 발생시킨 은행에 국가재정을 투입해야 했을 뿐만 아니라 금융체제의 관리도 일부 대신해야 했다. 이어 마우아드 대통령은 2000년에 미 달러화 공용화(dollarization)를 전격 발표했다.

이처럼 1999년부터 사회불안이 가중되었다. 이에 1999년 3월에는 정부의 은행예금 동결과 연료가격 상승에 반대하는 시민사회운동이 상당히 증가했다. 이러한 상황은 1999년 7월에도 반복되었다. 그러나 7월 시민봉기에서는 원주민단체가 처음으로 에콰도르의 수도인 키토를 점거했다. 원주민과 시민들은 키토의 신도시와 구도시 중간에 위치한 공원에 집결한 뒤 일주일 동안 의회와 정부청사를 포위했다. 이러한 상황에서 7월 16일 마우아드 대통령과 원주민 지도자는 연료가격을 인하하고 향후 1년 동안 가격을 동결한다는 합의에 이르렀다. 그러나

9월에 이르러서는 원주민단체와의 대화가 중단되었고, 이로 인해 원주민과 도시민의 시위가 증가했다. 1999년 12월, 마우아드 정부는 모든 것을 상실한 것처럼 보였다. 기존 정치인도 마우아드의 퇴진을 요구했다. 원주민과 시민사회운동의 입장은 더욱 적극적이었으므로 약체 정부는 심연으로 빠져들고 있었다. 이 과정에서 시민사회운동의 사회운동협력체와 원주민운동의 에콰도르원주민연맹은 중요한 역할을 담당했다. 게다가 1999년 금융위기는 고통을 겪는 원주민과 도시민의 시민봉기를 촉발시켰다.

다른 한편, 사회 갈등으로 인해 원주민운동과 시민사회운동의 시위가 증가하면서 군부가 시민봉기에 참여하게 되었다. 2000년 1월 21일 아침, 카를로스 몬카야(Carlos Moncalla) 장군과 구티에레스 대령이 지휘하는 육군 병력과 에콰도르원주민연맹 지도자들은 의회를 점거해 에콰도르 국민의회를 세우고, 마우아드 대통령의 축출과 출국 금지, 그리고 구국위원회(Junta de Salvación Nacional) 설치를 발표했다. 오후 5시, 구국위원회는 평화적으로 대통령궁을 접수했으나 몇 시간 지나지 않은 22일 새벽, 합동참모회의(Consejo de Generales)의 압력으로 구국위원회는 해산되고 부통령인 구스타보 노보아(Gustavo Noboa)가 국방부에서 대통령직을 승계했다.

2000년 1월 일어난 시민봉기에서 가장 놀라운 사실 가운데 하나는 원주민운동과 군부가 동맹했다는 것으로, 이는 라틴아메리카에서 볼 수 없던 사례였다. 1990년대 에콰도르의 원주민운동은 원주민 권리회복, 토지회복 등 종족적 요구를 하는 수준이었다. 그러나 1999년 3~7월 사이에 원주민운동은 다양한 시민사회단체 및 노동단체와 동맹을 시도했다. 이 시기에 원주민운동과 시민사회운동 간의 협력이 이루어진 것은 경제위기로 인해 대부분의 시민사회가 경제위기에 노출되어 어려움을 겪고 있었기 때문이다. 시민봉기에 대한 각종 시민사회단체의 참여와 지지는 높았는데, 특히 7월의 시민봉기는 실질적으로 국가를 마비시켰다. 이러한 결과로 정부는 원주민운동단체와 협상에 나서야만 했다. 그러나 이 협상은 원주민만을 위한 협상이 아니라 에콰도르 전체의 이해와 필요를 반영하는 협상이었다. 2000년 시민봉기에서 원주민운동단체는 마우아드 정부에 대한 강력하고 핵심적인 반대세력이자 경제위기 결과로 국가모델 변화를 요구할 수 있는 유일한 집단이었다. 이것은 군부가 유일하게 원주민과의 동맹만을 유효한 것으로 평가했기 때문이다.

6) 루시오 구티에레스의 퇴진

구티에레스(2003~2005년 재임)는 2002년 11월 결선투표에서 55%의 득표로 대통령에 당선되었다. 구티에레스는 정치경력이 짧은데도 대통령이 되었는데, 그는 2000년 1월 시민봉기에 참여했고, 이후 잠깐 동안 옥고를 치렀으며, 얼마 후에 사면되었다. 이처럼 구티에레스는 정치경력의 기본을 쌓고 개인적 경력을 활용함으로써 마침내 2003년 대통령에 당선되었다.

하지만 구티에레스는 대통령 임기 4개월 만에 신뢰를 상실하기 시작했다. 그는 불법적으로 사법부에 영향력을 행사하고 대통령으로서 언급한 발언을 자주 취소하면서 불신을 초래했다. 2005년 1월 1일 ≪오늘(Hoy)≫이라는 에콰도르 일간지 보도에 따르면, 구티에레스는 1년 반 동안 중앙정부의 산하기관에 직접적으로 영향력을 행사하면서 적어도 50건 이상의 부패행위를 저질렀다.

한때 부카람의 부관이었던 구티에레스는 2004년 11월 입법부 의원에게 뇌물을 주고 망명생활을 하고 있는 부카람의 귀국을 약속하게 함으로써 의회에 탄핵안이 제출되었으나 가까스로 위기를 모면했다. 이후 2004년 12월 구티에레스 정부는 대법원 판사 31명 중에서 29명을 해임하고 새로운 대법원 판사명단을 의회에 제출했는데, 결국 이들이 대법원 판사로 임명되어 기존의 대법원 판사를 대체했다. 이것은 위헌의 소지가 있는 일이었다. 처음에는 사법노조와 관련 조직 몇 곳을 제외하고는 크게 반발하지 않았다. 그러나 인권보호 단체와 시민단체가 이를 위헌이라고 고발하면서 강력한 시민봉기가 시작되었고, 이들은 위헌적으로 임명된 대법원 판사의 해임을 요구했다. 시간이 경과하면서 구티에레스 정부에 대한 사회 여러 분야의 반발은 하나의 시민사회운동으로 수렴되는 경향을 보였다. 이것은 정치계급 전체의 비제도성에 대한 항의로, 법치국가라는 측면에서 적법한 절차를 지킬 것을 요구하는 시민사회운동이었다.

2005년 4월 11일 키토 의회는 구티에레스 정권을 비판하는 가두시위를 제안했다. 그날 저녁 의회의 가두시위 제안이 실패로 인식되자 자발적인 시민사회운동이 출현했다. 시민사회운동은 대안적 통신매체를 통해 정치인 집단과 정치엘리트를 비판했다. 시민사회운동의 동원력은 상당해 시위는 키토에서 여러 번 진행되었다. 이들의 요구는 반권위주의와 민주주의였다. 구티에레스는 시민사회운동을 무법자들(forajidos)의 운동으로 규정했다.

시민사회운동은 2005년 4월 14일부터 매일 밤 키토에서 구티에레스의 퇴진을 직접적으로 요구했다. 당시 시위자들은 다양한 연령대의 도시민이었으며 이들이 시위를 주도했다. 4월 15일 구티에레스는 비상사태를 선포해 시민권을 제한했다. 비상사태 선포에도 불구하고 시민의 시위는 계속되었다. 4월 15일 키토 시위에서 외친 구호는 "모든 정치인은 물러가라(Que se vayan todos)"였다. 당시 시위자들은 구티에레스 해임을 포함해 제헌의회 소집과 신헌법 제정을 요구했다. 다음날에는 저녁 시위에 참여하는 사람들이 더욱 늘어났다. 18일에는 과야킬에서도 시위가 시작되었고, 몇몇 대중매체는 "구티에레스는 퇴진하라(Lucio fuera)"라는 시민사회운동의 구호를 그대로 방영했다. 19일 저녁, 경찰 진압으로 2명의 사망자와 여러 명의 부상자가 발생하자 시민봉기는 격앙되었다. 이에 구티에레스는 헬리콥터를 타고 피신했다. 2005년 4월 20일, 의회는 구티에레스를 대통령직에서 해임했다. 이로써 2004년 11월부터 시작된 정치 불안의 한 시기가 종결되었다. 구티에레스는 1997~2005년 동안 대통령 임기를 끝내지 못하고 권좌에서 물러난 3번째 대통령이 되었다. 부카람을 탄핵한 것은 시민사회운동이었으며, 마우아드를 퇴진시킨 군부의 참여 역시 시민사회운동에서 유래했다. 또한 구티에레스를 퇴진시킨 것도 시민사회운동이었다.

3. 진보세력인 코레아 정권의 등장

2005년 4월 국민봉기로 구티에레스 대통령이 해임된 이후 국가개혁에 대한 논의가 증가하기 시작했다. 당시 기득권 세력은 국가개혁의 필요성에 대해 부정적인 인식을 확대하려 노력했으나 2006년 선거에서 코레아가 승리하면서 기득권의 의도가 약화되었다. 코레아는 과야킬 출신으로 소장파 경제학자이면서 경제부 장관을 역임했다. 경제부 장관 시절에 코레아는 국제 신용기관과의 협상에서 에콰도르의 주권뿐 아니라 석유자원의 주권도 강조했다.

코레아는 경제부 장관에서 물러난 이후 일단의 지식인 단체와 학자들이 추진한 조국동맹(Movimiento Alianza PAIS)5) 결성에 주도적인 역할을 했다. 2006년 코레아는 대통령 후보로 출마하면서 '다섯 가지 혁명(cinco revoluciones)'을 주장했다. 그러나 가장 중요한 핵심은 과두세력의 이익에 반대하는 것이었다. 대선 후보자로서 코레아는 2006년 11월에 치른 결선투표에서 승리해 대통령에 당선되었다. 코레아는 원주민운동과 일반 시민의 지지로 승리할 수 있었지만 이후 원주민운동과 코레아 대통령은 점점 사이가 멀어졌다.

대통령에 취임한 코레아는 제헌의회 소집을 제안했는데, 2007년 4월 치러진 국민투표에서는 투표권자의 81%가 제헌의회 소집을 지지했다. 제헌의회에서 코레아 소속 여당인 조국동맹은 총 130석 가운데 80석을 차지해 다수당이 되었다. 이에 조국동맹은 2008년 신헌법 제정에 상당한 영향력을 발휘했다. 제헌의회는 활동 시한인 240일 이내에 헌법안을 마무리 지었으며, 2008년 10월 실시된 국민투표에서 63%의 찬성으로 신헌법이 확정되었다. 2008년 신헌법에 따라 2009년 4월 실시된 대선에서는 코레아가 조국동맹 후보로 출마해 51%의 득표로 대통령에 다시 당선되었다. 의회 선거에서도 조국동맹의 후보가 47%에 달하는 57석을 획득했다. 2009년 5월 실시된 국민투표에서 보여준 코레아에 대한 국민의 지지는 2010년 9월 30일에 발발했던 경찰 쿠데타를 포함하여 우파의 공격이 실패할 수밖에 없었던 이유가 되는데, 그것은 2009년 5월에 실시된 국민투표가 보여주듯이 코레아에 대한 국민의 지지가 높았기 때문에 가능했다.

코레아 정부하에서 제정된 2008년 신헌법은 수막 카우사이를 '전체

5) 코레아가 이끄는 정치조직이다. PAIS는 'Patria Altiva y Soberana'의 약자로 '자존과 주권의 조국'을 의미한다.

적이고 통합적인 개념'으로 규정하고 있다. 수막 카우사이는 세계 주변부 국가의 주변부 사회인 에콰도르의 원주민운동에서 유래했다. 즉, 수막 카우사이는 오랫동안 사회에서 완전히 배제되고 은폐되었던 원주민 세계관에서 유래한 것으로, 열등하고 야만적이며 추상적인 사고가 불가능하다고 여겨진 타자들의 것이었다. 그러나 2008년 신헌법에서는 원주민들의 주변화되고 잊힌 언어와 사상이 수용되었다. 이것은 중요한 의미를 갖는다. 무엇보다도 수막 카우사이는 공동체적 체계로서 공생의 집단적 구성을 의미한다. 그러나 수막 카우사이는 다른 존재방식으로서의 자연과 인간 및 인간 공동체 사이에 조화로운 공간으로서의 공생을 의미하기도 한다. 수막 카우사이는 사상의 보편성 신화, 단 하나의 과학, 단 하나의 삶의 방식, 지식의 유일한 진리, 동질적 문화, 단 하나의 세계경제가 아니라 복수의 가치, 복수의 모델, 복수의 패러다임이 존재할 가능성을 열어두고 있는 것이다. 즉, 수막 카우사이는 단일 보편성에서 다양성, 공생, 공감, 공유, 공공성, 공동체에 기초한 다(多)보편성(pluri-versalidad) 및 이(異)보편성(di-versalidad)으로의 전환을 의미한다.

2013년 2월에는 에콰도르에서 대통령 선거가 실시되었는데, 코레아가 대통령 선거에서 57%를 획득해 대통령에 당선되었다. 이것은 진보적인 코레아의 정책이 계속 이어질 가능성이 높아졌음을 의미한다. 또한 베네수엘라의 우고 차베스(Hugo Cháez)의 승리와 함께 라틴아메리카에서 새로운 역사가 시작되고 있음을 알리는 것이기도 했다. 그러나 2013년 3월 차베스가 갑작스레 사망했으므로 이는 라틴아메리카 국가 개혁에 한동안 영향을 미칠 것이다.

참고문헌

김달관. 2010.「에콰도르 원주민운동의 등장배경과 변천과정: 국민국가형성부터 현재까지」. ≪이베로아메리카연구≫, 제21권 2호.

______. 2011a.「민주화 이후의 에콰도르 민주주의, 1979~2010」. ≪이베로아메리카연구≫, 제22권 1호.

______. 2011b.「에콰도르의 탈식민적 국가개혁: 국민국가에서 다국민국가로」. ≪이베로아메리카≫, 제13권 2호.

김달관·조영현. 2012.「에콰도르의 탈식민적 국가개혁으로서 수막 카우사이: 실천적 측면을 중심으로」. ≪이베로아메리카≫, 제14권 1호.

제2장

에콰도르 역사로 본 국가와 시장의 역할

페르난도 마르틴-마요랄 _김달관 옮김

국가와 시장은 에콰도르 역사에서 서로 다른 역할을 수행했다. 1950년대부터 바나나 수출로, 그리고 이후에는 석유 수출에 의한 재원 덕분에 에콰도르 정부는 경제적·사회적 발전 과정에서 국가의 지도력을 유지했다. 그럼에도 높은 인플레, 심각한 경제 불안정, 지속적인 공공지출의 증가는 발전모델의 변화를 촉발시켰다. 이에 1980년대부터 에콰도르는 시장에 중요한 역할을 부여하는 신자유주의 정책을 시도했다. 2007년 1월 대통령이 된 라파엘 코레아는 더욱 조화롭고 공정한 발전을 위한 주축으로서 국가 기능을 회복시키고자 시도하고 있다.

페르난도 마르틴-마요랄 Fernando Martin-Moyoral 스페인 살라망카 대학에서 경제학 박사를 취득하고 네덜란드 틸버그 대학(Universidad de Tilburg)에서 유럽학 석사를 취득했다. 현재 에콰도르에 있는 중남미사회과학연구소 플락소(FLACSO: Facultad Latinoamericana de Ciencias Sociales)의 경제학과 책임자이자 살라망카 대학의 조교수로 재직 중이다.

* 이 글은 ≪누에바 소시에다드(Nueva Sociedad)≫ 221호(2009)에 실린 글을 옮긴 것이다.

1. 서론

오늘날 사람들은 시장을 효과적인 자원분배 수단으로 받아들이고 있다. 그러나 여러 가지 문제점도 없지 않은데, 이를테면 소수의 기업이 생산을 독점하게 되었으며 그에 따라 공급자의 권력이 소비자의 희생하에 강화되었다. 또 다른 문제는 시장의 효율성으로는 해결하지 못하는 불공정성이 발생한다는 것이다. 이러한 문제점은 시장의 단점을 최소화하고 지속적인 사회발전과 공정한 분배를 보장하기 위한 국가의 경제활동 개입을 정당화한다(Polanyi, 1944).

게다가 세계경제 위기로 시장을 자기조정력에 맡기는 것이 얼마나 위험한 일인지가 명확해졌다. 투기열풍으로 인해 투자자본으로 위장된 투기자본마저 자유롭게 이동할 수 있게 되었으며 부동산 같은 분야, 즉 투기자본이 쉽게 접근할 수 있는 고위험 부문에까지 대출을 해주는 무책임한 금융 시스템으로 인해 1929년 대공황 이후 가장 심각한 금융위기가 촉발되었다.

안정적이면서 건전한 금융 시스템과 자본시장이 발달하지 못한 에콰도르는 경제규모가 작고 세계시장과의 연관성이 그다지 높지 않음에도 불구하고 이미 세계경제 위기의 영향을 받고 있다. 에콰도르 정부는 2008년에 높은 경제성장을 이룩했지만 구조조정을 해야만 했다. 에콰도르는 남미에서도 고도의 불평등 국가인 동시에 생산과 제도에서 심각한 문제점을 안고 있는 빈국이다. 에콰도르의 최근 역사를 되돌아보면, 경제사회 발전에서의 국가의 역할에 대한 다양한 시각을 가진 다양한 이념의 정부가 들어섰으나 전반적으로 말해 바람직한 성과를 이루지는 못했다. 코레아 정부는 불평등 척결을 최우선 과제로 삼고 경제발전에 간여할 수 있는 강력한 국가를 추구하는 한편 시장의 힘을 제한했다.

2. 민주화 시기까지 에콰도르에서의 국가의 역할

갈로 플라사(Galo Plaza, 1948~1952년 재임) 대통령이 취임한 1948년부터 에콰도르는 바나나 수출이라는 새로운 농업모델 덕분에 경제적 변화를 겪게 되었다. 중미의 자연재해와 파나마 병으로 인해 에콰도르의 바나나 산업이 비교우위를 갖게 된 것이다(Montalvo, 2008: 165~179).[1] 당시 에콰도르는 카카오 산업의 쇠락으로 장기간 지속된 경기침체를 바나나 수출로 극복했으며 이후 세계시장에 편입되었다. 이에 에콰도르는 종속적인 자본주의 경제를 강화하면서 완만한 추세의 도시화를 경험했다(Montalvo, 2008: 165~179). 또한 점진적인 외채도입과(Chiriboga, 2005) 바나나 수출로 획득한 외화로 라틴아메리카경제위원회(CEPAL)가 장려한 바 있는 수입대체산업화(ISI)에 근간을 둔 발전모델을 추구할 수 있었다.[2]

이러한 전략을 수행하기 위해서는 경제발전에서 국가가 적극적으로 개입하지 않으면 안 된다. 특히 전략적인 부문에 대한 투자를 촉진할 필요가 있다. 그럼에도 에콰도르 정부는, 1954년 라틴아메리카경제위원회 보고서가 지적하고 있듯이, 경제 체질의 취약성과 제도의 불안정성 때문에 경제활동에 강력하게 개입할 여력이 없었다. 따라서 근본적인 제도 변화가 필요했는데, 이를 위해 자유주의적 진보주의자인 플라사 정부가 소극적으로 개혁을 추진했으며, 보수주의자인 벨라스코 이바라(1952~1956년 재임)와 또 다른 보수주의자인 카밀로 폰세 엔리케스

---

1) 이 자료는 다음에서 찾아볼 수 있다. www.rte.espol.edu.ec/archivos/Revista_2008/22-311Final.pdf.

2) 에콰도르는 라틴아메리카경제위원회에 1948년 2월 2일에 등록했다.

(Camilo Ponce Enríquez, 1956~1960년 재임)가 이를 계승했다. 이 시기에 접어들면서 1954년에 창설된 계획위원회(Junta de Planificación)를 비롯해 (Hurtado, 1977: 272~279) 에콰도르 산업발전센터(CENDES: Centro de Desarrollo Industrial del Ecuador), 에콰도르 전기관리청(INECEL: Instituto Ecuatoriano de Electrificación), 금융위원회(Comisión Nacional de Valores)와 같은 통제기관이 설립되었다. 이러한 기관 덕분에 산업투자가 획기적으로 증가했는데, 1953~1957년 사이에는 연평균 1,560만 수크레이던 투자액이 1969~1972년 사이에는 연평균 8만 6,700만 수크레로 급증했다(Ayala y Fernández, 1995). 이러한 국가 재정수입을 기반으로 키토 - 과야킬을 축으로 한 산업단지 건설을 포함해 교통 분야의 사회간접자본에 상당한 투자를 할 수 있었다. 그럼에도 자본재 수입으로 인해 종속이 심화되었고 국제수지 적자폭도 증가했다.

부통령이던 카를로스 훌리오 아로세메나(Carlos Julio Arosemena, 1961~1963년 재임)가 이바라 대통령을 축출한 뒤 1963년 쿠데타로 정권을 장악한 군사평의회(Junta Militar, 1963~1966)는 미국이 추진한 '진보를 위한 동맹'이라는 틀 내에서 국가에 주도적인 역할을 부여했다. 군사평의회는 주요한 산업지대의 사회간접자본을 개선할 목적으로 '5개년 계획(1964~1968)'을 수립했다. 그러나 사회정책에는 신중했다. 가장 중요한 정책은 1964년 에콰도르 역사상 처음으로 실시된 토지개혁이었다. 이 토지개혁은 농업 현대화라는 경제적 목적과 함께 농민의 황무지 개간이라는 사회적 목적도 갖고 있었다(Gondard y Mazurek, 2001: 15~40, 147). 군사평의회는 또한 국가재정을 확충할 목적으로 조세개혁을 단행했다(Arroyo et al, 2007: 12, 20). 이로써 조세 수입은 1963년 14억 수크레에서 1966년 18억 수크레로 증가했다(BCE, 1990). 그럼에도 GDP의 약 8%에 이르는 재정적자는 호전될 기미가 보이지 않았는데,[3] 이는 에콰도르의 조세제도에 문제가 많았기 때문이다. 이 기간에는 미약하나마 무역자유화가 시작되었고 외자 도입도 촉진되었다.

1970년대 에콰도르에는 두 개의 군사독재 정부가 존재했는데, 로드리게스 장군이 이끄는 민족적·혁명적 정부(1972~1976)와 군사삼두체제(1976~1979)였다. 1970년 이후 등장한 민주적 정부는[4] 1960년대에 군사위원회에서 시작된 국가개입모델을 심화시켰다. 게다가 당시에는 석유 매장이 확인되고 1972년부터 석유 수출을 하게 되면서 국가가능이 강화되었다. 석유의 국제가격 상승으로(1972년 1배럴당 2.5달러에서 1980년 35.2달러로 상승) 국가재정이 이전과는 비교할 수 없는 정도로 확대되었다. 이로써 국가는 처음으로 다른 세력으로부터 명확한 자율성을 획득했는데, 주로 수출농업 과두세력으로부터 자율성을 획득했다(Ayala y Fernández, 1995). 걸프와 텍사코 등 다국적 기업과의 석유계약 재협상, 에콰도르 국영석유회사(CEPE: Corporación Estatal Petrolera Ecuatoriana) 창설, 석유법 제정 등으로 국가는 에너지 자원에 대해 더욱 높은 통제력을 행사했다. 또한 당시에는 해안지역 문제해결에 더욱 강조점을 두면서 두 번째 토지개혁을 실시했다(Gondard y Mazurek, 2001).

한편 1976년에 집권한 군사삼두체제부터는 민족혁명(Revolución Nacionalista)의 근본 원칙에서 멀어지기 시작했고, 국가개입을 축소하는 정책이 실시되었다. 인플레도 1974년 23%에서 1979년 10%로 감소시키는 등 더욱 개방된 무역체제를 추구했다(Cordero, 2006). 이러한 변화를 추진

---

3) 재정압력이란 재정수익과 GDP와의 관계를 의미한다.

4) 1970년 이전 대통령으로는 클레멘테 예로비 인다부로(Clemente Yerovi Indaburo, 1963~1964년 재임), 오토 아로세메나 고메스(Otto Arosemena Gómez, 1964~1968년 재임), 벨라스코 이바라(Velasco Ibarra, 1968~1972년 재임)가 있다. 벨라스코 이바라는 1970년 6월 자신을 독재자로 선포했고 이후 정규군에 의해 패배했다.

하던 정부였지만 다른 한편으로는 다국적 기업의 압력에도 불구하고 석유의 개발과 상업화를 계속해서 통제했다. 또한 1978년에는 석유법을 개정했는데, 이는 일시적으로 석유파생상품의 자급을 보장했던 에스메랄다스의 국영정유소가 가동하기 1년 전의 일이었다. 석유를 통해 들어오는 재정수익은 교육, 주택, 군사무기, 교통과 에너지 분야의 사회간접자본 등 여러 측면의 중요한 분야에 사용되었다. 이러한 정책에도 불구하고 1차 산품 수출세 면제 또는 대지주에게 유리한 농업개혁법의 개정으로 인해 군사삼두체제는 내륙지역과 해안지역 엘리트를 과도하게 지원한다는 비판도 받았다(Cordero, 2006).

국제금융 시장에 석유달러가 과잉 공급된 상황에서 에콰도르 군사정부는 증가하는 공적지출을 충당하기 위해 외부 금융에 관심을 돌렸다. 국제신용기관은 선진국 석유달러의 과도한 유동성을 처리하기 위해 공격적인 마케팅을 벌였는데 이로 인해 에콰도르는 외채도입을 시작했다(Serrano, 1999; Cordero, 2006). 석유를 제외한 무역수지가 상당한 적자를 보인 이유는 에콰도르 제조업의 높은 종속성 때문이었다. 비록 산업부문을 진흥시키기 위한 명확한 전략이 없고 또 내부수요가 공고하지 않았음에도 정부는 수입대체 발전전략에 따라 제조업 발전을 지원했다.

권력남용에 의해 유발된 여러 시민봉기와 대중소요가 발발한 이후에는 군사정부 쇠퇴의 징후가 나타나기 시작했다. 결국 1979년 복잡하고 긴 과정을 거쳐 독재 시기가 종결되었다.

3. 민주화 시기 에콰도르에서의 국가의 역할

에콰도르의 민주화 시기는 1979년 8월 10일부터 시작되었다. 롤도스의 승리는 에콰도르 헌법 관점에서 새로운 시기에 진입하는 것뿐만 아니라 정치적 불안정성을 특징으로 하는 길고 복잡한 과정에 진입하는 것을 의미했다. 이에 대한 증거를 들자면 1979~2009년 동안 13명의 대통령이 역임했으며, 행정부와 입법부 사이에는 다양한 권력투쟁이 지속되었다. 그리고 이러한 투쟁으로 국가의 통치력(gobernabilidad)이 약화되었다. 또한 정부와 경제부처의 잦은 교체로 지속적인 구조조정을 실행하기가 쉽지 않았다.

일반적으로 말해 1979년 민주화 이후 에콰도르 정부는 국민과 소통하려는 노력이 부족했고, 사회문제에 적극적으로 대처하지 못했으며, 자연재해(엘니뇨현상 등)와 빈번한 부패 스캔들에 시달렸다(Chiriboga, 2005). 이 시기에 농업 소유 구조는 거의 변화가 없었으며, 토지 소유 집중도는 높아졌다. 이와 더불어 1964년 토지개혁법에 따라 원주민에게 수여된 작은 토지인 우아시풍고(Huasipungo)를 폐지함으로써 내륙지방에서 강력한 인구 압력이 발생했다. 이로써 농민수익이 감소하고 소농은 파편화되었다. 이러한 요인으로 농민들은 어쩔 수 없이 해안지역의 설탕플랜테이션 지역으로 이주해야 했다(Maldonado-Lince, 1979: 14~29). 1979년 7월 단행된 세 번째 토지개혁은 토지 소유 집중 문제를 해결하지 못했을 뿐만 아니라 오히려 자본주의 착취체제를 강화해 사회적 불평등을 심화시켰다(Alvarez, 1981). 이 모델은 국가역할을 상당히 제한한 1994년 토지개혁법으로 계승되었으나 토지집중은 지속되었다. 이러한 상황은 국민들에게 국가가 농업소유권 재분배에 실패한 것으로 인식되었다.

이 기간에 페루와의 무력갈등으로(1981년, 1995년, 1998년까지 해결점 없이 지속되었다) 에콰도르는 엄청난 물질적 피해뿐만 아니라 인적 피해도 입었다. 이로 인한 군사비 지출이 엄청났으며, 사회적 지출에 쓰여야 할 국가재정이 전쟁비용으로 흡수되었다. 여기에 외국인 해외투자 감소 및 이웃국가와의 교역 감소라는 피해도 발생했다.

토지 재분배의 난관과 함께 페루와의 갈등으로 인한 군사비용 지출 때문에 에콰도르는 재정압박을 받았다. 그뿐만 아니라 1980년대 세계 경제 위기의 영향으로도 고통을 받았다. 1980년대의 세계경제 위기는 1990년대까지 연장되었다. 당시 선진국 경제의 후퇴는 개도국 재정수입에 적어도 두 가지의 부정적인 효과를 발생시켰고 이로 인해 거시경제정책이 축소될 수밖에 없었다. 두 가지 부정적 효과란 자본유동성을 축소시키고(이는 이자율 상승으로 이어졌다), 생필품의 가격에 부정적인 영향을 미친 것을 의미한다. 이러한 부정적 효과는 정부가 외채상환을 제때에 할 수 없도록 방해했다. 이것은 에콰도르에서만 일어난 사건이 아니었으며 다른 라틴아메리카 국가도 마찬가지였다.

라틴아메리카 지역에 영향을 끼친 경제 불황은 단지 외부적 요인에 의한 결과는 아니었다. 라틴아메리카 지역에서 실행된 경제정책은 과도한 내부지출을 충당하기 위한 외채증가로 이어졌다. 또한 통화정책은 투자와 소비에 악영향을 미치는 높은 이자율을 유지하는 방식이었다. 한편 환율에 중점을 둔 가격안정화정책은 투자, 무역수지, 외환으로 유입된 외채에 부정적인 영향을 끼쳤다. 마지막으로 폐쇄적이고 전문화되지 못한 시장은 낮은 생산성과 높은 불균형을 초래했다(Economía y Desarrollo, 2003: 73~96).

이러한 상황에서도 수입대체 발전전략에 기초한 모델은 계속 유지되었다. 1989년 11월 국제경제연구소(Instituto de Economía Internacional)에는 미국 정부 관계자 및 국제금융기구의 전문가들과 함께 라틴아메리카 각국의 경제장관이 모였다. 이것이 워싱턴 컨센서스로, 존 윌리엄슨(John Williamson)은 당시 논의된 내용을 "바람직한 경제정책의 총합"이라고 칭했다(Institute for International Economics, 1990).

4. 에콰도르에 불어닥친 신자유주의

1980년대 초부터 에콰도르는 안정화 경제정책을 통해 세계경제에 본격적으로 편입되기 시작했다. 그리고 이후에는 신자유주의 개념에 입각한 구조조정정책을 통해 세계경제에 서서히 통합되었다. 신자유주의의 주요 목표는 초국적 자본의 요구에 따라 경제를 재조정하는 것이었다. 이러한 정책은 비행기 사고로 사망한 롤도스 대통령을 계승한 오스발도 우르타도(Osvaldo Hurtado, 1981~1984년 재임) 대통령 때부터 시작되었다. 이후 레온 페브레스 코르데로(León Febres Cordero, 1984~1988년 재임) 대통령이 이 정책을 심화시켰고, 이후에는 기업모델과 민영화에 기초해 두란 대통령이 이를 계승했다(Ayala y Fernández, 1995).

첫 번째 조정은 국제수지, 특히 외채의 장·단기 자본수지에 대한 국제적 약속을 이행하기 위한 재원 획득에 중점을 두었다. 이를 위해 통화와 환율에 대한 거시경제 수단을 포함해 사회 부문을 포함하는 예산 삭감을 시도했다. 이로 인한 결과는 생산 부문에 영향을 미치는 환율 불안정과 인플레 상승으로 나타났다.

경제정책은 과두세력으로 대표되는 민간 특권층의 경제적 이익에 유리하도록 추진되었다. 수크레의 지속적인 평가절하를 통한 환율정책을 고수한 것은 인플레로 잃어버린 경쟁력을 회복하기 위함이었다. 그러나 동시에 수입에 과도하게 의존한 결과 지속적인 경상수지 적자가 가격상승 압력으로 작용했다. 이것은 평가절하와 인플레 사이의 악순환을 유발시켰다. 결론적으로 평가절하는 수출 부문에 긍정적으로 작용하지 못했으며(J커브 효과가 발생하지 않았다), 제조업 부문의 위기도 해결하지 못했다. 실제로 수출은 비슷한 수준에서 유지되었고, 수출품의 다변화도 불가능했다.

1983년에는 국제신용기구의 지지를 받은 민간 기업들이 중앙은행이 외채를 책임지도록 하라며(지급보증) 우르타도 정부를 압박했다. 이로 인해 민간 부문에서 발생한 달러 표시 외채는 수크레 내국화폐 부채로 변형되었고, 이는 에콰도르 정부가 외국에서 빌려온 외채를 보증하도록 압박했다. 페브레스 대통령이 외채를 수크레화하고 이후 손해보전을 위한 외국과의 약속으로 인해 어려움을 겪는 에콰도르 기업의 고용을 보호한다는 명목으로 보조금을 지급하면서 결국 외채는 민간 부문에 정부가 지급하는 직접성 보조금으로 변모했다(Acosta, 2008). 이 보조금은 재정적자를 보완하기 위해 발행한 화폐인 시뇨리지(Señoreaje)를 통한 팽창적 통화정책으로, 이러한 정책은 재정적자를 심화시켰고 이는 다시 인플레를 유발시켰다. 명목이자율은 높고 유동적이었는데(12~70% 사이), 이러한 상황은 투자를 축소시켰다. 이로 인해 소비에 피해를 유발하는 투기와 지대추구 행위가 증가했다.

도입 초기 단계이자 얼마 안 되는 세금과 더불어 에콰도르 정부 재정수입의 주요한 수입원인 석유가격은 국제유가에 묶여 있는 반면, 재정정책은 지속적인 지출 확대를 특징으로 하고 있었다. 실제로 조세정책은 1998년 소득세를 폐지하고 대신 자본순환세를 만든 것에서 알 수 있듯이 자주 변모했다. 이처럼 잦은 조세정책 변화는 자본도피와 은행예금 축소로 귀결되었고, 이는 민간은행을 약화시켰다. 강제적인 조세정책으로의 변화는 높은 수준의 탈세와 재정수입 감소라는 결과로 나타났다. 또한 재정수입을 확대하려 했던 이유는 공공지출과 관련이 있는데, 정부 공적지출의 80%는 외채와 인건비로 지급되는 경상비였다. 사회적 지출과 관련해서 보자면 석유 붐의 여파로 1970년대와 1980년대 중반까지는 국민의 삶의 질이 향상되었다. 그러나 1980년대 후반과 1990년대 초반부터 외채가 증가하고 정부재정의 어려움이 겹치면서 국가의 사회적 투자는 감소했다. 다르게 표현하면 정부는 더 많은 지출을 했지만 공공서비스는 감소하는 경향을 보였다(Chiriboga, 2005). 알베르토 아코스타(Alberto Acosta)는 "국가는 재생산 과정과 자본축적을 강화하기 위해 석유를 통한 수익과 외채를 통한 재정수익을 재분배하는 도구가 되었다"라고 지적했다(Acosta, 2008). 당시 에콰도르 정부의 우선적인 임무는 외채 이자를 갚는 것이었다.

마우아드 대통령의 임기 중인 1999년에는 에콰도르 역사상 가장 심각한 금융위기가 발생했다. 이러한 금융위기의 원인은 「금융제도 일반법(Ley General de Instituciones del Sistema Financiero)」과 두란 정부에 기원했다. IMF가 제안한 이 법은 금융기관에 대한 은행감독기관(Superintendencia de Bancos)의 통제력을 약화시켰다. 국내저축을 촉진하고 높은 인플레, 자본유입 자유화, 은행통제 부족, 지속적인 수크레 평가절하를 완화하기 위해 금융통화위원회(Junta Monetaria)가 명목이자율을 상승시킨 것이 금융체제가 붕괴한 주요 원인이었다(Correa, 2005: 4~6). 이에 따라 에콰도르 정부는 1998년 GDP의 20%에 해당하는 40억 달러 신용에서 민간 부문을 살리기 위해 72%의 부담을 떠안았다. 이로 인해 공공적자는 증가했고 이와 함께 1999년에는 GDP의 100%가 넘는 공공부채가 발생했다. 결국 은행을 구제하기 위해 에콰도르 정부가 사용한 비용은 총 80억 달러를 상회했다.

국가는 공공 부문의 부채를 해결하기 위해 광범위한 경제개혁을 시도하는 한편 가스·연료·전기 등에 제공하던 보조금을 폐지했다. 또한 공공기업에 대한 민영화를 실시했는데, 특히 석유, 전기, 통신 분야에서 민영화 과정을 시작했다. 2000년 1월 11일에는 1달러당 2만 5,000수크레의 비율로 달러화를 도입했다. 민간은행의 부채를 어느 정도 해결했음에도 2000년에 인플레가 발생했다는 것은 도입된 환율이 에콰도르 경제현실을 제대로 반영하지 못했음을 보여준다.

아코스타가 지적한 것처럼, 에콰도르는 역사상 가장 심각한 금융위기와 함께 20세기의 마지막을 보내야 했다. 1999년에는 GDP의 30.1%가 감소했는데, 액수로는 197억 달러에서 137억 달러로 감소한 것이다. 1인당 GDP는 1,619달러에서 1,109달러로 32% 감소했다. 에콰도르는 인근 국가 역사에서 가장 가속화된 빈곤화 과정을 경험했으며, 다른 한편으로는 부의 집중 현상도 지속되었다. 1990년에는 극빈층 20%의 수입이 전체 인구 수입의 4.6%였는데 2000년에는 2.5%로 감소했다. 한편 1990년에는 최상위 부자 20%의 수입이 전체 인구 수입의 52%를 차지했으나 2000년에는 이 수치가 61%로 상승했다.

달러화 이후 시기(2000년 이후)는 지속적인 정치 불안정과 잦은 정권 교체를 특징으로 한다. 그럼에도 거시경제적 관점에서 보면 2000년 달러화 이후 5년 동안은 기대했던 가격안정을 유지했다. 2000~2005년 사이에 에콰도르는 1990년대보다 높은 수준인 4%를 상회하는 성장률을 보여(2003년 제외) 라틴아메리카의 평균을 넘어서는 성장률을 기록했다. 비록 선진국 수준과 비교할 수 없을 정도로 예금 및 대출 이자율이 감소하긴 했지만, 그럼에도 예금 이자율과 대출 이자율 간에는 큰 폭의 차이가 났다. 이는 에콰도르 금융체제의 약체성과 비효율성을 보여주는 것이다. 이후 점차 경상수지가 회복되면서 2004년부터는 수출 확대, 특히 높은 국제가격에 따른 석유 수출로 인해 경상수지가 흑자를 기록하기 시작했다. 그럼에도 석유를 제외한 무역수지는 계속해서 적자를 기록했는데, 이는 에콰도르 경제의 내부 문제를 명확히 드러낸 것이었다. 즉, 경쟁력이 상실됨에 따라 높은 수입 의존도를 보였던 것이다. 국가의 재정수입을 보면 비록 탈세수준은 높았지만 부가가치세가 인상되어 수입이 증가했다. 이로 인해 외채는 1999년 GDP의 82%로 감소했고, 2006년에는 32%로 감소했다. 그럼에도 2006년 국가 일반회계의 40%는 외채 이자를 지급하는 데 사용되었고 22%만 사회에 투자되었다. 빈곤과 관련해서 보자면 비록 국가가 사회에 22%만 투자했지만 이민자의 송금이 늘어나 빈곤은 줄어들었다.

5. 코레아 정부에서 국가의 역할

이전 시기의 양호한 거시경제 결과는 에콰도르 내부의 문제를 감추어 버렸다. 알프레도 팔라시오(Alfredo Palacio, 2005~2007년 재임) 정부의 경제장관이던 코레아는 과두세력이 통제하는 비효율적이고도 과도한 시장의 자유, 정부와 기타 국가기관의 구조적 약체성, 국제조직에 대한 높은 종속성을 비판했다. 그의 비판은 시민들에게 큰 영향을 끼쳤고, 그는 2007년 1월 15일 대통령에 취임하기에 이르렀다. 코레아는 취약계층에 더욱 우호적인 경제 및 정치활동을 펼치기 위해 적극적인 국가개입을 지지했다. '시민혁명(Revolución Ciudadana)'이라 명명한 변화를 실현하기 위해 코레아 대통령은 제헌의회를 새롭게 창설할 목적으로 국민투표를 제안했다. 2008년 9월 28일 국민투표로 승인된 신헌법은 경제문제와 관련해 정부에 더욱 많은 권한을 부여했다. 대통령직에 대한 탄핵소추가 가능해짐에 따라 선거를 통해 정치적 갈등을 축소시킬 수 있게 되었으므로 새로운 통제기제 도입에 따른 장점도 있었지만 행정부에 과도한 권한을 부여했다는 비판의 목소리도 존재했다(PNUD, 2007: 712). 동시에 선거 과정에서 규칙을 지키도록 하고 선거 과정을 조직하는 선거기관을 만드는 한편 행정부에서는 다양한 수준의 국가정책 결정 과정에 시민을 포함시키는 '사회통제와 시민참여(Participación Ciudadana y Control Social)' 등과 같이 해당기능에 대한 국가 제도성을 강화하는 새로운 기관을 창설했다.

신헌법의 또 다른 중요한 요소는 자연에 대한 존중과 더욱 높은 조화를 의미하는 수막 카우사이(새로운 방식의 공생추구) 개념에 기초한 생명중심주의적 관점이다. 이러한 생명중심적 관점을 도입한 것은 신자유주의적인 개인주의 모델을 극복하고 밍가(minga)와 같은 예전의 공동체 협력방식을 강화하기 위해서다.

그러나 현 정부인 코레아 정부의 가장 특징적인 점은 2008년에 처음으로 사회적 투자를 외채 이자 상환보다 중요하게 인식했다는 것이다(2008년에는 국가재정의 20%는 외채 이자 지급에, 31%는 사회적 투자에 배분). 당시 정부의 중요한 사회정책은 소비측면에서 빈곤을 감소시키고 인적자본 투자를 증가시킬 목적으로 취약계층 가정에 세계은행과 함께 재정을 지원하는 인간발전증권(BDH: Bono de Desarrollo Humano)을 배부하는 것이었다(Calderón, 2008). 또한 주택 부문에 대한 정부지원 부족을 완화하기 위해 주택증권(Bono de la Vivienda)도 상당히 증대시켰다. 이러한 결과로 도시와 지방에서 빈곤 감소를 기록했고 실제 임금도 역사적인 수준으로 증가했다.

게다가 사회적 역할을 강화하기 위해 국가는 공적 투자를 증가시키면서 경제개발에 참여했다. 이로 인해 자본형성은 2007~2008년 사이에 GDP의 4.6%에서 8.6%로 증가했다. 그리고 교통, 통신, 에너지, 주택, 교육, 건강, 농업 부문 같은 사회간접자본을 전략적으로 중시했다. 게다가 국가는 광산과 에너지 자원 통제에 대해 더욱 많은 권한을 확보했다. 2008년 10월 석유법 개정을 통해 석유개발과 석유 수출에 새로운 조건을 명시한 것은 광산과 에너지 자원 통제에 대한 더 많은 권한을 국가에 부여했음을 알 수 있는 사례다.

이러한 정책은 많은 경우 재정지출 확대를 의미했는데, 이에 정부는 공적 수익을 확대해야만 했다. 공적 수익의 확대는 2008년에 국제가격 상승에 따른 원유 수출 수익과 소득세(servicio de rentas internas) 징세로 조세수익이 증대됨에 따라 가능했다(Jacome y Mayora, 2009). 이처럼 정부 재정수익이 확대됨에 따라 석유수익안정화기금(Feirep), 경제적·생산적·사회적 활성화 특별기금(Cereps), 에너지석유투자기금(Feiseh) 등과 같은 특별기금을 폐지했다. 이러한 방식으로 코레아는 에콰도르 정책 결정 과정에 국제기구가 개입하는 것을 차단했다. 코레아는 외채의 정당성에 대해 매우 비판적이었기 때문에 '글로벌 2012 및 글로벌 2030' 채권에 대한 기술적 지불연기를 선언했다. 이러한 행위로 인해 에콰도르 역사상 최고로 위험한 수준으로 국가의 신용등급이 떨어졌고, 이는 재정적자를 충당하기 위한 외국투자 및 차관 도입에 장애요인이 되었다. 이러한 상황은 에콰도르 정부로 하여금 베네수엘라, 이란, 중국과 같은 대안적인 금융지원 국가 및 미주개발은행(BID), 안데스진흥단체(CAF: Corporación Andina de Fomento), 라틴아메리카예비금(FLAR: Fondo Latinoamericano de Reservas)과 같은 국제신용기구를 찾도록 만들었다.

코레아는 지적 소유권과 농업에서 발생할 수 있는 문제 때문에 다른 나라들이 실행한 것처럼 미국과 자유무역협약에 서명하기를 거부했다. 동시에 라틴아메리카 통합을 지지했고, 라틴아메리카 통합을 심화시키기 위해 세계은행과 IMF에 대한 대안으로 남미은행(Banco del Sur)과 남미기금(Fondo del Sur)의 창설을 주장했으며, 지역통화(Sucre: Sistema Unificado de Compesación Regional) 창설을 지지했다. 그렇지만 이러한 주장은 남미지역의 전반적인 관심 부족으로 인해 현실과는 먼 프로젝트였다.

마지막으로 코레아는 달러화를 비판했음을 지적해야 한다. 그는 달러화가 경쟁력 회복에는 어느 정도 의미가 있으나 외부에 대한 부정적 효과에 국가의 환율정책을 적극적으로 활용할 수는 없다고 비판했다. 달러화는 무역, 송금, 차관, 외부투자 등을 통한 외환 유입 체계에 한계로 작용하고 통화발행을 불가능하게 만듦으로써 정부의 통화정책을 무력화시키는 걸림돌로 작용한다는 것이다.

2008년에 시작된 세계금융 위기로 유발된 유동성 부족은 에콰도르의 고유한 통화체제에 위험요소로 작용했다. 세계금융 위기는 네 가지 방식으로 에콰도르 경제에 전달되었다. 바로 에콰도르 공적 수익의 상당한 손실을 의미하는 석유 국제가격 하락, 2008년 9월부터 무역적자를 유발시킨 외화수익 감소, 유럽과 미국에 거주하는 에콰도르 이주자의 송금 감소 및 귀국 가능성 증가, 자본유입 감소 등이다. 거시경제를 안정시키는 데 도움이 되었음에도 달러화는 국가의 중요한 경제적 수단을 박탈함으로써 경제발전에 단점으로 작용했다. 그럼에도 코레아는 달러화를 폐지하는 것보다 금융위기에서 벗어나는 것이 더 어렵다는 사실을 인정했다.

6. 결론

1950년대부터 에콰도르는 바나나 생산과 수출에 기초한 모델을 시작으로 광범위한 경제적 변화를 경험했다. 1972년 석유유전을 발견하면서부터 에콰도르는 국제시장으로 나아갈 수 있었다. 유전 개발과 석유 수출은 경제적·사회적 발전 과정에 필요한 많은 경제적 재원을 충당하는 역할을 했다. 그럼에도 에콰도르는 내부적 발전을 위한 기초를 만들지 못했는데, 그것은 시장을 우선시한 데 따른 부정적인 경제적·사회적 결과로 인해 신자유주의적 정책과는 다른 발전정책에 대한 요구가 증가했기 때문이다. 이러한 상황에서 코레아 정부는 시장보다는 국가를 중요시하는 정책을 취하면서 경제정책을 급진적으로 전환시켰다.

에콰도르 경제에는 아직까지 심각한 문제들이 존재하고 있으며, 내외부적·정치적·경제적·사회적·자연적 충격에도 노출되어 있다. 미주개발은행이 지적한 것처럼, 에콰도르의 경제 부문은 수출 증대, 경제활동의 생산성 증대, 기업의 경쟁력 향상과 같은 과제를 안고 있다(Oficia de Evaluación y Supervisión, 2008). 또한 교통, 통신, 에너지 분야에 대한 사회간접자본의 투자도 포함시켜야 한다. 아코스타 역시 내부시장의 약체성, 높은 실업, 키토 - 과야킬 - 쿠엔카를 중심으로 한 제한적인 지역발전, 경제 부문 간의 연계성 부족, 2·3차 제품의 높은 수입 의존성, 국가의 행정적 관리조직의 부재, 기업가의 위험에 대한 반감, 통제조직의 부패(특히 생산과 은행을 연계하는 부패), 낮은 세금징수 등을 극복해야 한다고 강조했다(Acosta, 1995).

세계경제 위기는 모든 국가에 전면적인 변화를 요구하는 경제적·정치적·사회적 위기다. 영국 금융장관은 2009년 3월 이러한 상황에 대해 "몇몇 선진국이 아닌 전 세계 국가가 함께 협력해야 한다"라고 지적했다. 다른 라틴아메리카 국가들과의 협력을 심화하려면 에콰도르는 경제 분야에서뿐만 아니라 금융 분야에서도 많은 노력을 기울여야 한다. 유럽연합이 제안하는 것처럼 자본주의적 자유시장 체제에 유동성을 투입해 경제를 살리는 것이 가장 좋은 선택은 아닐 것이다. 자본주의적 자유시장 체제를 적극적으로 규제하려면 한편으로는 국가를 강화해야 하고 다른 한편으로는 시장의 비효율성을 피해야 할 것이다.

참고문헌

Acosta, Alberto. 1995. *Breve historia económica del Ecuador*. Blblioteca Central de Cultura, Corporación Editora Nacional, Quito.

______. 2008. "Sucretización, un atraco al alimón? La auditoría de la deuda externa ecuatoriana(II)." 자료검색 2008년 12월 18일, www.rebelion,org/notica.php?id=77640.

Alvarez, Galo Verdesoto. 1981. "La Ley deDesarrollo y Fomento Agropecuario, comentarios para su discusión." en *Boletín Informativo*, No. 7, Facultad de Ciencias Agrícolas, Universidad Central del Ecuador, Quito.

Arroyo, Marcelo, Stalin Fabara, Andres Galarza, Nicolás Marcano y José Pinto. 2007. "La economía en el gobierno de la Junta Militar 1963~1966." en *Boletín del Taller de Historia Económica*, No. 4/1.

Ayala, Enrique y M. Sonia Fernández(Cooords.). 1995. *Ecuador: las raíces del presente*. Universidad Andina Simón Bolívar, Taller de Estudios Históricos, La Hora, Quito.

Banco Central del Ecuador: Memorias Anuales(varios números).

BCE(Banco Central del Ecuador). 1990. "Cuentas Nacionales del Ecuador 1950~1989." No. 13.

Calderón, Gabriela. 2008. "La concentración de poder amenaza la libertad." en *El Universo,* 2008. 8. 27.

CEPAL. 1954. "El desarrollo económico del Ecuador." Organización de las Naciones Unidas, México.

Chiriboga, Marco P. Naranjo. 2005. *Dolarización oficial y regímenes monetarios en el Ecuador*. Colegio de Economistas de Pichincha, Quito.

Cordero, Simón Espinosa. 2006. "Consejo Supremo de Gobierno(1976~1979)." www.edufuturo.com. 자료검색 2009년 4월 20일.

Correa, Rafael. 2005. "Dolarización y políticas alternativas." en *Revista del Sur*, No. 160.

Economía y Desarrollo. 2003. “Resultado de las reformas del Consenso de Washinton en los países andinos.” Vol. 2, No. 1.

Gondard, Pierre y Hubert Mazurek. 2001. “30 años de reforma agraria y colonizacón en el Ecuador(1964~1994): dinámicas espaciales.” en P. Gondard y Juan Bernardo León V.(eds.). *Dinámicas territoriales: Ecuador, Bolivia, Perú, Venezuela*. serie Estudios de Geografía Vol. 10, Quito.

Hurtado, Osvado. 1977. *El poder político en el Ecuador*. Ediciones de la Universidad Católica, Quito.

Institute for International Economics. 1990. *Latin American Adjustment: How Much Has Happened.* Washington, DC.

Jacome, Hugo y Fernando Martin Mayora. 2009. *Analisis de coyuntura economica: una lectura de los principales componentes de la economia ecuatoriana durante el ano 2008*, Friedrich-Ebert-Stiftung/Idis, Quito.

Maldonado-Lince, Guillermo. 1979, “La reforma agraria en el Ecuador, una lucha por la justicia.” en *Nueva Sociedad*, No. 41. www.nuso.org/upload/articulos/543_1.pdf.

Montalvo, César. 2008. “La estructura vertical del mercado bananero para el Ecuador y el carácter limitado de las reformas de comercio internacional.” en *Revista Tecnológica Espol*, Vol. 21 No. 1, 10/2008.

Oficia de Evaluación y Supervisión. 2008. “Evaluación del Programa de Ecuador: 2000~2006” RE-341, Washington, DC, 7/2008.

PNUD(Programa de las Naciones Unidas para el Desarrollo). 2007. “Segundo Informe Nacional de los Objetivos de Desarrollo del Milenio. Alianza para el Desarro9llo.” *Proyecto Estrategia Nacional de Desarrollo Humano y en el de los Objetivos de Desarrollo del Milenio del PNUD*, ECU No. 46, Quito.

Polanyi, Karl. 1944. *La gran transformación. Los orígenes políticos y económicos de nuestro tiempo*. Fondo de Cultura Económica, México, DF.

Serrano, Alberto. 1999. *Economía ecuatoriana en cifras*. Instituto Latinoamericano de Investigaciones Sociales(Ildis), Quito.

Silva Gavidia, Betty. 2003. "Ecuador: De la deuda inglesa a los bonos Brady." Observatorio Internacional de la Deuda, en www.oid-ido.org/imprimer.php3?id_article=132.

제3장

에콰도르 조국동맹의 성과와 한계

빌르힐리오 에르난데스·페르난도 부엔디아 _김달관 옮김

시민사회운동으로 인해 대통령들이 연속으로 강제 해임되는 사건이 있고 난 몇 년 후인 2006년 대통령에 당선된 라파엘 코레아는 에콰도르 정치에 새로운 장을 열었다. 이러한 관점에서 보자면 조국동맹의 과제 가운데 하나는 조국동맹이 단순한 선거집단이나 단순한 정부로 환원되지 않는 유기적인 단체로 변모하는 것이다. 이를 위해서는 조국동맹이 기존 정당에 강력하게 반대하는 담론과 함께 정당으로서 정치적 갈등에 대응해야 할 뿐만 아니라 국가권력 경험이 없는 조직으로서 사회적 갈등에도 대응해야 한다.

빌르힐리오 에르난데스 Virgilio Hernández E. 에콰도르 가톨릭대학의 정치학과 교수이자 핀친차 지역의 조국동맹 소속 광역단체 의원이다.
페르난도 부엔디아 Fernando Buendía G. 국립정치대학교(Escuela Política Nacional) 사회학과 교수이다.

* 이 글은 ≪누에바 소시에다드≫ 234호(2011)에 실린 글을 옮긴 것이다.

1. 대의제 위기와 조국동맹의 등장

어떤 정치세력의 등장은 특정 시공간으로 압축될 수도 있지만, 이는 대개 장기간에 걸친 사회 과정의 결과로 이해해야 한다. 2006년 2월에 등장한 조국동맹을 이해하려면 그보다 20년 앞서 도입된 통치성 담론과 신자유주의로 촉발된 정치위기의 맥락을 고려해야만 한다. 이러한 통치성 담론과 신자유주의는 1978년에 제정된 민주주의 헌법에서 제시한 사회적 권리를 보장하는 국가(Estado Social de Derecho) 및 유엔 라틴아메리카경제위원회의 전략과 충돌하는 것이었다. 이와 마찬가지로 1998년의 제헌의회 성립, 헌법 제정, 수많은 저항운동 역시 이 시기 헤게모니를 장악한 신자유주의의 틀 안에서 이해할 수 있다.

따라서 1998년 제헌의회의 결과는 한편으로는 대통령제를 강화하고 시장경제를 구축했고 다른 한편으로는 국가의 개념과 역할을 강조하면서도 역설적으로 개인과 집단의 권리를 중요시했다는 점에서 모호하고 모순적인 관점을 보여준다고 할 수 있다. 민주주의를 헌법 공학으로 극복할 수 없다는 실망감 때문에 1998년 헌법 개정을 통해 선거제도를 변경함으로써 정당제를 약화시키고 행정부를 강화했지만 정치체제의 갈등을 해결하는 데는 별다른 효과가 없었다. 이 시기 라틴아메리카 대통령들의 권한과 입법부의 권한을 비교·분석한다면 에콰도르 행정부는 1998년 헌법 제정으로 인해 주변 국가에서 가장 강력한 권한을 가지고 있었다는 사실을 알 수 있을 것이다(Payne et al., 2003).

이러한 개혁은 대의제가 에콰도르 민주주의에서 할 수 있는 역할을 축소시켰다. 그럼에도 의회는 고위관리의 임명에서 우선권을 획득했다. 이로써 정부의 과업보다는 입법부의 과두제적 논리가 우위를 점하게 되었다. 에콰도르에서는 정치체제의 제도적 약체성으로 인해 과두세력이 상당한 영향력을 갖고 있었기 때문에 입법부는 대법원 판사의 분배와 고위관리의 임명을 전리품으로 여겼다. 제도권 정당과 일부 좌파는 이러한 논리에서 벗어나지 못했다.

또한 행정부가 다양한 영역에서 직위를 정치적으로 할당했기 때문에 헌법 개정의 논쟁은 무의미했다. 그리하여 2005년 말 국가가 전반적인 위기에 봉착했을 때, 다시 말해 반신자유주의운동이 정치권을 위협하고 1998년 헌법의 기획이 실패했다는 것이 명백해졌을 때 정부엘리트는 근본적인 정치개혁은 도외시하고 형식적인 변화만을 추구함으로써 의회 구성의 반민주적 규칙을 존속시켰다. 이로 인해 2005년 4월 국민봉기로 구티에레스 대통령이 해임된 이후 대통령에 취임한 팔라시오는 국가재건 담론의 목소리가 점점 커져감에도 기존의 전통세력에 휘둘렸고 이로써 정치체제 변화에 대한 시민의 요구에 대응할 수 있는 정치적 자본이 사라지게 되었다.

이처럼 무기력해진 정권은 에콰도르 경제·사회·정치체제의 근본적인 개혁의 필요성에 제대로 대처하지 못했으나 2006년 대통령 선거에서 코레아가 승리함으로써 마침내 무기력을 극복할 수 있었다. 코레아는 구티에레스 대통령에 반대하는 국민봉기에서 유명세를 얻은 과야킬 출신의 젊은 경제학자로, 팔라시오 정권에서 경제부 장관을 역임했다 (Ramirez, 2005). 경제부 장관 시절에 코레아는 국제 신용기관과의 협상 및 석유자원 운용에서 주권을 중시하는 정책을 추진했다.

2. 조국동맹 창설의 역사적 과정

조국동맹의 창설 과정을 더욱 정확하게 이해하기 위해서는 앙헬로 파네비안코(Angelo Panebianco)의 이론이 유용하다(Panebianco, 2009). 이 이탈리아 학자는 정당의 조직체계에 관한 연구에서 정당 창설의 과정을 3단계로 구분했다. 첫 번째 단계는 집단적 분위기가 우세하고 이념적 유사성에 기초한 유대감을 구축하는 시기다. 이 시기에는 자신들의 목표가 의미 있음을 확인하고 그 집단의 영향력을 확대하는 것이 목표이다. 첫 번째 단계에 이은 두 번째 단계는 제도화 단계에 진입하면서 가치체계를 구축하고 조직을 만드는 시기이다. 세 번째 단계는 '이익체계(sistema de interés)'라 불리는데, 이 단계에서는 조직의 공고화와 존속, 집단적이고 선택적(물질적·상징적)인 이해의 배분, 정당 지도자의 영향력 감소가 두드러진다. 정당이 제도화되어감에 따라 정치조직은 일관성을 유지하기 위한 요소(이념적 기초, 프로그램, 원칙, 상징 등)와 단결을 보장하는 요소(조직구조, 역할, 책임, 지도력)를 결합하게 된다.

조국동맹은 창당 이후 곧바로 권력을 획득했기 때문에 파네비안코가 말한 3단계는 상호교차하고 있다. 에콰도르 조국동맹의 또 다른 특징은 "급진적이고 신속하며 심오한 변화 추구"라는 시민혁명의 구호에 맞게 에콰도르의 사회변화 과정과 내부적 전개 과정에서 나타나는 역동성을 보여주고 있다는 점이다.[1)]

1) 선거세력으로서 결성된 조국동맹

경제부 장관직에서 물러난 코레아는 2006년 총선에 참여하기 위해 조국동맹 결성에 주도적인 역할을 했다. 조국동맹은 소수의 지식인 단체와 학자들이 추진한 것으로, 이들은 고유한 목표를 갖는 정치운동을

---

1) 코레아 대통령이 말하는 담론에서 자주 등장하는 말이다.

조직할 필요성을 자각하고 있었고, 이에 선거에 출마한 우파 후보들에 맞서기 위해 진보세력의 단일화를 추진했다. 이들은 조직적 측면에서 에콰도르 전역을 관리할 수 있도록 전국적인 수준에서 핵심 조직을 창설했고, 주(州) 단위 선거에 참여할 수 있는 지방 조직을 결성했다.

조국동맹의 강령은 '5개 혁명(cinco revoluciones)' 담론을 주장하면서 혁신적인 사회주의 논리를 확정했지만 가장 중요한 것은 과두세력의 이익에 봉사하던 정당지배(partidocracia)에 대한 반대였다. 형식적으로는 에콰도르 전국을 관장하는 조국동맹의 지도부가 존재했지만 중요한 사안을 결정하는 과정에서 주도적인 역할을 한 것은 조국동맹의 정치국이었다.

조국동맹 소속 대선 후보자인 코레아는 1차 선거에서 과반수의 지지를 얻지 못해 결선투표를 다시 하게 되었고, 2006년 11월 26일에 실시된 결선투표에서는 유효투표의 56.67%를 획득해 바나나 관련 기업가인 알바로 노보아(Alvaro Noboa)를 누르고 승리했다. 2007년 1월 15일 의회에서 열린 대통령 취임식에서 코레아는 원주민운동의 일부인 신국가당(Nuevo País)과 사회당의 지지밖에 얻지 못한 상황에서도 의회의 기능에 역행하는 제헌의회 소집을 약속했다. 사실 반정당적 성향의 조국동맹은 국회의원 선거에 후보를 출마시키지 않음으로써 기존 정치체제를 부정했다. 따라서 코레아가 이끄는 조국동맹은 사회학자 가예고스 라미레스(Gallegos Ramirez)가 지적하고 있듯이 "모든 정치적 모순에 대해 정당과 시민을 대립"하게 만들었다(Ramírez, 2009). 2007년 대통령에 취임한 이후 코레아는 국민투표 제안을 불법적으로 방해한 57명의 국회의원을 해임하는 과정에서 공권력을 사용하면서 당시의 의회와 갈등을 빚었다. 그러나 제헌의회 소집에 대한 국민투표가 2007년 4월 15일 실시되었고, 그 결과 총 유효투표의 81.72%가 제헌의회 소집에 찬성했다. 이후 제헌의회 소집을 지지하는 정치운동 단체를 단일화하는 협상을 통해 '신국가운동(Movimiento Nuevo País)'과 '민주적 대안(Alternativa Democrática)'과 같이 정치적으로 다른 성향이 참여하는 조국동맹에 대한 합의가 이루어졌다.

2007년 9월 30일에 실시된 제헌의회 선거에서 조국동맹은 총 130석 가운데 80석을 획득했다. 이로써 코레아는 18개월 동안 선거에서 4번 승리했다. 당시 에콰도르는 지속적 불안정, 정치 불신, 선거에서의 높은 부동층을 특징으로 하고 있었다. 조국동맹은 지지세력을 확대하기 위해 선거 캠페인 중에 지지세력의 정당 가입을 추진함으로써 시민혁명에 참여하고자 하거나 조국동맹에 적극적으로 참여하기를 원하는 수십만 명의 개인 신상정보를 획득했다. 그러나 이 자료는 조국동맹의 세력 확대를 위한 용도로 사용되지 못했다.

제헌의회 회기 마지막 30일 전에 조국동맹의 창설자이자 조국동맹의 중요한 이데올로그 가운데 한 사람인 아코스타가 의장직을 사퇴하는 등 불상사가 발생했지만 240일에 걸친 제헌의회 활동 기간 내에 새로운 헌법안을 마련할 수 있었다. 아코스타는 제헌의회에 허용된 240일 이내에 신헌법안을 만들어야 한다는 조국동맹의 결정에 동의하지 않았다. 이후 발전모델 대 환경주의자의 관점이라는 이념적 차이로 인해 조국동맹은 분열되었고, 여기서 몬테크리스티 전선(Frente Montecristi Vive)이 형성되었다.

2008년 10월 16일 치러진 헌법안에 대한 국민투표에서는 63.93%가 신헌법 채택에 찬성했다. 지역적으로는 24개 주에서 23개 주가 신헌법을 찬성하면서 신헌법을 지지했다. 국민투표는 경제, 발전모델, 민주주의, 다국민성에 대한 시민의식을 일깨웠으며 이에 대한 광범위한 논의를 촉발시켰다. 1869년 이후 처음으로 제헌의회에서 통과된 헌법은 국민에 의해 논의되었을 뿐만 아니라 국민의 자유로운 투표로 결정되었다.

2008년 신헌법에 따라 2009년 4월 26일 새로 치른 대선에서는 조국동맹 소속으로 코레아가 대통령 후보에 출마했고, 선거에서 51.9%를 획득해 대통령에 다시 당선되었다. 게다가 국회의원 선거에서도 조국동맹 후보자는 47%에 해당하는 57석을 획득했고, 221명을 선출하는 시장선거에서는 80명을 당선시켰다.

마지막으로 2010년 9월 30일에 발발했던 경찰 쿠데타를 포함하여 우파의 공격이 실패할 수밖에 없었던 이유가 있는데, 그것은 2009년 5월에 실시된 국민투표가 보여주듯이 코레아에 대한 국민의 지지가 높았기 때문에 가능했다. 따라서 국민의 지지에 기초한 코레아의 쿠데타 승리는 우파의 공격에 대한 응답으로 인식되었다(Ospina, 2011). 또한 이는 치안불안에 대해 우파가 대중매체를 통해 비방한 것에 대한 응답으로 인식되었다. 당시 가장 논쟁적인 사안은 사법개혁과 관련이 있었는데, 코레아는 당시 사법위원회(Consejo de la Judicatura)의 구성원 임명 방식을 근본적으로 변경함으로써 조국동맹 내부에서조차 논란을 야기했고, 야당과는 설전을 벌이게 되었다.

사법개혁을 둘러싼 이러한 혼란은 국민투표에서 공식적으로 승리했음에도 조국동맹의 정치와 정부행위모델이 손상되었음을 보여주었다. 즉, 조국동맹이 정권을 다시 잡았지만 내부적으로는 정치 논의가 미약했으며(조국동맹의 내부 민주화 부족), 게다가 조국동맹에 참여한 개인이나 정치조직과도 괴리가 생겨났다. 특히 이미 조국동맹을 선택한 사람들과의 거리감도 심화되었다.

논란이 된 사안의 중심에는 조직되지 않은 시민의 지지를 얻고 특권적 사회부문을 해체하고자 하는 코레아 정부의 강력한 '반조합주의적(anticorporativa)' 감성이 존재했다. 그러나 동시에 원주민부터 경찰까지

‘조직된 사회(sociedad organizada)’와도 일련의 갈등과 긴장이 존재했다. 이러한 상황에서 이론적으로 시민혁명의 기초가 되는 다양한 사회 부문의 시위를 통해 2009년부터 촉발된 ‘확인이 필요 없는 재분배(redistribución sin reconocimiento)’에 대한 요구가 증가하면서 코레아 정부는 위험에 처하게 되었다. 그리고 원주민과의 관계에서도 긴장이 발생했다. 비록 후기 신자유주의의 진전을 인정한다 하더라도 다양한 세력은 코레아 정부와 함께 정치 논쟁을 벌일 공간이 부족하다는 이유로 코레아 정부에 대해 상당한 불만을 품고 있었다. 당시에는 공공선에 대해 간여할 수 있는 개인적인 논의 공간이 거의 허용되지 않았기 때문에 조직된 행위자를 신뢰할 수밖에 없었다(Ramirez, 2010).

이 때문에 조국동맹은 8번째 선거에서의 승리를 위해 다시 한 번 동원되었다. 조국동맹은 2009년 4월 선거에서 상당한 표를 획득했는데, 이는 다른 한편으로는 정치지형에 긍정적인 변화가 일어나고 있음을 보여주는 사건이었다. 왜냐하면 코레아 정권에 정치적 갈등을 유발시키는 야당세력의 근거지인 동시에 치안상태가 좋지 않은 도시인 과야킬에서 조국동맹이 승리를 거두었기 때문이다.

2) 실용적인 정부 제안으로서 창설된 조국동맹

조국동맹이 제안한 정책적인 측면은 2007년 대통령 선거 캠페인 동안 알려졌고 이후 코레아 정부 정책의 기초가 되었는데, 이 제안은 첫째, ‘경제혁명(revolución económica)’을 통해 국가의 재분배 정책 기능을 재건하는 것이다. 둘째, ‘사회혁명(revolución social)’을 통해 다양한 사회 부문과 종족적·지역적 단체 사이에 평등과 공정함을 유지하는 것이다. 셋째, ‘정치혁명(revolución política)’을 통해 국영단체의 민영화를 회복·변모시키고, 참여적 민주주의를 강화하며, 정치대표 체제를 향상시키는 것이다. 넷째, '라틴아메리카 통합혁명(revolución de la integración latino-americana)'을 통해 상품적 관점을 극복할 새로운 통합적 조직을 라틴아메리카에서 창설하는 것이다. 다섯째, '윤리혁명(revolución ética)'을 통해 사회통제와 공개 입찰의 급진적 변화 및 사법당국의 혁신 등을 통해 부패척결을 위해 노력하는 것이다. 여기에다 두 개를 추가한다면 환경적 혁명과 사법적 혁명이 있었다.

몬테크리스티에서 진행된 2008년 신헌법은 의심할 바 없이 에콰도르 좌파세력과 대중적 사회세력이 합의에 기초해 사회적 공존을 위한 협약의 역사를 성취했음을 표현하는 것이었다. 2008년 헌법이 중요한 이유는 내용뿐만 아니라 헌법의 제정 과정과 헌법안 작성에도 사회적·지역적 수준에서 국민이 적극적으로 참여했기 때문이다.

그럼에도 2008년 헌법 제정은 단기간(8개월)에 이루어졌기 때문에 활발한 정치적·이념적 논쟁이 불가능했고, 제헌 과정을 지지했던 사회운동과 좌파의 다양한 경향 사이에 불화가 생겨났다. 그러나 좌파가 단합한 기간이 짧았음에도 2008년 신헌법은 조국동맹 내의 국민회의(Convención Nacional)에서 통과된 조국동맹의 이념적·정책적 근거가 되었다. 거대 언론은 코레아가 원하는 방식으로 신헌법 초안이 작성되었다고 주장했으나, 확실한 것은 대통령과 제헌의회 의원들 사이에 농업과 관련된 문제를 두고 이견이 있었으며, 여당 내에서도 헌법안을 놓고 상당한 논쟁이 벌어졌다는 사실이다.[2)] 이러한 논쟁과 논의의 결과,

---

2) *Le Monde diplomatique*(edicion Cono Sur 남미 버전)(2008), "Las antinominas de la Revolucion ciudadana". 다음 기관의 주소로도 자료검색이 가능하다. *Instituto de investigacion y debate sobre la gobernanza*(IRG)(2008), www.institut-gouverance.org./es/corpus-auteur/fiche-auteur-41.html.

1980년대 말부터 원주민운동이 요구했던 다국민국가가 에콰도르에서 선언되었을 뿐만 아니라 공기업 노동자의 조합주의적 회복 등도 선언되었다. 그러나 동시에 여당세력(조국동맹) 내에서 더욱 급진적인 세력과 중도세력 사이에 편차가 표출되었다.

최종적으로 수막 카우사이(공생의 새로운 방식)를 포함한 2008년 헌법은 인간, 사회, 자연의 공존이라는 측면에서 정의와 조화를 중시하는 원주민·농민의 가치관에 기초한 '탈자본주의적(poscapitalista)'인 이상을 제안했다. 수막 카우사이는 이전의 사법적·제도적 관점과는 근본적으로 차이가 있었다. 게다가 경제적 지배세력의 자연자원 전유와 시장지배를 용이하게 만들어준 1998년 헌법 내용도 변경시켰다. 또한 경제·사회 부문을 민영화하고 탈규제, 탈중심모델을 추진한 과두세력, 즉 정치엘리트를 해체시켰다.

정부 지지세력을 포함해 많은 집단에서는 수막 카우사이와 발전주의 사이에 나타나는 모순에 대한 논쟁이 벌어졌고 이에 따라 경제성장의 필요성에 환경지속과 자연권의 한계가 설정되었다는 점은 강조할 만하다. 그뿐 아니라 농업생산성 관점에서 토지와 같은 생산수단의 민주화, 투자 및 수출 장려보다는 국내 성장 중시, 시장의 유용성과 기업 권리에 대한 연대경제체제(sistema económico solidario) 등도 논의되었다.

그럼에도 정부운영, 구조적 불평등, 발전의 지체 등을 특징으로 하는 에콰도르 상황에서 새로운 헌법적·정책적 논리의 단기적 실행은 어려운 문제로 대두되었다. 다시 말해 에콰도르는 쇠퇴한 자본주의 경제체제, 즉 지체되고 약하며 종속적인 자본주의적 경제체제를 지니고 있었다. 사법적·정치적 구조는 가부장적이고 후견인적인 세력에 의해 장악되어 있었고, 사회는 노조주의, 지역주의, 파벌주의로 분열되어 있었다. 사회집단은 빈곤, 사회조직의 파편화, 이민, 실업 등으로 인해 매우 심각하게 침식당했고, 공적·사적 제도는 부패로 인해 제대로 기능하지 않았으며, 과두세력과 신자유주의적 지배모델의 유산이 남아 있었다.

이러한 상황에서 수막 카우사이를 중심으로 하는 시민혁명은 정치세력 사이의 지속적이고 적극적인 협력을 통해서만 가능했다. 여당으로서 조국동맹은 이러한 전략적이고 정책적인 틀 안에서, 그리고 정부의 요구에 대응하면서 지금도 자신들의 이상을 이행 과정으로 실현하고 있는 중이다. 정부의 이러한 정책수단과 계획은 조국동맹에서 논의되었고 2010년 11월 제1회 국민회의에서 공식적으로 통과되었다.

조국동맹은 국민회의에서 수막 카우사이에 기초한 사회주의를 장려하고 에콰도르 현실에 맞게 자유주의적·비판적·혁명적 사상을 창조적으로 수용하며 다양한 좌파 경향을 용인하는(비록 국민회의 이전에 조국동맹에 통합된 다양한 운동은 전국적인 규모의 단일한 조직으로 통합되어야 한다고 합의했지만) 좌파의 '정치운동'으로 인정받았다. 조국동맹의 국민회의에서 피친차 대표단에 의해 제안된 창당 계획은 많은 지지를 받지 못했다. 창당에 반대한 주요한 이유는 에콰도르의 복잡한 현실에 대응하기 위해서는 더욱 유연하고 역동적인 조직이 필요하다는 인식과 기존의 전국정당에 대한 혐오 때문이었다.

3. 평가와 도전

잇따른 선거는 정치조직이 제도화 단계로 진입하는 데 방해가 되었다. 조국동맹은 정체되어 이제는 정당조직이 아니라 선거수단이 되었다는 문제를 야기했다. 중도에서 급진적 좌파까지 많은 사람들은 조국동맹 내부에 존재하는 이념적·정치적 이해에 대한 차이를 끊임없이 지적했다. 적어도 지역 수준의 지도자들은 지속적으로 첨예한 논쟁을 벌였다. 전국적인 수준에서 지도부는 제대로 기능하지 못했으며 내부적인 정치 논의도 부족했다.

라미레스는 정치조직을 약화시키는 경향을 갖는 정부와 정치운동 간의 관계를 과도한 정치 마케팅으로 이해하고 있다.

> 정부 권력에 대한 현실주의는 섬세한 사회학적 현실주의로 보완되었다. 정치에 지치고 무관심한 국민을 사회적으로 동원하는 것은 의미가 없다. 차라리 여론으로서 질문하거나 정부의 성과를 TV를 통해 보게 하는 것이 오히려 효율적이다. 즉, 혼수상태에 빠져 있고 비조직화된 대중에 관심을 갖는 것은 효과적이지 못하다. 기존 조직의 의미 없는 불법 점거, 마케팅에 의한 민주적 논쟁, 광범위한 청중의 관심 유도는 정치적 관계를 생성시키는 데 충분하지 않으며 행위자가 대화하거나 참여하는 실질적 공간으로도 충분하지 않다(Ramirez, 2010).

선거에서 일곱 번 승리한 이후 조국동맹의 지도부는 자신들이 에콰도르의 변화를 위한 정치적 목적을 실행하면서 목표를 향해 전진하고 있다고 여겼다. 그러나 선거수단으로서의 지속적인 참여는 조국동맹의 조건과 특징을 보여주면서 조직적 특징과 유기적 측면에서 한계를 드러냈다. 지금 조국동맹은 이러한 현실을 받아들여야만 하며, 국가를 일신하려는 목적을 달성할 수 있는 정치조직으로서 조국동맹이 공고히 뿌리내릴 수 있도록 계획을 세워야 한다(Presente y futuro del Movimiento PAIS, 2009).

그렇지만 조국동맹이 4년 남짓한 기간에 사회의 모든 부문에 대한 재건 계획을 수립하고 민주주주의 제도적 기반을 마련했다는 점은 인정해야 한다. 석유를 중심으로 하는 자연자원 통제가 어느 정도 회복되었고, 조세정책을 통해 국가 재정수입을 확대함으로써 사회적·경제적 재분배가 강화되었으며, 사회간접자본과 투자도 배가되었다. 10년 이상 에콰도르에 영향을 끼쳤던 통치성의 위기도 완화되었다.

정당은 흔히 선거에서 승리해 통치하기 위해 만들어진다고 일컬어진다. 그럼에도 통치 과정에서 분열이 발생하고 이로 인해 정치조직의 제도화로 관심이 옮겨가면서 파네비안코가 언급한 여러 단계로 변화한다. 이러한 경우 조직의 정체성과 일치하는 다양한 정치집단 사이에 긴장이 발생하고 국가 재조직에 필요한 인재들이 공직을 차지하는 현상이 나타난다. 동시에 정당은 정부정책뿐만 아니라 사회 여러 분야에서 대두되는 구체적이고 일상적인 요구에 항상 영향을 받는다.

조국동맹 구축 과정에서 정부운영의 정치적·선거적 효율성과 관련이 있으면서 시민혁명 과정에서 정치적 결정의 중요한 요소를 구성하는 결정적 요인은 코레아 대통령의 강력한 리더십이었다. 이는 정부구조와 여당으로서의 코레아의 조국동맹 구조가 서로 상이했음을 보여준다. 이로써 조국동맹의 첫 번째 국민회의가 2010년 말에 실현된 이유를 설명할 수 있다. 또한 코레아 대통령이 정부 아젠다를 통해 여당인 조국동맹의 여러 정책에 결정적으로 영향을 끼친 이유도 설명할 수 있다.

그럼에도 조국동맹은 현재 내부적으로 중요한 도전에 직면해 있다. 첫째, 선거에서 보여준 효율성을 넘어서는 일관적인 토대를 갖춘 개방적이고 광범위하며 민주적인 조직으로 정착할 필요가 있다. 둘째, 사회의 다양한 부문과 동맹을 재구성해야 한다. 특히 원주민, 농민, 노동자 운동과 '동맹 또는 적대'라는 논리를 깨고 더욱 많은 참여와 상호작용, 인정을 요구하는 다른 사회 부문과 동맹을 맺어야 한다. 셋째, 조국동맹은 스스로 변화를 추구하는 정치운동으로서 정착할 능력이 있음을 보여주어야 한다. 넷째, 지속적인 혁신을 보장하는 청년들을 계속해서 모집할 수 있는 도전을 무시하지 않으면서 지금까지 조국동맹에 투표한 수백만 명의 시민 조직과 더불어 참여를 허용하는 메커니즘과 지역의 지지를 공고화해야 한다.

변화에 반대하는 전통 부문과의 투쟁, 헌법과 발전계획 틀 안에서 정책 심화를 위한 정부 행위, 국가의 현대화와 후기신자유주의적인 민주적·부르주아적 개혁에서는 과정의 지속성과 방향성이 중요하다. 이를 위해서는 수막 카우사이 사회주의 관점에서 더욱 진보적인 사회모델을 건설하기 위한 대안적인 수단을 제시할 수 있어야 한다. 신헌법에 의해 두 번째로 대통령에 취임했을 때 코레아가 제안한 시민혁명의 급진화는 앞으로 좀 더 깊이 있게 논의할 필요가 있다.

참고문헌

Ospina, Pablo. 2011. "Ecuador: intento de golpe o motín policial?" en *Nueva Sociedad*, No. 231, 1-2, www.nuso.org/upload/articulos/3750_1.pdf.

Panebianco, Angelo. 2009. *Los modelos de partido: organización y poder en los partidos políticos*. Alianza, Madrid.

Payne, J., Daniel Zovatto G. y Mercedes Mateo Diaz. 2003. *La política importa. Democracia y desarrollo en América Latina*. BID, Washington, DC.

Presente y futuro del Movimiento PAIS. 2009. del 26 de mayo de 2009.

Ramirez, Gallegos. 2005. *La insurrección de abril no fue solo una fiesta*. Taller El Colectivo, Quito.

______. 2009. "Participación y desconfianza política en la transformación constitucional del Estado ecuatoriano." ponencia en el seminario Reforma del Estado en los países andino-amazónicos, La Paz, junio de.

______. 2010. "Post-neoliberalismo indócil. Agenda pública y relaciones socio-estatales en el Ecuador de la Revolución Ciudadana." en *Temas y Debates*, año 14, No. 20, 10.

제4장

에콰도르 정부와 사회운동세력의 결별, 수렴, 분극화 과정

프랭클린 라미레스 가예고스 _조영실 옮김

라파엘 코레아 대통령의 집권은 정부와 여러 형태의 조직적 집단행동, 특히 원주민운동과의 관계에 변화를 가져왔다. 이 글에서는 이 관계의 변화 발전을 이해하기 위해서는 세 가지 시기를 고찰할 필요가 있다고 본다. 먼저 코레아를 중심으로 형성된 정치운동조직인 조국동맹의 등장, 그리고 사회 조직들의 자산이 인정받은 시점인 제헌의회 소집 과정, 마지막으로 양 세력이 멀어지기 시작한 시점이 그것이다. 여러 세력의 단합을 넘어서서 민주세력 — 여기에는 정부도 포함되고 조직화된 사회세력도 포함된다 — 이 공유하는 중심 가치와 관심사들을 다시금 부각시키려면 오로지 참을성 있는 단합과 협상의 정치만이 필요하다.

프랭클린 라미레스 가예고스 Franklin Ramírez Gallegos 에콰도르에 있는 라틴아메리카 사회과학대학의 교수이자 연구원이다.

* 이 글은 ≪누에바 소시에다드≫ 227호(2010)에 실린 글을 옮긴 것이다.

2010년 3월, 언론은 과야킬 시민위원회와 에콰도르원주민연맹 지도부의 두 차례에 걸친 회합을 자세히 보도했다. 회합의 목적은 코레아 정부에 대한 대립각을 세우자는 것이었다. 시민위원회 측에 따르면, 원주민 지도자들은 2월로 예고된 '시민혁명' 정부[1]에 맞서는 궐기에 필요한 재정적 지원을 시민위원회 측에 요청할 예정이었다. 매우 급진적인 단체인 에콰도르원주민연맹이 전통적으로 에콰도르 과두계층의 극보수 진영을 대표해온 사람들과 자리를 같이한다는 이 소식을 사실이라고 믿는 이는 아무도 없었다. 여러 민중 단체, 좌파정당들, 비판적 지식인들은 이를 권모술수라고 규정했다. 정부 역시 이 대범한 접근을 부정했다.

과야킬 과두세력이 에콰도르 원주민운동세력에 접근한다는 것은 코레아 정부에 다가갈 실질적 가능성을 예상케 하는 것이었다. 이 예견의 낙관성은 채 24시간도 지속되지 않았고, 엘리트층과 하층민 정치세력 사이의 깊은 단절이 다시 한 번 확인되었을 뿐이다. 대표자들의 단순 회동에 지나지 않는 것을 이미 뭔가 합의라도 한 듯 보도한 걸 보면 그들은 에콰도르원주민연맹에서는 아무리 사소한 일이라도 소속 단체들 사이의 내부적 논의 및 협상에 따라 결정된다는 사실을 몰랐던 모양이다. 어찌되었든 원주민운동세력 내부에서는 이에 대해 불쾌감을 숨길 수 없었다. 에콰도르원주민연맹의 역사적인 지도자인 루이스 마카스(Luis Macas)는 이 만남을 다음과 같이 비판했다. "우리는 그들과 공유하는 게 하나도 없다. …… 우리는 한자리에 앉아 대화를 한다는 자체가 불가능하다. 행여 어느 길모퉁이에서 마주친다 하더라도 서로 반대 방향으로 내달릴 존재다." 그러는 사이 키토 시의 한 반정부 일간지의

---

1) 코레아 정부가 스스로를 지칭하는 표현이다.

사설에서는 마카스의 말을 심각한 정치적 분파주의로 설명했다. "만일 원주민운동세력에 대해 그런 말을 한 사람이 메스티소였다면, 또는 기업 간부였다면 인종차별주의자에다가 사리분별을 못한다고 맹비난을 받았을 것이다." 사설은 한걸음 더 나아가 정치적 상식을 깨고 보면 과야킬과 에콰도르원주민연맹 사이에 자치권과 자치정부 권리에 대한 요청이라는 접합점이 존재한다고 썼다. 이로써 반코레아 세력을 조성하기 위해서는 코레아라는 인물에 대한 단순한 거부 이상의 무엇이 요구된다는 사실이 분명해졌다.

이 사건에 대해 마지막으로 짚을 점은 원주민운동세력의 지도부는 이 모임의 존재를 모르고 있었다는 사실이다. 원주민운동세력의 지도부는 회합을 모의한 사람들에게 징계를 예고하고 과야킬 시의원들이 방문했던 지부 사무실을 '소제'(의식을 통한 정화)했다. 그러나 오래 전부터 확립된 권력그룹의 대척점에 존재해온 항해지도에 혼선이 생겼다는 인식의 확산은 되돌릴 수 없었다.

아무튼 이 에피소드는 2007년 코레아 집권부터 시작된 정치적 갈등의 복잡한 재편성 과정을 보여주고 있다. 여러 특징 가운데 집권 정부와 에콰도르의 가장 강력한 집단행동 조직들 사이의 긴장된 관계가 이러한 재편성을 관통하고 있다. 제헌의회(2007~2008)에 즈음해 조국동맹의 정치 프로젝트가 진보주의 진영에서 희미한 공감 이상의 반응을 유발하던 시점부터 그 긴장은 더욱 증대되었다. 그때부터 수많은 사회조직과 정치조직이 변화 프로젝트를 적극적으로 지지하기 시작했다. 심지어 일부 투사들은 2008~2009년 선거에서 정부의 공식입장을 대표하는 일원이 되고자 희망하기도 했다. 수많은 활동가들의 입에서 코레아가 지휘하는 '시민혁명'이 자신들의 프로그램을 빼앗았다거나 — "그들은 우리의 의제를 빼앗아갔다"라고 했다 — 일부 동지들의 선거 참여로 연합 동력의 일상적인 작용과 집행에 영향을 받는다는 말이 나오는 것도 무리는 아니었다. 실제로 코레아의 등장은 1979년 민주화 이행기부터 정치무대를 지배하던 정당들의 쇠퇴를 가속화시켰을 뿐만 아니라 다양한 사회주체의 실천 프로그램과 결속 노선에 혼란을 초래했다. 국가가 공적 실천의 제1영역으로 복귀하면서 그런 불균형은 더 심해졌다.

조국동맹의 등장 이전에도 이미 사회운동의 상대적 고갈이 존재하긴 했지만 대통령 리더십에 대한 코레아의 강고한 입장 때문에, 그리고 자립적인 집단행동 세력들이 존재한다는 것을 사전에 인식하지 못했기 때문에 사회운동세력의 실천의 여지가 협소해졌으며 정부와의 갈등도 더욱 심화되었다. 개헌 이후 과도기에 노정된 몇 가지 정책상의 차이도 이러한 상황에 영향을 주었으며, 제대로 가시화되지는 않았지만 이 운동들과 연계된 사회 연결망의 해체도 이러한 상황의 원인이 되었다. 급진적인 중류층—신자유주의에 반대하는 조직적 투쟁의 적극적인 참여자들—이 새 정부의 관료 명단에 포함되긴 했지만 이로 인해 정치적 중재라는 문제가 발생했고, 정부에는 얼마간 조직적 힘의 공백이 생겼다.

정부와 여러 사회단체 사이의 들쭉날쭉한 관계는 에콰도르가 경험한 세 가지 시기의 정치적 변화를 고려하면 더욱 잘 드러난다.

1. 결별의 기원

2005년 4월 에콰도르에서는 채 10년도 되지 않는 시기 동안 세 명의 대통령이 물러나는 사태가 벌어졌다. 2000년 원주민 무력 봉기를 이끌어 마우아드를 권좌에서 몰아낸 뒤 대통령이 된 구티에레스는 사법부에 대한 행정부의 개입을 거부하는 대규모 시위가 일어난 가운데 파면되었다. 대규모 시위를 통제하지 못하자 국회는 정치질서에 대한 사회적 논박의 중심에 서게 되었다. 시위에 나선 군중은 대통령의 퇴진만 요구한 것이 아니었다. 그들은 2001년 아르헨티나의 시위에서와 마찬가지로 '모조리 물러날 것'을 요구했다.

2005년 4월의 시위는 정당들과 사회운동세력, 특히 에콰도르원주민연맹이 시위를 주도하던 1997년 부카람의 파면 때와 달랐고, 원주민운동 및 막 탄생한 국민의회가 주역이 되어 이들의 일상적인 저항방식과 육군 중간지휘자들이 결합했던 마우아드의 축출 때와도 달랐다. 2005년 시위는 정당 주도적 후견과 모든 조직적 구조를 지닌 지휘부에 대한 시민 분출이 점진적으로 일어난 결과였다. 대통령의 세 번째 축출은 사전에 조직된 정치적 지향점 없이 벌어진 일단의 시위의 결과였다. 이는 1990년 원주민봉기 이후 사회적 시위의 동력이 원주민운동에 의해 통솔되지도 않고 원주민운동과 연관되어 일어난 것도 아닌 최초의 사례였다. 원주민운동세력은 구티에레스 행정부에 참여하기 전까지는 민중 진영의 헤게모니적 주체였다. 정당들과 단체들이 있던 자리에 이제는 조직적 연계가 없는 개인들, 그리고 새로운 집단적 주도라는 복수의 주체들이 들어서게 되었다. 즉, 급진적인 반당파주의가 이질성이 강한 여러 운동세력을 단일화시키는 접합제로 작용했던 것이다.

코레아와 이제 막 탄생한 그의 조국동맹은 4월 봉기의 유산인 반당파주의를 선거전의 기치로 내세웠다. 그들이 내건 제안 — 이는 나중에 결의사항이 되었다 — 은 제헌의회를 소집할 것, 자유무역협정 조인을 거부할 것, 미군에게 만타 기지 양도협정의 종결을 요구할 것, 신자유주의를 탈피하고 사회적 비용을 외채 지불에 우선적으로 사용할 것 등이었는데, 이전 수십 년간 원주민운동단체와 여타 민중조직, 소수 좌파세력이 차지하고 있던 바로 그 담론의 장을 이제는 이 안들이 점령하게 되었다.

그러나 코레아의 부상은 진보진영이 다시 자리를 잡은 가운데 일어난 일이었다. 즉, 새로운 리더들, 군사적 이력이 없는 사회세력과 시민조직들이 상승하고 원주민운동세력이 쇠락하는 시점의 일이었다. 1990년대에는 원주민운동세력의 실천을 중심으로 에콰도르 신구 좌파세력이 등장하고 재편성되었다. 실제로 2006년 선거에서는 원주민운동의 선구자이자 원주민을 위한 정당인 파차쿠틱의 후보인 마카스가 전체표의 2.19%밖에 얻지 못했다. 교원노조의 정치적 대표체로 등장한 민중민주운동(MPD: Movimiento Popular Democrático)의 다른 좌파 후보도 겨우 1.33%를 얻는 데 그쳤다. 그에 반해 코레아는 23%를 얻어 결선투표에 나갈 수 있었다.

게다가 원주민운동의 고갈을 전후해 사회운동이 전반적으로 침식되었다. 1990년대에는 여러 가지 갈등이 터져 나왔는데 그중에는 여러 퇴행적인 법안(예를 들어, 사회보장제도의 민영화)도 포함되어 있었다. 이 갈등은 정당 시스템의 합법성에 대한 위기까지 가속화했다. 그러다가 2000년대 초 5년간 지속된 구티에레스 퇴진 시위와 2006년 3월의 자유무역협정 반대시위로 대표되는 사회적 소요의 정점 시기를 제외하면 갈등의 상승 곡선이 멈추기 시작했다(<그림 4-1> 참조). 이는 21세기 초부터 시작된 참여적·연대적 경향이 감소한 것과 일치한다.

조국동맹이 출현할 즈음에는 이미 사회 에너지가 고갈되고 좌파 내 선거 대안이 결핍되어 있는 상황이었다. 그래서 대선 1차 투표에서 기업재벌인 노보아가 안정적으로 승리했을 때도 놀라는 이가 그다지 없는 듯했다. 그런 상황에서 코레아가 최종 승리한 것은 섭리에 가까운 일로, 바나나농장 기업인인 노보아에 대한 거부감에서 비롯된 지지가 우세했기 때문이다. 피에르 로산바욘(Pierre Rosanvallon)은 이를 '역선거(deselección)'라고 명명했다.

〈그림 4-1〉 에콰도르의 정치적·사회적 갈등(1982~2008)

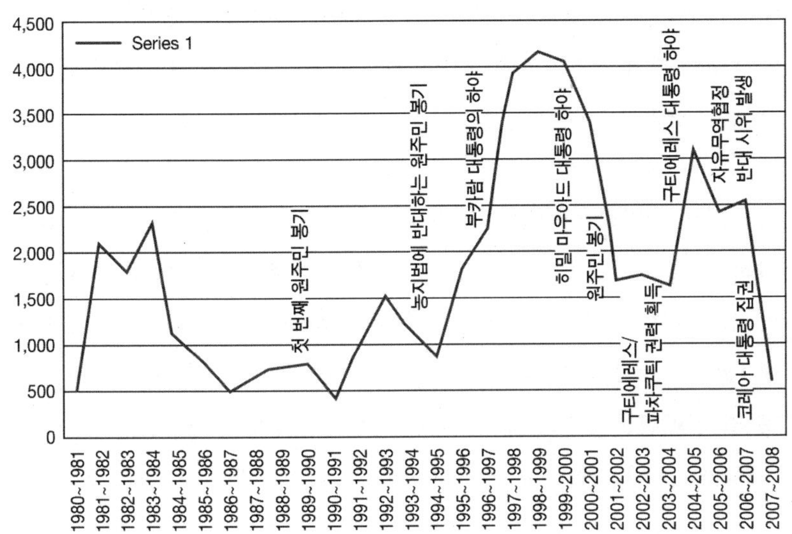

자료: 안데스민중행동센터(CAAP).

그 전에 코레아는 파차쿠틱과 합치되는 대선 공약을 만들려고 노력했다. 그러나 조직 '외부'의 인물이 지속적으로 등장하는 데 대한 원주민 조직들의 회의주의로 인해 그런 연대에 반대하는 모의가 이루어졌다. 그런 선택지의 가능성이 사라지자 조국동맹의 이데올로그들은 광범위한 전선을 구축하거나 운동조직 및 정당을 단합하기 이전에 조국동맹 고유의 차별화된 정치구조를 신속하게 구축하는 데 주안점을 두었다. 조국동맹의 창설자이기도 한 구스타보 라레아(Gustavo Larrea)는 이를 다음과 같이 지적했다.

우리가 (그 조직들과) 논쟁에 돌입할 경우 당장은 정치력을 구축할 가능성이 없었다. 왜냐하면 노동단체, 원주민 조직, 아프리카계 후손 단체, 여성

> 단체 등은 세월을 거치면서 형성된 정통성 있는 리더십을 갖고 있었기 때문이다. 그들은 그런 리더십이 있었기 때문에 논쟁이 필요하지 않았다. …… 우리 조직은 여러 사회 전선과 동맹을 맺은 것이 아니기 때문에 '지역적으로 작업'하기로 결정했다.

조국동맹 창설의 핵심부는 전통적인 좌파 정당들의 구지도부, 새로운 사회적 좌파의 활동가와 지식인, 완전히 새로운 시민단체 출신의 인물, 무력 활동의 이력이 없고 오히려 대통령 후보와 개인적인 친분이 있는 주변 인물 등으로 구성되어 있었다. 그리하여 근본적인 반당파주의라는 지평 위에 이종적인 혼합세력이 탄생했다. 이러한 인적구성과 조직방식은 라미레스 킨테로(Ramirez Quintero)가 "국가 전체 구조의 중개계층 또는 사회 보조계층"이라고 명명한 계층으로 좌파세력의 사회적 스펙트럼이 확장되었음을 의미한다. 그뿐만 아니라 정치행동의 논리에 있어 방향 재설정, 특히 인물 지도력과 집단행동력 사이의 균형 조정을 의미하기도 한다. 조국동맹이 출발한 시점부터는 작은 지역적 단위에서 조직화를 달성하려는 시도에 따라 집단 행동력의 비중이 상대적으로 줄어들었다.

> 또한 개인들만으로는 조직이 제대로 작동하지 않기 때문에 …… 가족 단위에서 조직 형태를 추진하기로 결정했다. …… 지리적 특성에 따라 이루어지는 가족적 회합이다. …… 이 준칙에 따라 다른 좌파세력과의 싸움에 치중하는 대신 개별 고장, 개별 교구, 개별 구역을 세력화하는 데 치중하는 거대한 동지 집단이 만들어졌다.

실제로 2006년 첫 선거전에서부터 조국동맹은 일명 '지역시민위원회’ 또는 ‘가족위원회’를 발족시켰다. 이 신생 운동조직의 기초는 지역적 침투라는 전략을 통해 연합적 형상을 넘어 비조직적이고 광범위한 스펙트럼을 가진 시민들이었다. 조직화의 이력을 다수 보유한 정당 및 단체의 연합은 지역시민위원회, 가족위원회 등과 같은 조직이 불필요할 뿐 아니라 이러한 조직은 잠재적 갈등을 내포한다고 인식했다. 유일한 예외는 소규모인 에콰도르사회당과의 합의였으나 그마저도 부차적인 합의였다. 조직적 틀의 취약성, 진보세력 사이의 불신, 신생 조직의 실용주의 등은 장차 그런 정치적 구성논리를 강화시키는 작업이 실행되리라는 것을 예견하게 했다.

2. 프로그램의 수렴과 생산적인 긴장

과두제적 우파의 최대 대표자인 노보아가 권좌에 오를 수 있다는 가능성 때문에 많은 민중조직이 조국동맹 진영에 합류했다. 코레아가 집권하던 날 전면적인 권한을 가진 제헌의회를 소집한다는 법령을 발표하면서 이러한 수렴 현상은 더 심화되었다. 제헌의회의 소집은 2000년 달러화 도입 및 대통령 축출이 있던 시기부터 여러 운동세력이 주장한 주요 요구사항 가운데 하나였다.

의회 대표는 없고 — 조국동맹은 반당파주의의 소명을 확실히 하기 위해 의회선거에 후보를 내지 않았다 — 의회 다수를 통제하는 우파만 존재하는 상황에서 새로운 헌법을 위해 국민투표를 소집한 것은 행정부와 입법부 사이에 심각한 갈등의 대상이 되었다. 이전에는 의회에 견고한 자기 세력이 없는데다 사회적 신임도도 낮은 대통령을 국가원수 자리에서 파면함으로써 정치위기를 해결했다면, 2007년에는 반대 현상이 일어났다. 정치자본이라고는 자신에 대한 강건한 민중적 지지밖에 없는 일개 대통령이 엄격한 법적 절차를 따르지 않은 채 국민투표 소집을 불법적으로 방해했다는 비난을 받고 있던 57명의 하원의원에 대한 선거최고재판소의 해임 판결을 부추긴 것이다. 이와 같은 '의회의 몰락'으로 인해 제헌의회 소집이 가능해졌다.

2007년 4월 치러진 국민투표에서는 81.72%가 제헌의회 창설에 찬성했다. 좌파세력과 운동단체 모두 찬성표를 던졌다. 과거에도 코레아와 의회의 갈등이 심하던 시기에 여러 사회세력이 야당 의원들에게 반대하는 시위를 무력시위 형태로 벌인 적이 더러 있었다. 2007년 5월 1일 코레아는 노동절 기념 군중행진을 이끌었다. 이는 민간 정부의 집권사상 유례가 없는 일이었다. 이날은 대부분의 좌파 단체와 민중 단체가 대통령과 함께 행진에 참가했다.

코레아가 계획한 대립이라는 방향설정은 민중운동세력과 조국동맹의 수렴을 위한 선택의 여지를 넓혀주었다. 코레아 정부의 프로그램은 정당들과도 갈등했지만, 금융권, 거대 언론, 경영인 단체, 신자유주의를 지지하는 다국적 회사의 지사들, 특히 막강한 과야킬 엘리트층과도 대립적이었다. 과야킬 엘리트층의 지도자인 하이메 네보트(Jaime Nebot)는 에콰도르 우파세력의 주요 정당의 일원으로서 세 차례나 과야킬 시장을 역임했다.

2007년 9월 치러진 제헌의회 선거는 '변화의 진영'에 장기적으로 유리하게 작용했다. 조국동맹은 접전을 벌이던 130개 의석 중 80개 의석을 차지했다. 나머지 파차쿠틱, 민중민주운동, 민주좌익당(ID) 등의 좌파세력은 10%가량의 지지를 얻었다. 조국동맹과 에콰도르사회당의 동맹은 규모가 작은 주들에 한해 부차적인 방식으로 이루어졌다. 독자적인 권력을 공고히 하는 데 중점을 둔 조국동맹의 선택은 그렇게 해서 승인되었다. 선거전에서 승리한 경험으로 코레아의 모험은 더욱 강화되었다. 코레아는 정부 관료 명단에 일단의 민중운동 부문과 정치 및 법치국가에 대한 윤리적·민주주의적 담론을 따르는 새로운 단체들을 반드시 포함시켰다. 이러한 틀을 바탕으로 조국동맹은 여러 분파의 동맹이라는 특성을 갖게 되었다. 이 동맹에는 중도우파, 환경운동단체, 여성단체, 진보적 교회세력, 신구 좌파투사, 비전문가 시민, 오랜 기회주의 이력의 정치인 등이 포함되었다.

1998년 헌법에서 사회단체들이 얻고자 했던 바가 단체행동권의 인정과 사회적 권리 스펙트럼의 강화였다면, 2007~2008년 제헌 과정에서는 이미 획득한 권리를 지키고 확대하는 것이 목적이었다. 그러나 이 시기에는 발전모델의 변화로 인해 분규가 더욱 전면화된 상황이었다. 사실 제헌의회가 희구하는 지평이란 신자유주의 질서의 극복과 정당 지배체제의 몰락을 결합시키는 것이었다. 조국동맹은 처음부터 이 노선을 공론화하면서 강조해왔다. 그러한 이데올로기적인 배경 덕에 사회적 참여라는 지평을 구상할 수 있었던 것이다.

몬테크리스티 시에서는 적극적이고 개혁적인, 그러나 그다지 떠들썩하지는 않은 민중시위가 일어났다. 조직 진영이 취약하다는 점 외에도 신헌법 제정을 위한 회의 개최지라는 점 때문에 몬테크리스티 시에서는 대규모 형식의 집단행동에 반대하는 경향이 존재했다. 이 때문에 운동조직들은 사회적 압력이라는 통상적인 전법을 바꾸어야 했다. 따라서 상근 자문단을 보내기도 했고, 결정적인 순간에는 대거 모여들기도 했으며, 다른 분파에게 로비를 벌이기도 했다. 당시에는 여러 공공정책 부문에 관한 헌법 개정의 틀을 논의하기 위해 시민사회-국가의 혼합적인 의제들이 구성되었다. 제출된 의제의 복합성과 독특한 협상기교의 전개를 통해 활동가들의 높은 전문성이 확인되었다. 이 점은 오늘날 다른 국가들에서도 그렇지만 에콰도르 시민사회에 일어난 변화 노선의 하나이기도 하다. 비정부기구(NGO) 및 국제적 협력의 역할은 이런 측면에서 결정적이었다. 단체들은 상명하달식의 정책결정 방식에 대해 강경하게 도전했다. 즉, 공적 의제 수립을 놓고 '전투적으로 전문성에 대항하는(contraexperticia militante)' 측과 전통적인 결정권자들이 서로 대립했던 것이다. 회의에 참석한 여러 사회적 주체는 여러 가지 압박 기제를 통해 고유의 의제를 내세우며 입장을 표명했다. 보완적 압박 기제로 시민포럼, 피켓시위, 행진, 콘서트 등도 열렸다. 회의에는 국민포럼, 총회, 순회포럼, 인터넷 장치 등의 조직화를 포함해 독특한 참여 방식도 마련되었다.

수많은 대회 참가자들과 단체 지도자들이 전투적 이력을 갖고 있다는 유사성 덕분에 그들 사이의 만남은 용이하게 이루어졌다. 대회 위원장인 아코스타가 운동세력들의 참석을 개방했기 때문에 이 세력들은 정치적 시계(視界)를 더욱 넓힐 수 있었다. 긴장감이 고조된 사건도 적지 않게 일어났지만, 제헌의회 과정은 사실상 사회변화 과정과 대의민주주의 심급들의 관계에 매우 활발한 유동성의 시간을 의미했다. 다시 말해 이 최후의 제헌의회는 참여 형식의 측면에서든 헌법 개정 내용의 측면에서든 지금까지 권력의 중심에서 배제되어왔고 체제 비판적이고 실천적인 조직 형태를 띠어온 세력들이 사회적·정치적으로 만난 지점으로 간주되었다.

참여주의의 역동성과 신속한 진행을 촉구하는 집행부의 압박 사이에서 — 코레아는 주로 효율성과 참여성을 대조시키는 경향이 있다 — 조국동맹은 파차쿠틱, 민중민주운동, 민주좌익당 등 유사성이 있는 당 의원들을 내부적 심의 과정에 초대하기도 했다. 그리하여 제헌의원 90명으로 이루어진 '거대블록(megabloque)'이 구성되었다. 이 회합은 당의 토론과 결의안에 있어 심급 역할을 했다. 이들의 회합은 먼저 결의안이 정리된 뒤에 전체 투표에 부치는 방식이었다. 이 회합에서는 의견충돌이 존재할 수는 있지만 그것을 총회에서 드러내서는 안 되었다. 제헌의회가 진행되는 동안에는 일부 논의사항이 제대로 확대되지 못하는 대가를 치르면서도 블록의 단합은 은밀하게 유지되었다.

그럼에도 조국동맹 내부에서 갈등이 재발했다는 소식은 사람들에게 퍼져갔다. 환경 문제에 대한 논의는 그 어떤 주제보다 더 격렬한 논쟁을 불러일으켰다. 광산개발의 지리적 범위, 물에 대한 기본권 선언 문제, 원주민 거주지역의 천연자원을 국가가 개발할 때 원주민공동체의 자문을 구하고(이는 코레아의 논제이기도 하다) 사전동의를 얻을 필요성 등의 사안과 관련해 제헌의회의 의장인 아코스타 측 의원들과 친코레아 측 의원들이 거센 논쟁을 벌였다. 아코스타 의장의 도덕적·지적 영향력 덕에 — 그는 항상 파차쿠틱 블록의 신임을 받아왔다 — 환경주의 주제들은 단 두 번의 논의를 통해 잘 해결되었다. 게다가 '자연의 권리'라는 독창적인 개념을 향해 진일보하기까지 했다. 그러나 사전동의건은 받아들여지지 않았다. 논쟁이 격화되면서 시민혁명을 대표하는 두 인물인 코레아 대통령과 아코스타 의장의 관계나 집행부와 원주민운동세력의 관계도 소원해졌다.

그러나 조국동맹에서 일어난 최초의 탈당은 다른 이유 때문이었다. 몇몇 분파는 성에 관한 헌법 조항을 현대화할 필요가 있다고 주장했다. 그러나 고위 성직자들과 오푸스데이 측근 집단에서 거센 반발이 일었고 결국 에콰도르의 가톨릭 윤리를 대변하는 두 명의 의원이 사임했다. 수많은 여성단체는 집권 여당이 이 사안에 대해 우유부단하게 대처한다고 비난했다. 그러나 최근 몇 년간 극우보수 가톨릭세력의 힘이 커져서 공개토론에서는 여성단체의 영향력이 미미했다. 가톨릭세력은 이미

2006년에 성교육 및 사후피임약 판매에 반대하는 캠페인을 연 적이 있으며, 그 후에는 치료를 위한 유산을 법적으로 처벌하고자 시도하기도 했다. 몬테크리스티 제헌의회에서는 '성 정체성'과 같은 개념조차 사용하기를 거부했다. 교회세력의 두드러진 식별로 시민사회에 대한 비판적 세력의 통제권 상실뿐만 아니라 사회의 문화헤게모니 쟁탈전에서 사회운동세력의 취약성도 짐작할 수 있게 되었다. 다만 조국동맹의 여성의원 그룹이 여성주의 청년 운동가들과 단결해 만든 동력을 통해 가톨릭회의 시대착오적인 공격을 제대로 막아낼 수 있었을 뿐이다.

그 밖의 주제들에 대해서도 비슷한 방식의 논박과 절합이 이루어졌다. 경제 문제에 대해 국민의 참여를 촉진할 것인가 또는 국가 조정력을 회복할 것인가를 놓고 벌인 논의는 상대적으로 덜 격렬했다. 반면 원주민운동세력의 오랜 요구사항이던 에콰도르를 다국민국가로 선언하는 문제에서는 대통령의 놀라울 정도의 몰이해와 측근들의 우려에도 불구하고 조국동맹 내 원주민운동세력과 친원주민주의자들의 위력이 부각되었다. 교사들의 요구사항, 공공노조의 요구사항, 대학무상교육 논의 등에 대해서도 마찬가지 일이 벌어졌다. 조국동맹 내의 좌파세력이 시민단체 및 단체의 집행부와 결속한 덕분에 공식화하기로 예정된 사안들이 공개될 수 있었다. 사실 결의지향적인 경향이나 몇몇 관계의 교전상황도 제헌의회가 만들어놓은 정치적 회담의 장을 해체시키지는 못했다. 악셀 호네트(Axel Honneth)는 "공적 공간은 갈등을 통해 구조화될 수 있는데, 다양하고 나아가 대립적인 정체성 및 이해관계를 가진 주체들은 그 갈등 속에서 서로를 정치적으로 인정하곤 한다"라고 말했다. 제헌회의에서는 새로운 집권블록도 수많은 민중 단체도 이 논리 속에 뒤섞여들었다. 권리의 확장, 권리를 지닌 사회주체의 증가, 그리고 그 주체들이 압박하는 범위의 확대 등은 여러 사회주체로 하여금 참가한 결실과 그들이 벌인 논쟁의 생산성을 수확할 수 있도록 했다.

그 결과 제헌의회가 끝나기 한 달 전 조국동맹이 아코스타의 의장직 사퇴를 촉구함으로써 좌파세력과 사회운동조직에 동요를 초래했음에도 불구하고 여러 사회단체와 원주민운동, 파차쿠틱은 개정헌법안을 지지하는 선택을 했다. 그러나 이들은 새로운 헌법의 승인을 위한 국민투표에 대해서는 '비판적 지지(sí, crítico)'라는 입장을 옹호했다. 이런 방식으로 그들은 집행부와 분명한 거리를 두면서도 헌법 초안이 진행되는 것은 승인했다. 민중민주운동당과 사회당, 그리고 가장 전통적인 고전적 조직들은 명백한 지지를 표명했다. 공공노조 소수 분파들과 다소 상투화된 급진적 운동조직, 세력이 위축된 중도파 등은 기권이나 무효표, 심지어 반대표를 선택했다. 그런 입장은 순전히 코레아와 구별되려는 필요성 때문이었으며, 이러한 입장은 헌법 승인을 위한 절차상의 변칙을 거부한 데서도 반영되었다.

3. 분극화의 시작

2009년 4월, 개정헌법이 정한 새로운 정치 규범에 따라 총선이 소집되었다. 개정헌법에는 또한 헌정 원칙에 맞지 않는 일련의 기본법에 대한 즉각적인 개정도 제시되어 있었다. 총선 소집 문제나 기본법 개정 문제에서는 자치적인 단체행동 세력들과의 관계를 진척시키는 데 있어, 또 가까운 사회적·정치적 주체들과의 동맹을 확립하는 데 있어 코레아 정부가 겪는 어려움이 확인되었다.

이러한 취약성은 대선 결과에도 영향을 미쳤다. 물론 대선 결과를 코레아 조직의 광범위한 승리라고 보는 이들도 있었다. 그러나 1차

투표에서 코레아가 재선에 성공하고 조국동맹이 전국적·지역적 수준에서 가장 중요한 정치세력으로 부상했음에도 집권파는 의회의 절대다수를 차지하지 못했으며, 전국적으로 가장 큰 선거구인 과야킬 시장과 과야스 주지사에 출마한 후보들 역시 패하고 말았다. 재선 지지율도 2008년 9월 개정헌법이 승인될 때의 지지율인 63%에 훨씬 못 미쳤다. 재선 지지율이 52%라는 것은 변화의 의제가 단순한 정치운동의 기치로 가시화된 게 아니었음을 의미한다. 이런 상황에서 민중민주운동과 파차쿠틱은 자신들의 의석과 지방단체장 할당분을 되찾았다.

총선을 전후해 코레아와 사회조직들 사이에는 긴장과 교전이 지속되었다. 첫 대결은 2009년 1월에 시작되었다. 이는 원주민 조직들과 환경주의자들이 광산개발에 저항하겠다고 예고하면서 코레아 정부를 '신자유주의 정부'라고 비난하고 난 이후였다. 코레아는 폭력으로 대응했다. 그는 '좌파주의, 환경주의, 유아적 원주민주의'는 정치 변화라는 국가적 기획에 반한다고 말했다. 그 이후로는 사회운동 진영에 대한 양극화로의 전환이 그의 통치전략인 것처럼 보였다.

한편 새로운 의회가 구성되고 나자 제헌의회 기간에 전개되었던 '문호개방의 정치'는 원상태로 되돌아갔다. 몬테크리스티 논의에서 보인 코레아와 조국동맹의 혁신에 대한 조바심 때문에 2009년 4월 선출된 의회는 1년 안에 11개의 법안을 통과시켜야만 했다. 이는 광범위한 공개토론을 개최하는 것에 대해, 그리고 조국동맹과 가까운 소수당 사이의 본질적인 합의를 모색하는 것에 대해 명백한 방해장치가 제도적으로 마련되었음을 의미한다. 새로 구성된 여당 의석 내부에 이질성, 차이, 나아가 대립이 존재하지 않도록 억제하는 것이 기획안 조정자들의 급선무였다. 게다가 마지막 선거를 통해 형성된 새로운 다수파 블록에는 민중조직 진영에 가까운 의원들이 더 적었다. 몬테크리스티에서 시작된 정치적 동맹이 결렬되자 — '메가블록'은 사라졌다 — 민중조직들이 의회 토론에서 취할 수 있는 재량권이 줄어들었다. 이 동맹의 와해는 정책적 불안정의 재발을 반영하는 동시에 이를 배태하는 것으로, 결과적으로 사회적 대립이 다시 활성화될 여지를 유발했다.

시민혁명이 우파적이라며 반대하던 세력 외에 코레아 정부가 시작된 뒤 2009년부터는 가장 조직화된 사회세력에서도 일련의 항의가 반복적으로 터져 나왔다. 법안 논의 과정에서 빚어진 정책상의 갈등도 그 배경이 되었지만, 대화와 협상 마련을 위한 정부 능력의 부재와, 심지어 전반적으로 유사성이 있는 사회세력과의 협상도 조정하지 못하는 무능함이 그런 상황의 원인이 되었다. 코레아 정부의 집권 3년 중 갈등이 최고점에 이른 것은 2009년 9월부터 10월까지였다. 수자원법(Ley de Aguas) 초안의 몇 가지 조항을 거부하는 원주민단체들의 시위, 교사평가제에 대한 초중등 교원노조의 저항, 대학법(Ley Universitaria) 초안에 대한 대학생과 교수들의 항의시위 등은 모두 이 시기의 일이었다.

이들 세력은 여러 가지 정부 결정에 대해, 그리고 조국동맹이 제출한 법안들에 대해 각자 개별적으로 비판적인 태도를 유지했다. 그러나 갈수록 심각해지는 정치적 인정의 부재 및 정부와의 소통의 장의 부재에서 비롯되는 불편한 심기는 공유하고 있었다. 정부와 원주민 조직 — 특히 아마존 지역의 조직 — 사이에서는 갈등의 정도가 심해져 시위에 참가한 원주민이 사망하는 상황에 이르자 그때서야 비로소 원주민 조직과 정부 간의 대화가 가능해졌을 정도다. 일단 대화의 자리가 만들어지자 원주민 지도부는 코레아가 원주민 조직을 존중하지 않는다는 항의를 주요 논점으로 삼았다. 새로 생긴 공영방송사는 대통령에 대한 원주민들의 신랄한 비판을 생생하게 보도했다. 이로 인해 코레아는 집권 3년 만에 처음으로 인물 마케팅과 격정적인 연설에 치중한 정치 스타일을 바꾸어 정치적 대화를 시작하는 수밖에 없었다. 그러나 2010년 초 대화는 중단되었다. 에콰도르원주민동맹은 정부가 대화를 진지하게 생각하지 않을 뿐더러 자신들의 요구사항에 귀를 기울이지도 않는다고 비난했다. 반면 정부는 원주민 지도부가 편파적인 의제에 붙잡혀 전체적인 정치과정이나 공공정책의 전반적인 방향을 고려하지 않는다고 반박했다.

시위 가담자들은 정부가 사회, 국제, 경제 분야에서 어느 정도 진전을 보였다고 인정했으며 정통 신자유주의자들과는 달리 국가의 귀환을 부정적으로 보지도 않았다. 그러나 국가적 구조 안에 자신들의 정치적·조합적 정체성 및 자신들의 이해관계가 합법적으로 존재한다고 주장한다는 점에서는 '시민혁명'과 거리가 있었다. 사실 원주민세력, 교사들, 대학생들은 다소 헤게모니적인 보편주의 담론의 틀 내에서 공공기관의 명백한 탈조합주의를 겨냥하는 정부의 개혁노선에 대해 반대하는 입장이었다. 이들은 특정한 국가기관 부문이 장악한 재현의 공간에서 자치성의 여지를 갖고자 했다. 이들은 조직화된 세력의 정치적 비중을 인정하기보다는 추상적인 국민을 더 우위에 놓는 평등주의의 중앙집권성에 반대했던 것이다.

한편 천연자원 개발의 관행적인 방식을 중심에 두는 발전모델—포스트 신자유주의적이고 재분배적이기는 해도—과는 정반대의 정치적 수사학이 에콰도르에 퍼져나가기 시작했다. 이 정치적 수사학 덕분에 이후 몇 십 년 동안 에콰도르에 적절하고 실현가능한 발전모델이 무엇인지를 놓고 정권을 잡고 있든 아니든 간에 여러 좌파세력 사이에서는 전례없이 왕성한 논쟁이 벌어졌다. 천연자원 채굴 시대 이후의 에콰도르는 이러한 경향의 지평선 위에 놓여 있다. 지금은 새로운 축적의 중심을 획득하기 위해 어떤 유형의 노선을 선택할 것인가에 논의가 집중되고 있다. 광산업계의 선택지는 고위 관료들조차 경악할 만한 것이었다.

코레아는 당장 취할 수 있는 대안만 생각하는 듯하다. 광산개발에 반대하는 저항은 원주민인 농민을 기초로 한 공동체적 동력에 바탕을 두고 수립되었고 초지역적 환경주의 망으로 연결되어 있는데, 장차 이러한 저항은 더 격렬해질 것이다. 그러나 개발주의 이후의 길을 열어줄 정치사회적 단합이 제대로 정착하기에는 아직 멀었다.

이 모든 것을 종합해볼 때 당파주의적 집권을 위한 투쟁은 더 이상 신자유주의를 무너뜨리고자 저항하는 모든 세력의 접합점이 되지 못한다. 정책들의 몇 차례 변덕, 정부의 정치적 편향주의, 수많은 노동조합 요구사항의 근시안주의 등이 변화의 장에서 서로 뒤섞이고 서로 대립하고 있다. 이런 대립은 에콰도르의 헤게모니 과도기라는 상황에서 모든 정치적·사회적 세력이 처한 전략적 불확실성을 더욱 악화시키고 있다. 과야킬 시의회와 몇몇 원주민 지도부가 가변적인 태도를 보이는 것은 이러한 불안정성이 크기 때문이다. 코레아는 자신이 지금 선택한 노선의 상당 부분이 여러 민중 집단세력이 바로 얼마 전에 일소시킨 것임을 인식하지 못한다면 이들의 정치적 불화는 깊어질 수밖에 없다.

발터 벤야민(Walter Benjamin)은 미래를 위한 순수한 도박에 지난 세대의 희생자들의 기억을 용해시켜버리는 진보의 비전에서는 자기 파괴적인 흔적을 볼 수 있다고 주장했다.

연계, 논쟁, 협상이라는 참을성 있는 정치만이 여러 입장을 조정하고 분파들을 단합시킬 것이며, 나아가 민주세력이 공유하는 중심 가치와 관심사를 부각시킬 수 있을 것이다. 이를 인식하지 못한다면 정치적 대립세력은 길을 잃어 변화 노선끼리 서로 제동을 거는 상황으로 진행될 것이고, 그러는 사이 배태되었던 정치적 혼란은 부화되고 말 것이다.

제 2 부
볼리비아

제5장 | 볼리비아와 갈등의 지리 _페르난도 몰리나

제6장 | 진자운동 같은 볼리비아의 국가와 시장의 관계 _호스트 그레베 로페스

제7장 | 2010년 이후 에보 모랄레스의 계획 _파블로 로셀

제5장

볼리비아와 갈등의 지리

페르난도 몰리나 _우석균 옮김

2008년 8월 10일 국민소환투표에서 에보 모랄레스는 67%의 지지를 얻었다. 심지어 자치를 요구하는 몇몇 주에서도 좋은 결과를 얻었다. 이 결과를 제대로 이해하려면 민중 – 원주민 진영과 반동적 과두계층을 대비시키는 단선적 시각을 배제할 필요가 있다. 볼리비아는 항상 지배하기 힘든 땅이었다. 볼리비아의 특수한 지리는 온갖 갈등을 낳아왔다. 최근 수십 년 동안 정치권력은 서부가 거머쥐고 있었던 반면, 경제권력은 동부로 이동했다. 바로 이 점이 갈등의 핵심이다. 하지만 서부에서 동부로의 인구 이동으로 인해 자치를 지지하는 주들이 근본적인 인구변화를 겪고 있으므로 가까운 장래에는 상황이 변할 듯하다.

페르난도 몰리나 Fernando Molina 볼리비아 기자이자 문인으로 역사와 사상분석 전문가다. 현재 세미나 '맥박(Pulso)'을 지도하고 있다.

* 이 글은 ≪누에바 소시에다드≫ 218호(2008)에 실린 글을 옮긴 것이다.

볼리비아 사태를 해석할 때 이를 계급갈등의 관점으로만 바라보는 시각은 삼가야 한다. 역사적으로 배제되어 있다가 지금은 에보 모랄레스(Evo Morales)가 이끄는 원주민 대중을 이기적이고 퇴행적인 과두계층과 대비시키는 낡은 관념은 너무 조잡한 구도이며 결국 혼동을 초래할 뿐이다.

이 글에서 우리는 위기의 다른 요소들에 대해 논할 것이다. 이는 위기를 더 정확하게 인식하게 해줄 뿐만 아니라 모랄레스가 67%의 지지를 얻어 승리한 2008년 8월 10일 국민소환투표가 창출한 가능성을 올바로 이해하기 위해서도 근본적인 논의이다.

1. 쉽지 않은 볼리비아 지배

먼저 볼리비아 통치는 결코 쉬운 일이 아니었다는 점을 유념해야 한다. 볼리비아는 남미의 3대 주요 경관을 볼 수 있는 국가이다. 먼저 안데스 경관을 들 수 있다. 안데스는 전형적인 식민지적 공간이다. 메트로폴리스가 욕심내는 풍요로운 광물들이 집중되어 있기 때문이다. 두 번째로는 아마존 경관을 들 수 있다. 대단히 무더운 이 밀림 공간은 광물 채취지역은 아니지만 마호가니, 고무, 밤 등의 값어치 있는 목재와 임산물을 채취할 수 있는 지역이다. 마지막으로는 라플라타 강 경관[1]을 들 수 있다. 이 지역의 중심지는 산타크루스이며, 이곳에서는 중요한 가스층이 발견되었다. 다른 많은 남미 국가의 경우도 마찬가지이지만 이러한 다양성은 볼리비아에서 복잡한 문제를 야기해왔다. 험준한 산세

1) 아르헨티나의 라플라타 강 일대와 유사한 저지대 평원 경관을 가리킨다. — 옮긴이

와, 상이한 지리경제학적 공간을 연결할 수 있는 (콜롬비아의 마그달레나 강이나 베네수엘라의 오리노코 강 같은) 항해 가능한 대동맥이나 (에콰도르, 페루, 칠레의 해안과 같은) 넓은 해안의 부재 때문에 더욱 그렇다(Romero, 1974).

그 결과, 각 지역은 서로 다른 통로를 통해 세계와 접속하고자 했다. 서부는 태평양을 바라보았다(이는 건국 때부터 문제가 꼬였다. 알토페루[2]의 바다 쪽 핵심 출구인 아리카가 페루의 수중에 들어갔기 때문이다. 1879～1884년의 태평양전쟁에서 칠레가 볼리비아의 남부 해안지역을 점령하면서 상황은 더 어려워졌다). 반면 볼리비아 남동부는 아순시온과 부에노스아이레스를 통해 세계와 접촉했고, 북동부는 아마존을 통해 대서양 쪽을 향했다.

각 지역은 — 따라서 각각의 지정학은 — 자신이 속한 지역의 요구를 국가 대계로 삼으려는 지식인들에 의해 대변되었다(Roca, 1979). 물론 이러한 상황은 볼리비아 역사를 긴장으로 몰고 간 원심력을 발생시켰다. 특히 한 지역이 부유해져서 헤게모니를 쥐려고 한다든가 이웃국가들이 자신의 이해관계에 따라 볼리비아 내부의 지역주의를 조장할 때 그랬다. 결국 이러한 갈등은 각 지역(사실 볼리비아 지배층이 각각 장악하고 있는 지역)의 배타적 이익을 위한 천연자원이나 돈줄을 둘러싼 갈등이었던 셈이다.

이런 관점에서 볼 때 19세기는 북부와 남부의 싸움으로 조망할 수 있다. 이 싸움은 1899년 라파스 시의 자유주의자들이 수크레 시의 보수주의자들에게 승리함으로써 막을 내렸다. 그때부터 라파스는 통치의 중심지이자 국가 경제의 중추가 되었다(하지만 상징적 수도는 여전히 수크레다).

---

2) 식민 시대의 지역 명칭으로 오늘날의 볼리비아 영토와 대체로 일치한다. — 옮긴이

따라서 북부의 이해에 따라 20세기 볼리비아의 주요 결정들이 좌지우지되었다. 1904년 칠레와의 합의가 그중 하나다. 이로써 볼리비아는 페루가 칠레에 빼앗긴 아리카 항을 통한 무역을 보장받는 대신 원래 볼리비아의 영토였던 광대한 태평양 연안을 포기했다. 북부는 또한 20세기의 정치적 격변의 주 무대였다. 자유주의 정권들에 대한 항거도 여러 차례 있었고, 이와 함께 급진적인 민족주의가 형성되었다가 차코 전쟁[3]에서 최초의 좌절을 맛보기도 했다(하지만 민족주의자들은 이 좌절을 자신들의 건국신화로 승화시켰다). 생산적인 개입주의 국가를 창출한 1952년 4월의 민족주의혁명(Revolución Nacional)도 라파스에 우호적이었기에 이 도시는 주요한 경제적 결정을 계속할 수 있었다.

바로 이 지점이 사회적 갈등과 지역적 갈등이 교차하는 지점이다. 비록 라파스가 20세기를 지배했지만 지배엘리트는 계속 바뀌어왔다. 1930년에서 1985년 사이에는 민족주의적 중산층이 차츰 전통적 광업엘리트의 자리를 차지하더니 마침내는 스스로 신흥 광업엘리트가 되었다(과두계층이 소유한 주석 국유화와 관련된 정부의 홍보와 모순되지 않도록 '중규모 광업'이라는 그럴싸한 이름으로 불렸다).

민족주의 시대에 북부가 중심지가 될 수 있었던 것은 이 지역에 권력의 물질적 토대가 있었기 때문이다. 당시 북부는 야야구아 광산[4]의 핵심 자원에 힘입어 중심지가 될 수 있었으며, 광산의 배후에는 가장 정치화된 사회단체인 광부노조가 있었다. 게다가 북부에는 시장이 있었고 각종 주요 사업의 본거지가 위치한 라파스가 있었다. 이 도시는

---

3) 1932~1935년에 일어난 파라과이와의 전쟁. — 옮긴이

4) 포토시 주 북부에 위치한 광산으로, 주석왕 시몬 이투리 파티뇨(Simón Ituri Patiño)가 소유한 세계 최대 주석 광산이 있던 곳이다. — 옮긴이

식민 시대에 창건되었을 때부터 페루 리마와 볼리비아 차르카스 주를 잇는 상업의 중심지 역할을 했으며, 결국 오늘날 볼리비아에서 가장 인구가 많은 도시로 성장했다. 또한 라파스에는 수공예나 초기 산업노동에 종사하는 대단히 정치화된 대중도 존재했다. 마지막으로 볼리비아의 관료 대부분과 부를 축적하고 정치에 뜻을 지닌 광산주들도 라파스에 거주했다.

하지만 이 권력의 토대는 조금씩 해체되기 시작하다가 아주 중대한 두 가지 사건이 발생한 1985년에 위기를 맞았다. 첫째, 주석을 비롯한 광물 가격이 하락함에 따라 토착 광업회사들이 재앙에 직면했던 것이다(그 이후 20년 동안에는 오로지 몇몇 초국가적 기업만 생존했다)(Alcaraz, 1999). 둘째, 민족주의혁명과 함께 국가가 해체되기 시작했던 것이다. 이는 국영기업들의 비효율과 과다 부채로 나라를 휩쓴 하이퍼인플레이션을 억제하기 위해 시작된 해체였다.

'중규모 광업'의 실종으로 심각하게 타격을 입은 라파스 엘리트들은 새로운 조류인 신자유주의에 편승하면서 자신들에게 남은 다른 지지기둥인 비대한 국가를 상실했다. 라파스 엘리트들이 재앙적인 국가재정 상황을 중재하지 않았다면 국가의 해체에 저항했을지도 모른다. 어쨌든 확실한 것은 국가의 축소 과정에서 북부가 권력의 상당 부분을 상실했다는 사실이다. 구지배엘리트 중에서는 그 대신 거시경제의 안정이라는 보증수표와 행정부나 민영화 기업의 고소득 직책 같은 부수적인 혜택을 입은 이들도 있었다. 그러나 중산층은 — 그리고 특히 서민층은 — 국영기업의 안정되고 편안한 일자리가 줄어드는 것을 목격했고, 물가보조금 폐지에 신음했으며, 노조활동을 통해 사태 추이에 영향력을 행사할 수 있는 능력을 상실했다.[5]

이로 인해 라파스의 몰락한 중산층 사이에서는 '행복한 1990년대

(happy 90's)' 말기에 신자유주의에 대한 반감이 발효되기 시작했으며, 가스층의 발견으로 완전 고용과 저렴한 공공서비스 제공을 재정적으로 보장하는 사회국가(Estado Social)의 조건이 조성될 때까지 이러한 반감은 커져갔다.

중산층과 서민층, 이 계층의 아이마라 출신 또는 인디오주의 성향이 강한 지식인과 라파스 시와 엘알토 시의 가난한 지역에서는 국가주의 이데올로기가 다시 싹트기 시작했다. 이 이데올로기는 사회 전체가 자원 채취에 몰두하기를 원했고 그 수익을 분배할 개입주의적이고 확대된 국가를 요구했다. 이 이데올로기는 서부의 반란자들을 이끌었는데, 이들 중에는 모랄레스가 지휘하는 코카 재배 농민들이 두각을 나타냈다. 그러나 모랄레스 대통령의 근원을 혼동해서는 안 된다. 그의 가장 중요한 사회 지지층은 농민이 아니라 라파스와 엘알토의 투쟁적인 주민들이었다.

국가주의 부활이 가져온 주요한 정치적 효과는 모랄레스와 그의 당인 사회주의운동(Movimiento al Socialismo: MAS)이 연이은 선거에서 성공을 거두었고 종국에는 2005년 12월 권력을 획득했다는 점이다. 사회주의운동은 재분배를 경제정책의 축으로 삼았고, 이를 무기로 이전 정부들을 공격하면서 자신의 이미지와 신화를 구축했다.

그러나 모랄레스 정권의 재분배 약속은 충돌하고 있는 세력 사이에서 균형을 잡을 일말의 희망마저 배제해버렸다(이 싸움은 스스로를 법치와 동일시하려는 예전의 '민주주의' 당국자들이 유발했다). 모랄레스는 계속해서 이 노선, 특히 볼리비아의 동부와 남부에 반대하는 노선을 취하고 있다.

동시에 국가주의는 '다수'(다수이자 국가주의를 지탱하는 기층민이기도

---

5) 전 세계에서 진행 중인 민영화에 대한 전반적인 비판은 Stiglitz(2003)를 참조.

하다)를 위한 재분배를 강조함으로써 새로운 혜택을 주려고 한다. 그러나 20세기 마지막 수십 년간 세계가 경험한 문화적 변화로 인해(이 글에서는 그런 변화가 실제로 있었다고 가정하겠다) '다수'는 이제 20세기 초의 '민중'도 아니고, 1950년대의 민족주의가 주장했던 것처럼 '민족적 계급들의 동맹'도 아니고, 1970년대의 '민중민주적 블록'도 아니다. 오늘날 다수는 종족적이며, 그들의 적과 문화적·인종적 차이를 지니고 있다. 이 때문에 볼리비아 영토에 대단히 불균형하게 배치되어 있는 다수다. 즉, 아이마라인과 케추아인이 많이 거주하는 고지대에 압도적으로 집중되어 있는 것이다. 지정학적인 관점에서 볼 때 그 다수는 북부의 다수다.

따라서 모랄레스는 '라파스의 지배'라는 맥락에서는 새로운 영웅이 된 셈이다(그 증거로 모랄레스는 수크레가 1세기 전부터 요구한 정부 이전을 검토하는 것조차 단호하게 반대한다. 정부 이전 문제는 제헌의회의 논쟁거리 중 하나다).[6] 모랄레스와 사회주의운동은 20세기 초의 자유주의 기획보다도 더 안데스중심주의적인 특징을 띠고 있는 것이다.

2. 동부를 향한 행진

1980년대 말에서 1990년대 초에 걸쳐 라파스의 빈곤화를 결정지은

---

6) 볼리비아는 1825년 독립을 선언했으며, 이듬해 수크레를 수도로 삼았다. 수크레는 지금도 볼리비아의 수도로, 대법원과 헌법재판소는 계속 이곳에 남아 있다. 그러나 1898~1899년 내전에서 북부가 승리하면서 행정부와 입법부가 라파스로 이전했으며 라파스가 사실상 수도 역할을 하게 되었다. 다만 2006년 구성된 제헌의회는 수크레에 남아 있다. — 옮긴이

동일한 사건들은 역설적으로 산타크루스를 비롯해 볼리비아 동부에 위치한 '반달지대'의 여러 주[7]에 경제적인 성공을 가져왔다. 이들 사건이란 1952년 혁명 이전의 민족주의 성향의 인사들이 기획하고 민족주의혁명으로 절정에 달한 동부를 향한 행진으로, 이전까지만 해도 분리되어 있던 동부와 서부가 이로 인해 연결되었다. 이 덕분에 동부는 농목축산품을 판매할 시장을 얻었다. 또한 산타크루스에는 석유산업도 들어섰다. 볼리비아 평원지대는 괄목상대하게 발전했다.

그러나 산타크루스는 1985년 광업 위기 때 비로소 현재 누리고 있는 중요성을 획득했다. 광업 위기로 수출이 급감하고 외화에 굶주리게 되면서 볼리비아가 산타크루스의 집약농업에 희망을 거는 나라가 되었기 때문이다.[8] 세계은행은 사악한 '동부 저지대 프로젝트'를 중심으로 집약농업을 촉진시켰는데, 이 프로젝트가 환경재앙을 야기한 것은 차치하고라도 이 지역을 안데스공동체를 겨냥한 식용유 수출지대로 만들어버렸다.

비록 다른 나라와 비교하면 소규모이고 경쟁력이 떨어지기는 하지만 볼리비아 사정을 감안했을 때 오늘날 산타크루스는 현대적이고 대단히 중요한 농산업을 보유하고 있다. 경제적 성장이 가장 두드러진 지역이기도 하고 가장 양호한 인적자원 지표를 보여주는 지역이기도 하다. 산타크루스는 북부의 광업엘리트가 아닌 채취 의존도가 낮은 농산업엘리트가 지배하고 있다. 토지에 뿌리를 내리고 있는 계급인 것이다. 농산업엘리트는 이러한 점 때문에 지도력을 획득했으며, 이들은 시민위원

---

7) 반달지대란 볼리비아 동부와 남부의 판도, 베니, 산타크루스, 타리하 4개 주를 가리킨다. — 옮긴이

8) 볼리비아의 9개 주 가운데 산타크루스만 비옥한 토지 덕분에 집약농업에 적합하다. 여기에 대해서는 Morales(2000)를 참조.

회(지역단체들의 연합체)를 통해 지도력을 행사했다. 산타크루스의 사회 질서는 볼리비아 다른 지역에 비해 굳건한 편이다. 지도층이 대단히 책임감 있게 행동하고 그 덕분에 일정 부분 대중의 신뢰를 받고 있기 때문이다.

이런 이유와 더불어 산타크루스 지역의 경제성장 때문에 전국의 돈 있는 사람들은 — 실제로는 아니더라도 적어도 정신적으로 — 동부로 이주했다. 이로 인해 산타크루스와 안데스중심주의 간의 갈등은 원주민 '다중'과 경제적·지역적·외국지향적 엘리트 간의 대립으로 나타나기도 한다.

그러나 모랄레스의 재분배정책에 대한 이 계층의 반대는 지역적 토대가 없었다면 그리 중요성을 띠지 못했을 것이다. 반에보주의(antievismo)에 실체를 부여하고 힘을 실어주고 있는 것은 지역 정체성 및 지역 주민의 집단적 움직임이기 때문이다.

그러나 산타크루스가 볼리비아의 다른 지역보다 더 빨리 발전하고 있다고는 해도 볼리비아의 구조적 한계와 결함을 공유한 낙후된 지역이라는 점도 분명히 해야 한다. 또한 산타크루스는 서부의 영향력에도 노출되어 있으며, 라파스 일대 고원지대를 정점으로 하는 전 국가적인 낙후의 무게도 감당해야 한다. 푸나라는 생태계에 해당하는 고원지대는 무엇보다도 대단히 근면하고 필사적인 원주민 이주민을 송출하고 있는데, 이들은 동부에 정착하고 재분배 투쟁을 지지함으로써 산타크루스 엘리트들이 애써 구축한 질서를 침식하고 있다.

자치를 원하는 산타크루스의 정서는 어찌 보면 고원지대의 짐, 즉 고원지대의 빈곤 및 주민과 이데올로기적·정치적 전통에서 자유로워질 필요성을 반영하고 있다. 자치안은 탈중앙집권주의를 주장하는 이상의 무엇을 담고 있다. 즉, 보통 서부가 지향하는 사회와 정반대의 사회를 만들고자 하는 것이다. 따라서 부의 창출을 신성시하는 — 부의 창출 과정에서 야기될지도 모를 환경 문제나 사회 문제를 거의 무시하는 — 사회, 외국인 투자를 대대적으로 지지할 용의가 있는 사회, 숨 막히는 정치질서를 지닌 사회를 바라는 것이다.

우리는 정부가 옹호하는 안데스중심주의적이고 완전한 재분배 국가라는 유토피아에 필적하는 유토피아에 직면하고 있는 셈이다. 이 기획이 환상이라는 가장 훌륭한 증거는 산타크루스가 자신들이 응답해야 할 유일한 원주민 문제에 대해 수도 얼마 안 되고 정치적으로도 하찮은 저지대 토착원주민의 문제일 뿐이라고 생각하며, 이미 동부와 남부 인구의 거의 절반을 이루고 있는 서부 원주민 이주민을 도외시하고 있다는 점이다.

3. 2008년 8월 10일의 정치적·지리적 의미

2008년 8월 10일 국민투표에서 모랄레스가 승리한 것은 전국적인 결과도 중요하지만(모랄레스의 득표율 67%), 산타크루스(40%), 베니(43%), 타리하(50%), 판도(52%) 등의 동부 주에서 모랄레스가 의미심장한 지지를 받았다는 점에서 대단히 중요했다. 살바도르 로메로(Salvador Romero)가 '질서표'라고 부르는 표가 위기의 시대를 비롯해 언제나 다수였던 지역에서 모랄레스가 빼어난 퍼포먼스를 펼친 것이다.

민족주의혁명 직전인 1951년 민족혁명운동(Movimiento Nacionalista Revolucionario: MNR)이 선거에서 최초로 승리했을 당시 빅토르 파스 에스텐소로(Víctor Paz Estenssoro)의 당은 43%의 지지로 승리를 거두었는데, 이 수치는 모랄레스가 얻은 지지표에 비하면 낮다는 점을 유념해야 한다. 게다가 당시의 질서당이었던 사회주의연방공화국당(Partido Unión

Republicana Socialista: PURS)은 판도, 타리하, 베니 주에서는 50% 이상의 표를 획득함으로써 헤게모니를 상실하지는 않았다. 또한 당시 지금보다도 훨씬 전통적인 분위기였던 추키사카 주에서는 42%로 승리를 거두었고, 근소한 차이이기는 하지만 산타크루스 주에서도 37%로 승리했다. 결국 1951년의 신화적인 선거는 — 비록 좌파의 명백한 승리였지만 — 사회주의운동의 승리보다 덜 압도적이었다고 할 수 있다. 더 명확히 말하자면, 1951년의 승리는 지금보다 훨씬 더 '서부의 승리'였던 셈이다.

1980년 선거에서는 민중민주연합(Unión Democrática y Popular: UDP) — 좌파 연합으로 서부 주들에서는 50% 이상, 라파스에서는 60%의 득표율을 기록했으나, 코차밤바에서는 이보다 조금 못 미친 표를 얻어 승리했다 — 이 판도, 베니, 산타크루스, 타리하 주에서는 승리하지 못했다. 이 4개 주에서는 우파 정당들이 66~75%의 표를 획득했다. 전체적으로 봤을 때 이 선거는 사회주의운동이 출현하기 전까지 좌파가 가장 많은 표를 획득한 선거였는데, 이런 결과가 빚어지자 군부정권이 등장했다. 1982년 군부통치가 종식되자 민중민주연합은 새로 선거를 소집하지 않고 1980년 총선을 통해 구성된 국회와 함께 볼리비아를 통치했다. 만약 선거를 실시했다면 지금의 사회주의운동이 차지하고 있는 위치를 얻었을지도 모를 일이다(물론 결코 장담할 수는 없는 일이지만). 1985년 민중민주연합이 권력을 내려놓자 좌파는 패배했다. 짐작이 되겠지만, 동부에서는 훨씬 더 크게 패배했다.

북부는 — 그리고 특히 볼리비아의 실질적 수도인 라파스는 — 이미 19세기 말부터 개혁적인 정치성향을 견지한 반면, 더 보수적인 중부지방은 이에 대립했다. 로메로가 '항의표'라고 이름을 붙인 좌파 지지표는 최대 인구밀집 지역인 고지대에서 주로 나온다. 이는 특히 좌파가 가장 중요한 승리를 거두어온 라파스에서 비롯된 표다(물론 좌파의 생각이 사람들에게 진부하게 여겨질 때는 라파스에서도 패할 때가 있었다).

라파스는 바다와 더 가까이 있고, 그래서 세계와 더 가깝다. 이 때문에 라파스는 항상 무역, 즉 외국과의 교역에 의존했으며, 볼리비아에서 가장 산업화된 도시였기 때문에 가장 앞선 도시, 가장 전위적인 도시였다. 게다가 항의표는 라파스 일대의 원주민과 이들의 낮은 사회경제적·문화적 수준과 관련이 있다.

그러나 시간이 흐르면서 — 특히 2008년 국민투표 이후에 — 서부 대 동부라는 선거 도식이 점점 불확실해지고 있다. 21세기에 접어들면서 항의표는 반달지대인 동부와 남부의 광범위한 지역에서 점점 힘을 얻어가고 있다. 변화의 주된 이유는 인구 구성이다. 반달지대 내부의 급격한 인구성장과 함께 재분배에 대한 기대가 증폭되었는데 인구 증가의 주요인이 서부로부터의 원주민 이주이므로 이주민들의 이데올로기가 그런 현상을 빚은 것이다.

그렇다면 선거에서 서부와 동부의 차이는 없어지고 있는 셈이다. 2006년 선거에서는 사회주의운동이 반달지대에 교두보를 구축했다는 가정이 일반적이었다. 그러나 2008년 8월의 선거 결과는 반달지대에 구조적인 변화가 일어났으며 이 지대 주민의 거의 절반이 전통적인 표심과는 다른 표심을 지니고 있음을 보여주었다. 이들은 사회주의운동에 표를 던졌을 뿐만 아니라(이를 일시적 현상으로 치부할 수도 있지만), 반달지대의 사회통념이 받아들이지 못하는 라파스의 대통령에게 — 어쨌든 서부의 대통령에게 — 투표했다. 이런 행위는 동부의 사회 분위기와의 단절을 의미하는 것이며 (비록 지금은 모랄레스가 구심력으로 작용하고 있지만) 이러한 현상은 장차 사회주의운동이 역사 속으로 사라진다 해도 계속 존재할 뿐 아니라 아마 더욱 거세질 것이다.

동부와 남부의 사회가 겪고 있는 변화는 크나큰 고통을 유발하고 있다. 이들 지역의 전통적인 주역은 이따금 부정과 거부가 혼합된 형태로 저항하고 있다. 가령 인종주의적 광분이 조장되기도 한다. 역사의 수레바퀴를 뒤로 돌리고, 이주민들을 출신지로 돌려보내고, 사람들의 이동을 차단하려는 반동적인 열망에 의거한 정치를 시도하고 있다. 이 모든 행동은 당연히 실패할 운명에 처해 있다. 변화는 필연적으로 계속될 수밖에 없다. 이는 볼리비아 사회의 발전과 점증하는 사회적 복합성에서 비롯된 결과이기 때문이다.

이는 아직도 본질적으로 반서부적인 성향을 지닌 반달지대의 정치가 앞으로 바뀌어야 한다는 것을 의미한다. 인구 압력이 증가할수록 계급투쟁은 격해질 것이다. 서부 출신 세력은 지역사회에서 더 많은 승리를 거두게 될 것이고, 이는 지금까지는 없었던 지적·이데올로기적 논쟁을 촉발할 것이다. 그 결과 새로운 그룹과 지도자들이 출현할 것이다. 가령 현재의 좌파보다 더 굳건한 좌파의 출현을 예상할 수도 있다.

이렇게 해서 볼리비아에서 가장 부유한 이 지역은 장차 국가를 이끌 준비를 하게 될 것이다. 우리는 대서양 쪽을 바라보는 지역들, 즉 귀중한 천연자원을 지니고 있으며 지속가능한 산업과 무역을 창출할 가능성이 있는 지역들의 장구한 지배기를 눈앞에 두고 있다. 그렇다고 이것이 라파스의 필연적인 쇠락을 의미하지는 않으며 이는 잘하면 볼리비아의 지정학적 재균형으로 귀결될 수 있을 것이다.

그러나 반달지대는 볼리비아를 선도하기 이전에 먼저 심각한 인종적·문화적 혼혈을 겪게 될 것이다. 즉, 점점 늘어나는 서부 출신 주민을 껴안고 통합해야 한다. 과연 이 과정에서 너무도 불균등했던 서부의 혼혈 과정과 다른 면을 보여줄 수 있을 것인가? 이 점이 바로 성공의 열쇠이며, 반달지대가 지속적인 리더십을 창출한 가능성도 여기에 달려 있다.

이 변화는 아마도 다양한 낭만적 운동의 원인을 제공할 것이다. 과거 지향적인 시선, 사회구조를 고착화시킨 전통적인 농업 질서를 지향하는 시선에 입각한 운동 말이다. 캄바 민족[9]은 가장 극단적인 운동의 한 사례일 뿐이다. 잘못 이해된 자치는 일종의 현실도피로 작용할 수도 있다. 급변하는 모든 사회가 겪는 이러한 파괴적 시위들은 향후 수십 년 동안 정치적 불안정의 근원이 될 것이다.

단기적으로는 반달지대 내부의 계급투쟁의 격화로 케마도 궁[10]에 대한 공세가 적어도 몇 년간 완화될 수 있을 것이다. 모랄레스가 북부의 지배, 즉 자신의 안데스중심주의 기획에 의거한 새로운 정치질서를 한동안이라도 구축할 수 있을 기회가 바로 여기에 있다.

그러나 그 질서가 몇 년은 지속될 수 있을지 몰라도 그러한 질서는 결국 진정한 역사적 미래가 결여된 것이다. 동부를 향한 행진은 이미 벌어졌고, 비유적인 표현을 사용하자면 수많은 서부 이주자들의 발을 통해 매일같이 지속되고 있다. 이는 너무나 중요한 인구학적·경제적·문화적 현상이어서 나라 전체를 완전히 들쑤셨다. 당연한 일이지만 가장 중요한 변화는 산타크루스 자신이 겪고 있다. 산타크루스는 이미 볼리비아 크리오요주의(criollismo)[11]의 강력한 보루가 아니며, 앞으로도 결코 아닐 것이다.

---

9) 산타크루스의 토착문화(이른바 캄바 문화)를 예찬하는 지역주의 운동으로, 이들은 연방주의를 옹호하며, 극단적인 경우에는 분리 독립을 주장하기도 한다.

10) 대통령 궁. — 옮긴이

11) 라틴아메리카에서 태어난 백인 후손을 크리오요라고 한다. 원주민이 많은 나라에서 크리오요주의는 보통 백인우월주의의 성향을 띤다. — 옮긴이

참고문헌

Alcaraz, Irving. 1999. *Bolivia, hora cero*. s.e., La Paz.

Morales, Rolando. 2000. *Bolivia: política económica, geografía y pobreza*. Universidad Andina Simón Bolívar, La Paz.

Roca, José Luis. 1979. *Fisonomía del regionalismo boliviano*. Plural, La Paz, 1999, 2a ed.

Romero, José. 1974. *Bolivia, una nación en desarrollo*. Los Amigos del Libro, La Paz, 1985, 2a ed.

Stiglitz, Joseph. 2003. *El malestar en la globalización*. Suma de Letras, Madrid.

제6장

진자운동 같은 볼리비아의 국가와 시장의 관계

호스트 그레베 로페스 _조영실 옮김

1982년 민주주의를 회복한 이후 볼리비아는 시장과 국가 간 관계에서 다양한 단계를 노정했다. 제1기는 무질서 단계, 제2기는 신자유주의 단계였으며, 현재는 국가기능 확대 단계다. 신자유주의 단계에서는 공기업들이 전략적으로 민영화되었고, 지금은 경제에 대한 국가의 우위가 회복되도록 노력하는 단계라고 할 수 있다. 이 글에서는 모랄레스 정부의 새로운 노선들이 중요한 도전에 직면해 있음을 논의하고 있다. 그 도전이란 흑자 규모를 지속가능한 방식으로 증대시키는 것, 국가 주요 수단에 대한 통제권을 장악해온 엘리트층의 능력을 키우는 것, 국유화 이후 탄화수소 부문에 대한 투자를 회복하는 것, 끝으로 경제위기를 대면해 적절한 대책방안을 수립하는 것 등을 말한다.

호스트 그레베 로페스 Hort Grebe López 볼리비아의 경제학자로, 노동부 장관을 역임했다.

* 이 글은 ≪누에바 소시에다드≫ 221호(2009)에 실린 글을 옮긴 것이다.

현재의 글로벌 위기 국면에서는 국가와 시장의 관계에 대한 성찰이 필요해졌다. 그러나 이 관계를 단순히 이론적인 관점에서 고찰할 수는 없다. 이는 국가와 시장의 관계가 역사적 구성물이기도 하고, 각 국가가 국제 시스템 내에서 차지하는 위상에 따라 국가와 시장의 관계가 달라지기도 하기 때문이다. 그러므로 여러 국가의 세계적 불균형을 감안하는 것이 필요하다. 국가의 경제 작용과 경쟁력에 대해 고찰하기 위해서는 노동의 국제 분업, 잉여자산 창출 및 전유는 물론, 세계경제의 특수한 구조적 지형도 고려해야 한다.

세계경제 과정에 대한 각국의 책임이 다양한 것과 마찬가지로 경제 과정에 개입하기 위한 개별 국가의 자율성도 서로 다르다. 몇몇 국가만 통화, 금융, 기술, 나아가 세계경제 시스템 전체의 이데올로기적 합법성에서 경쟁력을 갖고 있기 때문이다. 현 단계에서 가장 주목할 만한 사실은 글로벌 경제 거버넌스를 재정립할 책임을 함께 부담할 나라가 많아졌다는 점이다.

중심국은 주변국과는 다른 역할을 수행한다. 그들의 역할은 시스템의 성격에 따라 다르며, 중심부의 헤게모니 변화에 따라 달라지기도 한다. 이는 그 자체로 주변부 경제와 반(半)주변부 경제의 새로운 지형을 유발한다. 1차 산업 중심의 수출경제는 중심부 국가들의 특성이 부과하는 시스템의 성격에 매우 민감하며, 순환 중심의 구조 변동에 심각한 훼손을 초래할 수도 있다.

오늘날에는 새로운 세계경제 거버넌스를 구축하는 것이 관건이다. 이 거버넌스를 통해 금융 시스템 재설정을 위한 비용과 책임을 분배하고, 지구 온난화를 완화하며, 새로운 에너지 지정학을 운영해야 할 것이다. 그 범위와 영향력을 볼 때 현재 우리는 세계 자본축적 체제의 주요한 갈등을 의미하는 위기에 직면한 듯하다. 이 모든 것은 하나같이 다음과 같은 사실, 즉 생산과 교역의 새로운 경향이 공고화될 때까지 이 상황이 확대될 것이고 그 결과 미국 헤게모니는 국제적 힘과 역할에 있어 더욱 균형 잡힌 새로운 구도로 넘어갈 것이라는 사실, 그리고 이 이행에는 필히 새로운 이론적 패러다임이 요청되리라는 사실을 가리키고 있다.

그러나 세계 금융 시스템을 재조정하는 것만으로는 위기 유발 요인이기도 한 대규모 실업증가 현상을 해결하기에 충분하지 않다. 실업증가에는 기술공학, 생산의 재배치, 이민 등의 여러 변수도 영향을 미친다. 이 때문에 투기경제와 그 과열현상에 대해 고용과 생산의 우위성을 회복하려는 노력이 이미 나타나고 있는 것이다. 실질 경제의 주된 재앙이 금융경제의 우위성 때문에 양산되었다는 사실, 이것이 현 시점에서 중심 논점이다.

정치권력과 경제권력의 관계가 자본주의 발달 단계에 있어 항상 동일한 것은 아니다. 이 관계의 역동성으로 인해 독특한 구조와 특정한 제도적 형식이 생겨났다. 지금의 문제는 미국의 헤게모니 능력이 고갈되었다는 사실, 그리고 그 능력을 다른 어떤 국가도 제대로 대체하지 못하고 있다는 사실로 설명된다.

개별 국가의 경제적 역할은 글로벌 경제에서 차지하는 구조적 위치에 따라 다르다. 경제 강대국은 잉여자산의 순환구조를 조정·지휘·방향설정하기 위해 경제 의존국과는 다른 식의 국가적 결합을 필요로 한다.

시장에는 전략적 지평이 존재하지 않으며 시장은 공정성에 대해서도 무감각하다는 것을 처음으로 지적한 사람은 경제학자 라울 프레비시(Raúl Prebisch)였다. 시장은 혼자서는 분배의 불균형을 수정할 능력이 없다. 시장은 자연자원의 지속 불가능한 사용과 환경에 해로운 각종 폐기물의 발생으로 인한 환경파괴를 생각할 줄도 모른다.

사회적 응집이라는 국가의 목표는 역사적으로 여러 경제정책과 사회정책을 통해 이루어졌다. 그 정책의 대부분은 복지국가라는 광범위한 개념에 의거하고 있다. 유럽에서 복지국가는 제2차 세계대전 이후 직면한 정치적·국제적 상황에 부응해 채택한 사회계약의 결과물이었다. 아마르티아 센(Amartya Sen)의 표현대로 "복지국가의 본질은 국가의 도움이 없다면 현대사회의 기준에 따른 최소한의 생활이 불가능한 사람들에게 일종의 보호막을 제공하는 데 있다. …… 그 근본사상은 인간의 상호 의존성과 관계가 있다".

복지국가가 붕괴되고 케인즈 패러다임이 신자유주의로 대체된 것은 이론적 승리의 결과가 아니었다. 1970년대 중반의 역사적 조건이 부상하는 초국가화의 이익에 더욱 부합하는 방향으로 복귀하도록 요구한 것이다. 사실 기업과 은행이 도달한 초국화 정도가 높아지면서 국민국가는 전 지구적 문제에 부응하기에는 너무 작고 지역적 문제에 부응하기에는 너무 크다는 인식이 보편화된 뒤였다.

볼리비아에 대한 분석에 앞서 마지막으로 짚고 넘어갈 것은 현재 여러 국가에서 실현된 기업 및 은행의 국유화에는 여러 가지 양상이 있다는 점이다. 국유화라는 수단은 제도적 맥락에 따라 달라지며, 중심국가냐 주변국가냐에 따라 달성한 목표도 다르다. 선진국에서 국유화는 와해된 경제 단위를 되살리기 위한 예외적 방책이다. 반면 주변부 국가에서는 국유화가 주권 회복, 국가 부문의 재건, 대규모 흑자 달성 등을 위한 수단인 경우가 많다.

1. 볼리비아에서 국가와 시장의 관계

앞에서 제기한 논의들을 바탕으로 볼리비아의 경험을 고찰하자면 볼리비아의 경제적 성과는 세계경제의 조건 및 다자간 금융기구들이 만들어낸 이데올로기에 매우 민감하게 반응해왔다. 말하자면 가장 일반적인 라틴아메리카의 경향을 어느 정도 따르면서도 최근 몇 십 년간은 완전히 상반된 발전전략을 취해왔다. 1982년 민주주의 회복 이후 볼리비아는 사회, 시장, 국가 사이의 관계라는 관점에서 보자면 세 가지 단계를 거쳐왔다. 다음에서 이를 분석해보도록 하자.

1) 혼란기: 1982~1985년

1982년에 민주주의 제도가 회복되면서 여러 세력 사이에서는 국가가 나아갈 전략적 방향을 놓고 논쟁이 벌어졌다. 1982~1985년에는 명백히 다른 두 발전전략이 대립했다. 하나는 국영 부문 경제를 재건하고 공동정부와 노동의 공동 관리를 강화한다는 전략으로, 이는 볼리비아노동연맹(Central Obrera Boliviana: COB)이 대표하고 있었다. 다른 하나는 지난 수십 년간 성장한 기업 부문이 주장한 것으로, 이제 막 시작된 시장경제를 강화한다는 전략이었다.

주지하는 대로 당시 볼리비아는 정치질서의 붕괴에서 비롯된, 그리고 전 시기에 팽배한 외국인 투자자, 강력한 노동조합세력, 특권층 간의 불평등한 경제자원 분배에서 비롯된 외상성 하이퍼인플레이션 단계를 겪고 있었다.

강력한 무질서의 결과였던 1985년 총선으로 탄생한 당시 정부는 '대법원 법령 21060호'라 불리는 과격한 안정화 체계를 적용하는 데 주저하지 않았다. 이 법령은 화폐 안정성 회복을 위한 단순한 수단에 비하면 훨씬 광범위하게 적용되었다.

2) 신자유주의 시기: 1985～2005년

그 후 20년간 집권한 정권들은 대체로 워싱턴 컨센서스 노선에 따랐다. 이 노선의 정책들은 이미 충분히 알려져 있지만 1990년대 중반 실시된 공기업 민영화 정책은 특별히 언급할 필요가 있다. 공기업 민영화 정책은 석유, 전력, 통신, 철도, 항공업 등의 부문에서 국가와 초국적 기업이 전략적으로 제휴하는 형식을 취했다. 이 전략적 제휴를 '자본화'라고 불렀다.

그런 맥락에서 석유 부문에서는 세 가지 변화가 있었다. 브라질로의 가스수송관 구축, 볼리비아국영석유회사(YPFB: Yacimientos Petrolíferos Fiscales Bolivianos)의 자본화, 그리고 석유 부문 신진 기업들에 극히 유리한 세금규정이 담긴 새로운 석유법 제정 등이 그것이다. 그러한 변화의 결과 개발 투자가 증가했고, 그에 따라 천연가스 확인매장량이 1996년 3조 입방피트에서 2003년 29조 입방피트로 늘었다. 석유 확인매장량도 같은 기간 8,000만 배럴에서 4억 8,600만 배럴로 증가했다.

'자본화된' 부문들의 독립적 조정 시스템을 정착시키기 위해 필요한 법적·제도적 개혁도 실행되었다. 이를 위해 자본화된 기업들의 운영 범위를 조절하는 업무를 맡을 관리감독기구도 설립했다. 자본화 정책은 특히 외국자본을 유인하는 데 중점을 두었다. 볼리비아 정부는 이 조치를 통해 국내자본을 강화해야 한다는 발상은 한 번도 한 적이 없다. 내수시장 형성과 볼리비아 경제의 세계경제 진입에 국내자본의 역할이 두드러지게 하기 위해 필요한 최소한의 조건들도 제공되지 않았다. 그러므로 볼리비아의 기업 부문은 시장의 작용에서 주인공 역할을 할 능력을 키우지 못했다. 이는 시장은 독자적으로 작동한다는 생각과 경제 동인이 어떤 형태로 배치되든 그 자체로 만족할 만한 성장, 수출,

고용 수준을 달성하는 데 적합하다고 가정하는 교조주의 때문이었다.

1990년대 중반에 채택된 또 다른 중요한 조치는 「민중참여법」의 제정이었다. 이 법을 통해 세입의 25%가 시와 대학에 할당되었고, 그 결과 이전에 존재하지 않던 지역 차원의 행정이 정착될 수 있었다.

신자유주의 개혁은 대체로 볼리비아 경제의 구조적 이질성을 강화시키고 사회적 불평등을 심화시켰으며, 경제 동인들의 배치에 극적인 변화를 초래함으로써 적어도 3개의 계층을 공고화했다.

첫째, 전적으로 자본화된 계층이다. 이들은 (대부분 이전에 자본화된) 대략 20개의 공기업, 100여 개의 경제·금융 그룹, 그리고 2,500여 개의 중소기업으로 구성된다. 이들은 잉여자산의 창출과 축적, 기술혁신, 관리혁신 등의 여건을 지니고 있으며, 수입의 증가, 자격을 갖춘 고용, 수출 등을 만들어내는 능력도 지니고 있다. 자본화된 기업의 공기업으로의 복귀는 지금 시도되고 있는 주요 변화에 해당한다.

둘째, 단순한 재생산을 통해 시장에 참여하는 경제 단위로 구성된 계층이다. 잉여자산을 축적할 능력이 없는 약 90만 명의 도시 자영업자가 여기에 해당한다. 이들은 경우에 따라서는 노조를 결성해 일명 '민중경제'의 자격으로 주요 공공정책 논의에 참여한다.

끝으로 생존의 경제계층인데, 약 65만 개의 영세농 단체가 여기에 해당한다. 이들은 자신들의 잉여물을 팔기만 하기 때문에 시장과의 지속적인 관계가 희박하다. 그리고 재생산을 위해 대체로 화폐 수입과 비화폐 수입의 여러 원천을 결합한다. 이들은 주로 알티플라노 지역과 계곡 지역에 거주한다.

이 3개의 기본 경제계층에 더해 이른바 제3세력을 언급해야 한다. 이들은 영리를 목적으로 추구하지는 않지만 사적인 특성을 갖고 있다. 볼리비아 경제발전에서 가장 주목할 만한 양상은 최근 들어 기업보다

〈표 6-1〉 볼리비아의 GNP 성장률

(단위: %)

연도	1997	1998	1999	2000	2001	2002	2003	2004	2005
성장률	4.3	5.0	0.4	2.3	1.5	2.8	2.7	4.2	4.0

자료: 볼리비아국립통계청(www.ine.gov.bo).

NGO가 더 많이 창설되었다는 사실이다. 이는 현 시점에 존재하는 유인요소들이 어떤 유형인지를 분명하게 나타내고 있다. 이 유인요소들은 시장 지향의 생산적 기업정신을 함양하기보다는 국고, 국제협력, 외채경감 국제기구 등에서 나오는 공적자원의 재분배에 참여하려는 다양한 시도를 자극한다. 이러한 경제적 동인 구조는 그 자체로 공공정책의 집행에 극히 복합적인 문제들을 유발한다. 일단 시장의 논리에 맞춰 자발적으로 기능할 구심점이 없다. 그리고 투자와 지출 증대에 미치는 효과가 미미하다. 게다가 고용주 측이든 노동자 측이든 기본적인 경제적 동인의 어느 누구도 적절한 대표성을 갖지 못한 상황에서는 경제적 정책과 전략에서 합의를 도출하기가 매우 어려워진다.

자본화된 기업들이 전략적 경제 부문과 결합되어 있음에도 신자유주의 시기의 경제 운영은 많은 아쉬움을 남겼다. 자본화의 투자로 촉진된 성장은 매우 소박했다. 이러한 성장은 수입된 자본을 원천으로 삼았고 따라서 성장 효과가 해외로 유출되었기 때문이다. 게다가 이 시기에는 교역을 명목으로 경제가 심각하게 악화되었다. 또한 가용 잉여자산이 적어 재생산을 위한 투자로 이어지지도 못했다. 이는 <표 6-1>에서 보는 바와 같이 만족스럽지 못한 성장률로 나타났다.

3) 원주민 민족주의: 2006년~현재

사회주의운동은 정당이라기보다 이른바 농민세력, 특히 코카 재배농의 사회운동을 위한 정치기구다. 볼리비아의 최대 노동자 조직인 볼리비아노동연맹과의 관계는 상황적일 뿐, 정책에 따라 결합되는 유기적인 관계를 맺고 있지는 않다. 사회주의운동이 제안하는 두 가지 전략은 새로운 헌법 채택을 통해 국가를 재수립하는 것과, 자본화된 기업의 국유화를 통해 신자유주의로부터 전환하는 것이다.

먼저 첫 번째 전략에 대해 말하자면, 2009년 1월 국민투표로 승인된 신헌법에서 비롯한 경제체제는 공동체적 사회경제가 선(善)이라는 극히 이데올로기화된 시각에 부합하는 것으로, 생산과 고용에 대한 영리주의적·자본주의적 조직 형태와는 대립된다. 두 번째 전략과 관련해 취임 이후 모랄레스가 취한 가장 중요한 조치는 석유 부문의 국유화였다. 이는 2006년 5월 1일 유전 지역에 대한 상징적 군사점령으로 시작되었다.

오늘날의 국유화는 1950년대와 1960년대의 국유화와는 달리 연금관리국(Administradoras de Fondos de Pensiones: AFP)의 신탁주식 매입에 바탕을 두고 있다. 그 목적은 국가가 기업 수뇌부에 대한 통제권을 쥐고 있기 위해서다. 이러한 조치 외에도 2005년 승인된 새 석유법에 따라 정유회사와 계약을 체결할 때면 세금, 광구 사용료, 가격 등의 재협상이 이루어진다.

세입은 즉각적이고 괄목할 정도로 증가했다. 새로운 계약조건 외에도 석유의 국제가격 상승이 병행되었기 때문이다. 세수의 증가는 <표 6-2>에서 보듯이 국고 재정 상태에 근본적인 변화를 가져왔다.

현 정부가 제정한 새로운 법들 덕분에 세수는 증가했지만, 반면 강압적인 재협상에서부터 국제 법정의 중재에 이르기까지 여러 종류의 문제

〈표 6-2〉 볼리비아 비금융 공공 부문의 수입

(1997년=100)

	1997	2001	2003	2005	2007
총수입	100	133.4	145.8	198.3	365.6
국내 수입	100	133.2	160.2	244.3	321.4
세관 수입	100	96.6	95.6	134.2	186.8
광산 로열티	100	71.0	86.4	206.0	929.6
석유 세금 수입	100	222.2	231.4	564.4	636.1
기타	100	119.0	121.3	88.2	356.7

자료: 공식자료를 바탕으로 직접 작성.

도 발생했다. 그에 따라 석유 부문에 대한 투자가 심각할 정도로 위축되었다. 그 결과 볼리비아는 국내 수요에 필요한 석유를 수입해야 하는 상황에 이르렀고, 아르헨티나 및 브라질과 실효성 있는 계약이 성사되지 못하고 있다.

아무튼 세수는 상당히 증가했다. 2005년까지의 증가는 근본적으로 대규모 석유 판매 수익 덕분이었다. 2005년 이후의 세수 증가는 석유 부문, 그리고 몇몇 광업 부문의 자원 증대 덕분이다. 새로운 국고 재정 덕에 정부는 잉여자산을 여러 가지 현금지급식 바우처 제도에 쓸 수 있었다. 개인당 연 340달러가 지급되는 노령연금, 취학 아동에게 매년 29달러가 지급되는 후안시토 핀토(Juancito Pinto) 바우처, 임신여성과 2세 미만의 자녀에게 2년 9개월 단위로 257달러가 지급되는 미혼모 바우처 등이 그러한 사례다.

하지만 국고 잉여자산의 후견주의적 분배가 양산하는 정치적 특혜는 중앙정부와 야당 집권의 행정 소재지 사이에 분규의 원인이 되기도 한다. 이 문제는 권력이 중앙정부에 집중되어 있는 상황에서 탈중앙화 및 자치주의 프로젝트가 추진될 때 잉여자산을 어떻게 집행할 것인가와 관련되기 때문이다.

경제전략의 변화를 반영하는 또 다른 부문은 광업이다. 여기서는 광산의 국유화와 볼리비아국영광업공사(Corporación Minera de Bolivia: COMIBOL)의 설립이 1952년 혁명의 상징적 조치로 실행되었다는 사실을 상기할 필요가 있다. 1985년 세계 주석산업의 위기와 함께 볼리비아 국영광업공사가 쇠퇴했고 이른바 재배치(relocalización) 조치로 인해 소속 노동자들이 대부분 이탈했다. 재배치 조치란 공사에서 근무하기 시작한 시기부터 계산해 금전적으로 보상하는 것을 말한다.

재배치 광부들의 일부는 차파레 지방으로 이주해 코카 잎 재배에 종사했다. 이들은 볼리비아 각지로 이주했는데, 심지어 해외로 이주한 경우도 있었다. 반대로 상당수는 불안정한 방식으로 광업 분야에서 생존하며 매우 다양한 능력을 갖춘 광산조합 형태로 조직화되었다. 그때까지도 현 정부는 볼리비아국영광업공사를 볼리비아 광업 부문의 주축으로 재정립하지 못한 상태였다. 주된 반발은 최근 20년 사이에 자리 잡은 광산조합들에서 비롯되었다. 현재 이 조합들의 조합원 수는 국영광업공사의 최고 성장기(1983~1985)의 두 배에 해당한다.

따라서 광업 부문에서는 신자유주의 민영화 이후 볼리비아 광산 국유화에 맞서는 두 가지 전략이 서로 경쟁하고 있다. 구식 국영기업들의 재건, 그리고 조합주의 강화 및 전반적인 연합이 그것이다. 여기에 광산자원 이용에 관한 헌법이 정한 새로운 권리의 보장을 주장하는 원주민 공동체들의 요청으로 인해 상황은 더욱 복잡해졌다. 지금까지 정부는 분쟁 중인 부문의 수적 비중과 투표에 참여할 가능성을 기준으로 삼아 정책에 대한 결정을 내리고 있다. 유권자 수를 경제 논리보다 우위에 두는 것이다.

2. 최근의 경제성과

최근 3년간 볼리비아는 전례 없는 거시경제적 성과라고 해석될 만한 예외적인 국제적 호조건을 누려왔다. 특히 석유와 광산 수출은 6배 이상 증가했다. 이는 <표 6-3>에서 잘 드러난다.

모랄레스 집권기에는 주요 수출품목의 이례적인 높은 가격과 해외에 나가 있는 이주노동자들의 송금 증가라는 이로운 상황이 지속되었다. 그 결과 외환보유고가 2003년 10억 달러에 약간 미달하던 수준에서 2008년 말에는 77억 달러로 급증했다. 그러나 이러한 수치는 기대와 달리 <표 6-4>에서 보듯이 경제성장률의 두드러진 변화로 드러나지는 않았다.

위에서 짚어본 바와 같이 일반적으로 볼리비아의 생산 부문에서는 시장에서 파생된 전략적 결합이 부족했다고 할 수 있다. 경제활동의 주된 원동력은 외생적인 경향이 있으며 세계시장의 상황에 달려 있는 것이다.

광업 부문은 여러 유형의 기업이 존재한다는 특징이 있다. 즉, 국영기업, 다국적기업, 자국기업, 이질적 요소들이 결합된 조합회사 등이 존재한다. 석유 부문에서는 브라질의 페트로브라스(Petrobras)와 볼리비아국영석유회사가 두드러진다. 볼리비아국영석유회사는 국영화 이후 임원진의 무능력이라는 상황을 겪었으며, 최근에는 부패사건이 발각되기도 했다. 한편 제조업 부문에는 노동법과 조세법을 준수하지 않는 덕에 유지되고 있는 수많은 대기업이 존재하고 있으며, 그 틈바구니에 내수시장과 국제협정에 따라 수출용으로 가동되는 극히 소수의 회사들이 있다. 무역업과 운수업도 비중이 큰 부문인데, 이 업종들은 조세법과 노동법을 존중하지 않는다. 이 부문에는 대규모 밀무역에 연관된 수많은 개인업체도 포함된다.

〈표 6-3〉 볼리비아 경제 부문별 수출 추이

(단위: 100만 달러)

	2003	2004	2005	2006	2007*	2008*
석유	485	815	1,400	2,011	2,239	3,433
제조업	781	950	945	1,124	1,310	1,617
광업	229	298	351	794	1,056	1,517
농목축업	94	132	172	160	188	270
합계	1,590	2,195	2,867	4,088	4,793	6,836

주: *는 예비 정보임.
자료: 국립통계청.

〈표 6-4〉 볼리비아의 GDP 성장률

(1997년=100)

연도	1997	2001	2003
성장률	100	133.4	145.8

자료: 공식자료를 바탕으로 직접 작성.

이러한 이질성은 문제점을 내포하고 있기도 하지만 공적 정책을 통해 특혜를 줄 필요가 있는 장점으로 해석되기도 한다. 신헌법은 많은 서민 경제 부문에 대해 권리와 특혜, 면세 등을 부여하고 있다. 그러나 앞에서 제시한 특성들 때문에 국제적 상황이 허락한다 하더라도 초과잉여를 낼 수 있는 부문은 광업과 석유 부문뿐이다.

3. 부상하는 문제들

볼리비아의 경험은 상이한 세 가지 과정을 결합시키는 것이 어렵다는 사실을 명확하게 보여준다. 세 가지 과정이란 첫째, 권력분배 방식을 수정하고 소외된 사회계층을 포함할 새로운 헌법체계의 채택, 둘째,

생산의 재편 및 잉여자산의 재투자를 통해 경제적 평등과 역동성을 공고히 할 수 있는 새로운 발전전략의 수립, 마지막으로, 새로운 유형의 경제운용 방식 및 사회지도층 형성을 위한 관료집단의 역량 함양을 말한다.

제도적·이데올로기적·인적 구성요소 면에서 볼 때 국가는 역사적 구성물이다. 국내 및 국제적 조건에 부합하는 전략적 지평을 제시할 수 있는 지식인 엘리트층이 없다면 국가의 재조직화도 불가능하다. 국민투표를 통해 부상한 권력집단 덕분에 사회주의운동은 국가 관료세력을 대규모로 대체할 수 있었다. 새로운 공무원은 더 이상 행정업무 역할과 그 수행능력을 갖춘 도시 중산층에서 배출되지 않는다. 사회운동세력이 정당을 대체하고 구관료를 대신하는 것이 현 단계 볼리비아의 독보적인 양상이다.

지금까지 국정 운영은 새로운 엘리트층이 기술적 경쟁력을 갖고 강화하는 데 필요한 훈련을 하는 데에는 노력을 기울이지 않고 있다. 경쟁력을 강화하는 것만으로는 충분하지 않다. 전문성과 윤리의식을 겸비해 국정 운영을 지속하는 데 필요한 능력을 함양하는 것이 필요하다. 소외된 집단의 강화 그 자체는 새로운 국정 운영을 위한 필요조건이지 충분조건이 아니다. 공공정책의 관리와 집행은 행정기관에서 사회운동세력에 분배되는 그 자체로 조직화되지는 않는다. 이는 정당들 사이에 정책의 관리와 집행이 분배되던 과거의 경험을 통해 알게 된 사실이다.

4. 생각해볼 문제

중심국이든 주변국이든 국가의 주의주장과 실천방식은 여러 상황과 요청에 따라 작동하게 되어 있다. 따라서 어떤 국가든지 간에 정치권력과 사적 이익을 분리시킬 수 있는 충분한 제도개혁과 적절한 리더십이 필요하다.

국가의 사회적 근간을 재구성하는 일은 의심의 여지없이 사회 민주화의 가장 중요한 과제다. 그러나 이 민주주의가 단순히 특혜나 친족주의를 대체하는 데 머무르지 않도록 하기 위해서는 최소한의 조건이 필요하다. 볼리비아에서는 전통적인 소외계층이 권력을 차지하게 되었다. 그러나 소외계층의 권리가 작동해 경제의 생산성과 평등성이 더 증진되도록 하기 위한 여건은 아직 형성되지 않았다.

세계경제의 급격한 변화는 볼리비아 경제의 역할에도 영향을 주었다. 세계적 경제 불황의 지속 여부, 교역조건의 변화 여부, 주요 수출품의 가격, 정부의 경제정책 등 모든 것이 불확실하다. 2009년 12월 선거 때까지는 선거 과정이 상황을 결정할 것이다. 생산 활동에 대한 손실이 있다고 하더라도 외환보유고를 일부 사용함으로써 정부는 환율을 현재 수준으로 유지할 수 있을 것이다. 또한 연료 부족사태를 피하기 위해 상당량의 디젤과 다른 석유 관련 제품의 수입이 필요하리라는 것도 예측할 수 있다. 이러한 조치를 위해 외환보유고를 좀 더 지출해야 할 것이다. 광산조합과 같은 일부 공기업과 사기업 부문에 대한 예외적인 대출 및 후견주의적 지원이 있으리라는 가능성도 배제할 수 없다.

이런 조치들은 국고 재정에 대한 압박이 될 터이므로 올해(2009년)에는 재정적자가 예견된다. 최근 3년간 재정흑자가 거시경제를 특징지었다면, 이제는 아마도 국고 잉여자산의 잔고를 둘러싸고 특히 중앙정부와 시청 및 지방관청 사이에 복잡한 분쟁이 생길 것이다.

이러한 상황은 선거 후 급격하게 변할 수 있다. 현재의 제반 상황은 선거 결과가 어떻게 되든 간에 경제위기에 대해 최대한 집중할 것을 요구하고 있다. 예시되는 답들은 정치 지배세력에 달려 있다. 그러나 상당량의 잉여 국고 덕에 재분배를 특징으로 하는 경제정책을 집행하기에 용이했던 얼마 전까지의 정책 방향이 유지될 가능성은 희박하다.

제7장

2010년 이후 에보 모랄레스의 계획

파블로 로셀 _김유리 옮김

국민 대다수의 굳건한 지지를 얻었음에도 에보 모랄레스는 통치력을 인정받거나 사회 안정을 이루지는 못했다. 원주민 인권 회복과 보장이라는 필수적인 과업으로 말미암아 도시 메스티소(혼혈인)들의 가치를 담론적으로 공격하는 결과를 초래함으로써 도시 메스티소들은 점점 소외감을 느끼게 되었고 이들은 공개적으로 모랄레스에 반대하는 입장에 서고 있다. 한편 에보주의를 구성하는 이질적인 세력(원주민, 농민, 코카 재배자, 노조, 협동조합원)의 규합은 공통적인 경제 관심사가 없어 모두를 연결해주는 중심축이 부족하다. 따라서 이 글에서는 안토니오 그람시의 이론을 빌어 정부가 볼리비아 사회주의운동의 프로젝트에서 소외감을 느끼는 도시 그룹까지 아우르는 새로운 헤게모니를 구현할 수 있는 담론을 만들어야 하는 필요성에 대해 논의해보고자 한다.

파블로 로셀 Pablo Rossell 경제학자이자 사회노동 연구를 전공한 공공정책 부문의 석사다.

* 이 글은 ≪누에바 소시에다드≫ 221호(2009)에 실린 글을 옮긴 것이다.

1. 볼리비아의 긴급 현안

볼리비아 정부는 에보주의가 주장하는 '헤게모니를 위한 안건 수립'이라는 난제에 신속하고 적절한 해답을 제시해야 할 국면에 접어들었다. 따라서 실수를 저지를 여유도 허용하지 않는 급박하고 어려운 상황에 처해 있다. 이러한 정세 속에서 앞으로 도출되는 결정을 통해 2006년에 시작된 변혁 과정의 실제 규모가 윤곽을 드러낼 것이다. 따라서 현재는 의사결정을 위한 중대한 시기이자 집권자들의 진정한 실력이 드러나는 시기라 할 수 있다.

볼리비아 정국의 복잡한 변화상을 보여주는 두 가지 일화가 있다. 첫 번째 일화는 2006년 2월 2일, 모랄레스가 54%의 지지율로 대통령에 당선된 지 얼마 되지 않아 산타크루스 주의 상공회의소(CAINCO)에서 경제정책을 발표해 산타크루스의 기업에 지원할 것을 약속한 것이다. 상공회의소 모임은 성공적이었다. 모랄레스 대통령은 기업인들과 같이 일할 것과 치안 강화 및 새로운 수출시장의 모색을 약속했다. 두 번째 일화는 2008년 9월 9일, 모랄레스가 재신임 국민투표에서 67%의 지지율로 승리를 거둔 지 불과 3일 후에 일어났다. 산타크루스 주에서 지역 내 민간조직과 반모랄레스 세력의 공공연한 지원을 등에 업은 폭도들이 관공서를 비롯해 여권과 관련이 있다는 평판이 있는 NGO단체, 공공기업체의 건물을 약탈하고 방화하는 사건이 벌어졌다. 볼리비아가 겪고 있는 갈등 상황에서 인종차별적·봉건적·반동적인 성향을 가진 사회계층이 자신들의 입장을 드러낸 사건이라고는 하지만, 지난 26년간의 민주주의 체제에서 모든 대통령의 부러움을 살 정도로 높았던 국민들의 지지율도 모랄레스의 통치력과 사회 안정에는 도움이 되지 않는다는 사실이 드러난 것은 분명했다. 그뿐만이 아니다. 2009년 1월 25일 실시된 신헌법 제정을 위한 국민투표에서 61.4%의 찬성을 얻어내고 동년 12월의 선거에서도 지지율에 상관없이 승리가 예측되었지만 현 상황에서는 이런 승리가 변혁의 과정을 굳건히 하는 데 필요한 정치적 안정 기류를 확립하기에는 충분하지 않다.

물론 선거의 정당성은 국민들이 선출한 당선자에게 공약 이행을 위해 정부의 공권력을 행사할 수 있는 자격을 부여한다. 비슷한 경우로, 두 차례의 선거를 통해 변혁 과정의 정당성을 인정받았으므로 질서를 위태롭게 하는 모든 반대세력에 대항해 변혁을 추진하기 위해서는 공권력을 더욱 강화해야 한다는 이들의 의견에 동의할 수도 있다. 그러나 조직적으로 공권력을 사용하는 것에는 한계와 위험이 따르므로 이러한 방법은 정치적 사안을 처리하는 데 가장 비효과적인 방법이라 해도 과언이 아니다. 또한 그다지 지속 가능한 방법이라고 할 수도 없다.

이러한 숙고를 통해 안토니오 그람시(Antonio Gramsci)의 이론을 바탕으로 오늘날의 상황과 2010년 이후의 변혁 과정이 직면하고 있는 조건을 설명하기 위해 중요한 몇 가지 사항을 고찰하려 한다. 볼리비아 정부는 이러한 조건들을 지금 당장 대면할 필요가 있다.

2. 그람시의 헤게모니 이론

그람시에 따르면, 헤게모니란 정치적 주체(집단적 주체)가 신념과 강제의 조합을 통해 사회 전체를 이끌고 지배하는 능력을 말한다. 역사적 블록이란 일부 마르크스주의자의 주장과 달리 사회 나머지 세력에 대해 우위에 서는 계급이 아니라 이질적인, 그리고 어느 정도는 서로 모순적인 세력들의 총체로, 이념(방향 제시의 역할)과 (정치활동을 통해 얻어진)

지배에 의해 균형을 유지하지 못할 땐 붕괴될 수도 있다.

따라서 역사적 블록을 구성할 때는 연합체계를 구축해야 한다(연합체계란 여러 사회세력의 연결 시스템을 의미한다). 다시 말하면 정치적인 게임에는 연습이 필요하다. 그러나 다른 한편으로 보자면 이념적 방향이 없는 헤게모니의 전략을 생각하는 것은 불가능하다. 이런 양상은 문화 분야에 해당된다. 주도적 헤게모니란 지배계급의 이념이 지배계급의 이념적 기구를 통해 사회적으로 내부화될 때 이루어진다.

다시 말하면, 헤게모니라는 특정한 관심사를 구성하는 의미와 가치로 구성된 체계가 필요하다. 이러한 의미와 가치는 사회 전체가 인정하고 정당하다고 받아들이는 것이어야 한다. 이러한 조건이 충족되기 위해 지도자세력의 헤게모니적 전략이 갖춰야 할 중요한 요소는 다양한 하위 계층의 고유 가치를 이념적으로 회복하고, 이러한 가치에 동화하며, 나아가서는 의미를 재부여하는 것이다. 이리하여 이들이 헤게모니를 권력의 기획과 동일시하도록 해야 한다.

3. 볼리비아 변혁 과정에서 나타난 이념의 미완적 구성

봉건적 정치체제에 대항하는 긴 투쟁 이후 에보주의의 핵심을 구성하는 원주민/농민, 코카 재배자, 노조, 조합주의자 등의 이질적 세력의 규합이 볼리비아 정계에 급격히 등장했다. 이 투쟁의 뿌리는 1970년에 시작된 카타리스트운동에서 찾을 수 있다. 이러한 정치적 경향에서는 식민주의의 극복을 넘어서는 공통의 관심사를 발견하는 것이 쉽지 않다. 여기에서 식민주의란 원주민 출신의 민중이 전통적으로 이등시민으로서 폄하되었음을 의미한다.

차이점도 많긴 하지만 에보주의가 부상했던 2006년의 볼리비아와 1952년의 볼리비아는 서로 유사점이 있다. 1952년 혁명의 여파가 조성한 사회적 단절에도 불구하고 특히 도시의 일부 메스티소 그룹 사이에(가난한 중하층부터 옛 과두집단의 후손까지) 강하게 뿌리박힌 봉건적 가치관은 원주민 출신이 권력 공간에 전면적으로 진입하는 것을 방해해왔다. 객관적이고 주관적인 복잡한 기제가 작동한 덕분에 이러한 권력 공간은 메스티소 출신 엘리트의 전용 공간으로 인식되었다.

한편으로 1952년 혁명은 원주민들에게 이전에는 한 번도 볼 수 없었던 새로운 가능성의 지평을 열어주었다. 이러한 가능성을 기반으로 원주민들은 도시의 삶 속에서 느리지만 끈질긴 방식으로 자신들의 존재의미를 양적으로, 그리고 질적으로 넓혀나갔다. 직업의 피라미드상에서 가장 보수가 낮고 힘든 직업을 원주민의 몫으로 지정했던 법적 장벽이 깨지면서 농촌과 도시 사이에는 자본주의적(상품적) 관계가 서서히 확장되었고, 이에 여러 원주민공동체에서 가장 숙달된 원주민은 다양한 기회를 얻게 되었다. 이후 이들은 농촌세계와 도시세계의 중재자 역할을 하게 되었다.

이러한 중재자들의 많은 후계자가 오늘의 변혁 과정을 전투적으로 지지하고 있다. 이들은 세속적이고 봉건적이며 인종차별적인 국가를 상대로 실제적인 시민권을 요구하는 권리회복운동을 펼치고 있다. 그러나 사회경제적 계층과 사회문화적 계층 사이에 동질성이 단절되면서, 다시 말해 다양한 원주민 출신 집단 내부에 사회경제적 구분의 복잡성이 증가하면서 에보주의의 기반을 구성하는 사회세력 사이에 공통적인 경제적 관심사를 발견하기가 어려워지고 있다. 이것은 정권 내부의 핵심을 구성하는 세력 사이에서도 마찬가지다.

이러한 상황에서 다음과 같은 질문을 던져야 한다. 이전의 지배 블록에 무슨 일이 일어났기에 에보주의가 권력의 대안으로 등장할 수 있었을까? 2003년 10월에 자행된 학살이라는 구체적인 사건[곤살로 산체스 데 로사다(Gonzalo Sánchez de Losada) 정권이 민중봉기를 탄압한 사건]으로 인해 메스티소 지배층과 도시의 중산층 집단에서 봉건주의의 가장 천박한 측면이 적나라하게 드러나면서 그들은 자신들이 가장 깊이 품고 있던 가치에 대해 수치심을 느끼게 되었다. 그것은 바로 인종적 우월의식이었다. 이 사건은 이념적으로 결부되기에 이르렀다. 이로써 2006년 2월에 이루어진 모랄레스와 산타크루스 상공회의소장의 만남은 민주주의적 성숙과 제도화된 문화의 이미지로 설명될 수 있었다.

하지만 시간이 지남에 따라 모랄레스 정부의 담론은 메스티소 엘리트와 그들을 따르는 도시 중산층이 중요하게 여기는 여러 가치관을 체계적으로 공격하기 시작했다. 이로 인해 사회공동체적 모델이 신자유주의적 개인주의를 대체할 것이라는 메시지가 증가했다. 정부는 이전의 과두세력이 만들어낸 체제에 강한 의문을 제기했고, 교회 측과도 입씨름을 벌였다. 이러한 행위는 중산층 메스티소 인구가 가장 소중히 여기는 가치를 향한 에보주의의 공공연한 공격으로 간주되었다. 이들은 자신들을 둘러싼 민주적 공화주의 체제(과연 얼마만큼 공화민주주의적인지는 모르지만)가 위협을 당한다고 여겼다.

오늘날까지 도시의 메스티소라는 다수의 계층이 누리는 특권은 거의 변화 없이 유지되고 있음에도 이들은 원주민이 국가기구와 일상적으로 맺는 관계에서 시민권을 충분히 행사하는 것을 계속해서 방해하고 있다. 최근 3년간 볼리비아의 이례적인 경제적 상황 덕분에 메스티소 기업이 호황을 누리고 있음에도 도시 메스티소의 가치를 폄하하는 담론이 제기되자 그들의 머리에는 두 가지 문명의 패러다임, 즉 서구문명과 원주민문명의 다툼이 떠올랐다. 그들은 이 다툼에서 패배할 수 없었다.

그랬다가는 볼리비아 사회에서 물리적으로 사라질지도 모른다고 생각했기 때문이다. 이러한 문명 패러다임의 가상적인 분쟁은 도시 메스티소의 일부 집단이 현 정권의 변혁 과정을 자기 일처럼 여길 수 없는 이유를 설명한다.

이념을 건설하기 위해서는 엘리트 세력의 가치, 희망, 관심사를 반영한 특정한 유형의 사회가 필요하다. 이런 의미에서 에보주의의 이념적 담론은 원주민 대중이 사회생활과 국가정책에 전적으로 참여할 것을 강조 — 더 정확하게 말하자면 과도하게 강조 — 했다. 하지만 앞서 말했듯이 사회주의운동의 핵심을 구성하는 집단의 특성인 이질적인 사회경제적 세력의 규합에서는 이념적 담론 건설에 필수불가결한 요소인 공통의 경제적 관심사를 반영하는 연결 축을 만들어내는 것이 불가능했다.

이러한 공백을 경제적 민족주의가 차지했다. 이런 공백 채우기는 뚜렷한 목표를 가지고 있었다. GDP의 36%를 국가가 관리하는 것이다. 다시 말하면, 정권 핵심부에는 다양한 경제적 관심사가 있으므로 에보주의는 한 사회계급과 다른 사회계급 사이의 투쟁을 대변하는 것과는 거리가 멀다. 에보주의를 생산양식에 대한 투쟁이라고 보는 것은 더더욱 맞지 않다. 자본주의적 기업들의 국유화를 정부 경제시책 가운데 가장 확실한 결과라고 보는 것은 바로 이 점 때문이다.

천연자원과 관련 있는 이익에 대한 문제를 유일한 연결 축으로 삼은 이 모호한 이념 형성의 결과로 인해 부의 재분배를 중심으로 하는 노동 공간은 사실상 무시되었고, 이로 인해 노동인구의 일상적인 고민들은 묻혀버렸다. 국내 시장을 위해 제품을 생산하던 자국 기업들의 고민도 외면당했으며, 결정적으로 도시 원주민 기업인의 존재와 영향력도 무시당했다.

요약하자면, 진정한 투쟁의 장이라고 할 수 있는 2009년 12월까지는 이념의 장이었다. 이때에는 생각이 무기가 되고 지식인들이 군대가 되었다. 당시의 목표는 자신의 정체성을 변혁 과정의 지속적인 일부로 생각하도록 만드는 것이자 신호를 들을 준비가 된 자들을 아군으로 만드는 것이었다.

4. 에보주의에서 허용된 자유의 정도와 반대파의 한계

에보주의가 헤게모니를 장악할 능력을 지닌 권력의 대안으로 변모하기 위해서는 진정으로 국민적인 성격의 담론을 제안하게 도와줄 수 있도록 적어도 다음 네 가지 난제를 해결해야 한다. 첫 번째 과제는 제도화 작업의 중요성을 인식하는 것이다. 이를 위해서는 기득권 세력이 획득한 성과를 받아들일 뿐만 아니라 개인의 권리와 법의 준수를 강화해야 한다. 두 번째 과제는 식민주의에 보복하는 듯한 어조를 낮추고 현 정부가 연대와 통합의 정부라는 메시지를 강조하는 것이다. 세 번째는 '애국적인 기업인'들의 활발한 조력에 의지하는 것이다. 네 번째 과제는 교회에 대한 공격을 자제하는 것이다.

마지막으로 전통적으로 볼리비아의 도시 메스티소 계층에 속한 것으로 알려진 가치관을 포용하려는 여러 시도에 관해 성찰해보도록 하자. 최근 몇 년간 원주민/토박이/농민이라는 주체의 요구, 생활방식, 권리회복의 가시화 과정에서는 주체인 도시 원주민이 배제되었다. 이는 적어도 볼리비아 도시 인구의 32%를 외면하는 격이다. 도시에서 원주민 주체가 보이지 않았다면 원주민들이 도시 원주민 가운데 가장 높은 사회경제적 계층에 속하는 도시 원주민 주체가 공격을 당했다고 느끼는 것은 당연하다. 특히 자신들이 물질적으로 이룬 성과가 메스티소로 상승하는 계단이라고 생각할 때는 (이 생각의 옳고 그름을 떠나서) 더욱 그렇다.

아직 모랄레스의 지도력과 겨룰 만한 진정한 권력의 대안은 보이지 않는다. 국민투표에서 얻은 62%라는 확고부동한 지지율은 현재의 변혁을 지지하는 인구를 잘 대변해준다. 야권은 그동안 선거를 통해 특정 지역을 제외하고는 진정한 권력의 대안이 되지 못함을 세 번 연속해서 보여주었다. 이 사실은 모랄레스가 현 정치무대에서 가장 중요한 국민의 지도자라는 위상을 보여주고 있는데, 이것은 여권뿐만 아니라 야권에도 문제다. 여권의 난제에 대해서는 앞서 말했으므로 이제 야권이 극복해야 할 문제를 살펴보자.

다섯 지역으로 쪼개진 야권은 모랄레스를 제거하고 싶어 하지만 전국적으로 모랄레스에 대적할 만큼 명망 있고 영향력 있는 인물이 부재하다. 그뿐만 아니라 이보다 더 중요한 것은 나라 전체를 아우르는 담론을 제시하지 못하고 있다는 사실이다. 달리 말하면, 야권(들)의 세력(즉, 자치의 담론 주변에서 파편화된 지역에 기초한 세력)이 곧 야권의 약점이라 할 수 있다. 야권 지도자들은 전국적 규모에서 행동을 제약하는 공간에 자신들 스스로를 의식적으로 가두어버렸다.

국가 지도자 대안의 공백 때문에 어떤 야권인사라 하더라도 모랄레스를 현실로 받아들일 수밖에 없다. 현재 헌법이 보장하는 주별 자치체제 내에서 국가적 사안에 무감각한 지역별 요새를 쌓을 수 있다고 오해하지 않는 한 말이다.

5. 결어: 볼리비아는 세상의 배꼽, 적어도 라틴아메리카의 배꼽이다

라틴아메리카에서의 볼리비아의 위상을 살펴보면 다음과 같은 두 가지 특징을 알 수 있다.

첫째, 모랄레스는 라틴아메리카라는 무대에서 볼리비아를 필수불가결한 배우로서 자리매김시켰다. 이는 식민주의와 신자유주의의 거대한 패러다임에 의문을 제기하는 그의 담론과, 그의 탄탄한 사회적 기반, 그리고 오래된 남북 문제(서구와 주변부 국가)를 다룬 논쟁에서 새로운 불씨를 지핀 그의 능력 때문이다. 모랄레스가 입을 열면 전 세계가 귀를 기울인다. 따라서 그의 말의 파급효과를 헤아려야 할 것이다.

둘째, 양대 이웃나라인 브라질과 아르헨티나는 볼리비아의 개혁에 거의 무조건적인 지지를 보여주었다. 그럼에도 볼리비아는 현재 라틴아메리카에서 지도자가 되기를 열망하고 있는 국가들 사이의 세력 게임을 위한 각축장이 되었다. 따라서 볼리비아와 미국 사이의 중재자가 되어주겠다는 루이스 이나시오 룰라 다 실바(Luiz Inacio Lula da Silva)의 결정에는 에보주의의 세력을 이용해서 자신의 정치세력을 견고히 하려는 의도가 숨어 있다. 같은 이유로 칠레와 아르헨티나는 볼리비아의 민주화 과정에 미주기구(OEA)와는 별도로 남미국가연합(UNASUR) 차원에서 지원을 추진하겠다고 결의했는데, 이는 미국에 라틴아메리카의 문제는 미국의 간섭 없이 해결할 수 있다고 알리는 의사표시라 할 수 있다. 이 모든 것을 미루어볼 때 적어도 앞으로 5년 동안은 볼리비아에서 모랄레스를 다른 지도자로 대체하는 것이 불가능해 보인다.

제 3 부
페루

제8장

페루의 알란 가르시아와 APRA의 이념적 전환

마르틴 다나카 _조영현 옮김

APRA(미주혁명인민동맹)당은 알란 가르시아 대통령 시절(1985~1990) 과도한 인플레로 인한 혼란을 겪었다. 이후 1990년대의 긴 혼란과 어려움을 뚫고 당과 가르시아는 재집권에 성공했다. 하지만 오늘날 당과 가르시아는 과거와는 아주 다르게 변신했다. 가르시아는 선거에서 승리하기 위해 우익의 표심을 얻어야 했으므로 보수정당들과 서둘러 의회동맹을 맺어야 할 긴박한 필요성을 절감했다. 가르시아는 과거에 애써 달성하려던 사회민주적 개혁을 포기함으로써 사회적인 면에서는 크게 야심찬 면을 보이진 못했지만 친시장적인 자본주의 정책을 통해 정부를 이끌었다. 권력을 차지했을 당시의 높은 성장률 등 전반적인 상황은 이러한 보수화 경향을 강화시키는 데 일조했다. 이는 가르시아와 APRA가 의욕에 넘쳐 과도한 개혁을 추구하던 과거 정책노선에서 탈피해 적극적인 현실주의로 전환한 이유를 어느 정도 설명해준다.

마르틴 다나카 Martín Tanaka 페루연구소의 연구원이자 페루 가톨릭대학교의 교수이다.

* 이 글은 ≪누에바 소시에다드≫ 216호(2008)에 실린 글을 옮긴 것이다.

1. 머리말

1979년 최고지도자 빅토르 라울 아야 데 라토레(Victor Raul Haya de la Torre)가 사망한 후 APRA당은 큰 위기에 빠졌다. 당시 APRA는 노인들이 당내 권력을 차지하고 정치를 좌지우지한다고 이야기될 정도로 케케묵은 것처럼 인식되는 정당이었는데 당 내부의 권력승계 문제로 심각한 투쟁까지 벌어졌다. APRA가 늙었다는 비난은 단지 당내 핵심 지도자들의 나이가 많다는 것뿐 아니라 당의 이념이 새시대를 선도하기에 역부족이라는 것을 의미했다. 1950~1960년대 APRA는 1930년대와 1940년대에 펼치던 정부 전복 음모와 급진적인 민족주의 혁명 프로젝트 등 마르크스주의에서 영감을 받은 초기 이념을 버리고 전통적인 과두정당과 연계해 정치적 이익을 추구하는 과정에서 미국과 국내외 자본가들과 협상을 하는 등 한층 실용주의적인 정책을 수용했다. 게다가 아야 데 라토레의 죽음은 페루를 근본적으로 변화시킨 12년간의 군사독재(APRA의 역사적 목표를 어느 정도 수정하도록 만든)가 지난 뒤에 찾아온 짧은 민주화 과정 중에 발생했다.

이런 상황에서 젊은 지도자 알란 가르시아(Alan Garcia)는 1982년 APRA의 사무총장이 되었고, 당을 급격하게 혁신했다. 펠리페 곤살레스(Felipe Gonzales)의 스페인 사회주의에서 영감을 받은 사회민주주의 담론을 통해 형성된 새로운 정체성과 신선한 그의 이미지는 이러한 변화에 기여했다. 가르시아는 1985년 선거에서 시장 지향적 개혁을 주도했다가 외채위기로 고통을 겪은 제2기 페르난도 벨라운데 테리(Fernando Belaúnde Terry) 정부(1980~1985)의 인기가 하락한 것을 적절히 이용했다. 가르시아는 사회혁명 담론을 통해 아야 데 라토레가 끝내 도달하지 못했던 대통령직에 올랐다. 이렇게 해서 APRA는 창당 55년 만에 권력의 최상층에 도달했다. 가르시아는 유효표의 55%를 획득했고, APRA는 의회에서 거의 50%에 달하는 의석을 차지했다.

제1기 가르시아 정부의 활동은 두 가지 시기로 분명하게 구분될 수 있다. 초기 2년 동안은 매우 성공적이었다. 정부 정책의 핵심은 외채 지불을 유예하고 가격통제와 수요촉진정책을 실시하는 경제 프로그램에 있었다. 이러한 경제 프로그램은 물가상승을 낮추고, 경제활동을 회복시키며, 임금과 사회적 지출을 증가시켰다. 이처럼 인상적인 성공은 대통령이 약속한 '더 나은 미래'와 혁명적이고 반제국주의적인 수사를 정당화시켰다. 가르시아는 명백하게 억압적인 스타일로 편향되어 있던 기존 사회통제전략을 더욱 온건하게 바꾸기 위한 제스처를 취하기 시작했다. 이 새로운 전략의 목표는 폭력으로 황폐해진 지역에 발전을 촉진시키고, 군부에 대한 민간의 통제를 강화하며, 동시에 인권을 존중하는 쪽으로 나아가는 것이었다.

그러나 1987년부터 모든 것이 급격하게 바뀌었다. 수요촉진정책은 다시 인플레를 조장했다. 가르시아는 투자를 장려하고 경제 과열을 식히는 대신 투자의 리듬과 방향을 정부가 통제하기 위해 은행을 국유화하라는 야권의 제안을 수용했다. 그러나 은행 국유화는 결과적으로 우파, 상류층과 중상층, 기업가 단체들의 공개적인 저항을 야기했으며 이들 간의 대립을 심화시켰다. 게다가 국유화 프로젝트가 의회에서 거부되면서 가르시아 정부는 더욱 곤경에 빠졌다. 설상가상으로 갈등을 겪는 기간 동안 민간투자는 감소했으며 경제는 불황의 늪에 빠졌다. 그럼에도 공공지출은 계속 증가했다. 이로 인해 가르시아 통치 기간 마지막 2년 동안에는 고인플레이션이 나타났고 이는 물가상승과 불황이 겹치는 불길한 사태로 발전했다. 같은 시기에 페루와 유사한 경제정책을 취한 아르헨티나의 라울 알폰신(Raul Alfonsin) 정부, 볼리비아의 에르난 실레스 수아소(Hernan Siles Zuazo) 정부, 브라질의 주제 사르네이(Jose Sarney) 정부도 천정부지로 물가가 치솟는 인플레이션의 늪에 빠졌다. 이들 나라의 공통점은 무엇이었을까? 폭발하는 국민의 요구를 차단하려는 정부의 노력은 많은 정치적 대가를 지불해야 한다는 것이 공통점이었다. 페루의 경우 가르시아가 긴축재정을 취하는 것이 왜 어려웠는지를 이해할 필요가 있다. 그것은 좌파연합(Izquierda Unida)의 정치적 약진과 관련이 있다. 1985년 좌익연합의 대통령 후보인 알폰소 바란테스(Alfonso Barrantes)는 25%의 득표율을 기록했다. 이로써 그가 선거에서 승리할 가능성은 경제정책의 변화와 함께 증가되었다.

동시에 관용적인 사회통제정책이 별다른 성과를 내지 못하자 정부는 1986년 중반부터 다시금 인권을 유린하는 억압적 정책으로 선회했다. 인권 활동가들에 따르면, 각계각층의 정부 공무원이 여기에 관여했으며, 가르시아 대통령까지 어느 정도 개입하기에 이르렀다. 정부를 곤혹스럽게 만든 문제들 가운데에는 많은 고발과 항의를 불러일으킨 부정부패 문제도 포함되어 있었다. 1985년에 APRA가 꿈꾸던 환상은 이렇게 지독한 악몽이 되어버렸다.[1)]

2. 고난의 여정과 리더의 귀국

알베르토 후지모리(Alberto Fujimori)는 기존 정당의 무용론을 주장하며 정치무대에 등장한 일종의 이방인이었다. 1980년대 말 페루가 겪은 정치적·제도적 실패는 그가 권좌를 차지하는 데 용이한 조건을 만들어

1) 가르시아 정부에 대해서는 Tanaka(1998)와 Crabtree(2005)를 참조.

주었다.[2] 비록 큰 사회적 대가를 치르긴 했지만 놀랍게도 후지모리는 강력한 긴축정책으로 천정부지의 물가상승을 잡는 데 성공했다. 후지모리가 1992년 친위쿠데타를 통해 의회를 해산하고 권력을 재조직하려고 법령을 공포했을 때 대다수 페루 국민은 이를 묵인했다. 군부는 1992년 4월 5일, 전 대통령 가르시아에 대한 체포령을 내렸다. 그러나 가르시아는 탈출에 성공해 콜롬비아로 망명했다. 같은 해 9월 후지모리는 성공적으로 경제성장을 달성했다. 동시에 혁명세력인 센데로 루미노소(Sendero Luminoso, 빛나는 길)의 최고 지도자 아비마엘 구스만(Abimael Guzman)을 체포하고 테러리스트들을 진압하는 데 성공해 페루 국민들로부터 인정을 받았다.

후지모리 정권의 안정과 권력의 공고화는 전통적인 정당들의 쇠퇴와 상관관계가 있다. 1995년 선거에서 후지모리 대통령은 64%의 표를 획득하면서 재선에 성공했다. APRA의 대통령 후보인 메르세데스 카바니야스(Mercedes Cabanillas)는 4%만 획득했으며, APRA는 단원제 의회 의석도 7%만 차지했다. 여하튼 APRA당 후보는 대선에서 1위를 차지한 후지모리와 22%의 표를 얻은 UPP(Unión Por el Perú)당의 하비에르 페레스 데 쿠에야르(Jabier Perez de Cuellar)의 뒤를 이어 3위를 차지했다.

후지모리는 제2기 정부(1995~2000) 내내 야당의 공세에 맞서야 했다. 그러나 이는 기존 전통세력이 아닌 독자적인 운동을 주도하던 새 정치 지도자들과 대립하는 것이었다. 2000년 선거에서 APRA당의 대통령 후보 아벨 살리나스(Abel Salinas)는 1%밖에 되지 않는 표를 얻는 데

2) 1990년 선거에서 APRA의 대선 후보인 루이스 알바는 22%를 획득한 반면, 마리오 바르가스 요사(Mario Vargas Llosa)와 후지모리는 각각 33%와 29%를 득표해 2차 경선에 돌입했다. 결선투표에서는 후지모리가 62%의 득표로 승리했다.

그쳤다. 그러나 후지모리가 재선에 성공한 이 선거는 스캔들을 야기했다. 대다수 국내외 옵서버들은 이 선거의 투명성을 의심했다. APRA는 분명히 후지모리의 재집권을 반대하는 입장에 있었다.

이 일이 있고 나서 얼마 후 시작된 후지모리 체제의 붕괴와 이후 민주주의로의 이행 정국은 가르시아가 본국으로 되돌아오는 데 용이한 환경을 만들어주었다. 가르시아가 자행한 인권유린이나 부패 범죄와 관련된 미해결 고발사건들은 이미 공소시효가 지났기에 그가 다시 공적 활동을 개시하는 데 장애가 되지 않았다. 따라서 가르시아는 2001년 선거에 APRA당의 대선 후보로 참여했는데, 놀랍게도 2위를 차지했다. 이 선거 결과로 가르시아는 페루 포시블레당(Partido Perú Posible: PPP)당의 알레한드로 톨레도(Alejandro Toledo)와의 2차 경합에 참여할 수 있었다. 이로써 가르시아는 기력을 상실해가던 당을 부활시키는 기적을 만들어냈다.[3)]

가르시아의 정치무대 복귀는 그로 하여금 사회변혁의 깃발을 다시 들도록 했으며, 동시에 첫 집권 기간에 범한 실수를 반성하게끔 했다. 가르시아는 톨레도 집권기(2001~2006)에 대통령이 분배와 사회 문제를 등한시한다는 이유로 강력하게 비판했다. APRA는 정치 스펙트럼상 좌파를 대표하는 정당이 부재한 상황에서 좌파 측 입장(좌파는 우파와 달리 다양한 세력으로 나뉘어 서로 다투던 상황이었다)을 대변하며 영향력을 확대했다.[4)] 이때 APRA와 가르시아는 라틴아메리카에서 불기 시작한 '좌파로의 전환'이라는 새 흐름에 적절히 편승했다. 1980년대에 누리던

---

3) 첫 경합에서 톨레도는 37%, 가르시아는 26%의 표를 얻었다. 결선투표에서 톨레도는 53%를 득표해 승리했다. 또한 APRA는 총선에서 20%의 표를 얻어 의회에서 제1야당이 되었다.

4) 2000년 선거에서는 어떠한 좌파세력도 후보자를 내지 못했다.

영향력을 회복하지 못한 마르크스주의 노선의 좌파와, 우파 노선의 UN당(Unidad Nacional), 중도 노선이자 톨레도의 정당인 페루 포시블레당이 2001년에서 2006년 사이 서로 경합하던 정치무대에서 APRA는 명백히 좌파 노선을 표방하며 부상했다. 결국 APRA는 페루 내 사회민주주의 노선을 대표하는 정당으로 국민들에게 이해되었다.

그러나 이후 급격한 변화가 일어났다. 제2기 가르시아 정부(2006~2012)의 초기 2년이 지나자 많은 사람들은 이 정부의 활동이 UN당 정부 때보다 더 우파적이라고 평가했다. UN당의 지도자인 루르데스 플로레스(Lourdes Flores)는 가르시아가 보수노선의 정부를 이끄는 "부자들의 대통령"이라고 비난했다. 어떤 설문조사에 따르면, 의견을 개진한 사람들의 66%는 가르시아 정부가 "부자들의 필요와 요구에 부응한다"라고 답했으며, 11%만이 "민중을 생각한다"라는 의견을 표명했다.[5)]

신기한 것은 이러한 결과가 라틴아메리카 전 지역에서 실시된 시장지향적인 정책이 의심과 불신을 받는 순간에 나타났다는 것이다(Kuczynski and Williamson, 2003). 과연 그 사이에 무슨 일이 일어났던 것일까? 이 변화를 어떻게 설명할 수 있을까? 이 질문에 응답하기 위해서는 먼저 정당 간 경쟁의 특성과 2006년 선거부터 나타난 정치세력 간 연합의 본질, 그리고 정당으로서 APRA의 약점이라는 두 가지 중요한 요소를 고려해야 한다.

5) 2008년 7월 가톨릭대학이 리마 주변 수도권에서 실시한 설문조사 자료.

3. 정당 간 경쟁과 2006년 이래의 정치판도

2006년 대선을 앞둔 2005년 내내 가르시아는 좌파 쪽으로 기울어 있었다. 반면 발렌틴 판니아구아(Valentin Paniagua)는 중도 노선을 견지하고 있었으며, 국민통합당의 플로레스는 우파 쪽 진영에 가담해 있었다. 여기에 2005년 말부터는 UPP당의 대선 후보인 오얀타 우말라(Ollanta Humala)가 좌파 노선을 천명하며 정치무대에 뛰어들었다.[6] 기존 정치지형 내의 이방인이면서 군 출신인 우말라는 첫 선거에서 31%의 표를 얻어 반체제적인 노선의 유권자들을 자신의 편으로 끌어들이는 데 성공했다. (결과적으로 6%밖에 표를 얻지 못한) 판니아구아 후보의 인기 하락과 "책임 있는 변화를 향해"라는 가르시아의 선거 슬로건은 정치 스펙트럼에서 중도 성향인 유권자들을 끌어들이는 데 기여했다. 2차 선거에서 누가 우말라와 맞설지를 두고서는 가르시아와 플로레스가 경합했다. 결국 가르시아가 24.3%를 획득해 23.8%를 차지한 플로레스를 눌렀다. 둘 사이의 표 차이는 6만 2,578표에 불과했다.

가르시아가 결선투표에서 우말라를 누르려면 첫 선거에서 플로레스를 지지한 우익의 표를 자신 쪽으로 끌어와야만 했다. 그러기 위해 APRA의 지도자는 기업가그룹 및 중상류층이 APRA에 대해 갖고 있는 불신을 타파해야 했다. 이 불신은 플로레스와의 선거전을 통해 심화된 것이었다. 이 때문에 2차 경합에서 가르시아는 '모험주의'를 표방한

---

6) UPP당은 1995년 페레스 데 쿠에야르 후보를 지원하기 위해 설립되었다. 그때부터 선거에는 겨우 참여했지만 이후 급격히 쇠퇴했다. 우말라는 2006년 선거를 위해 페루민족당(Partido Nacionalista Peruano: PNP)당을 만들었으나 정해진 기간 내에 선거관리위원회에 등록을 할 수 없었다. UPP당은 우말라를 선거에 참여시킬 목적으로 연합을 제안했다.

우말라에 맞서 체제 수호자라는 이미지를 부각시켰다. 이 전략은 중상류층 유권자의 표를 유도하기 위한 것이었다. 일부 인사들이 지적한 대로 이는 가르시아가 그다지 마음에 드는 후보는 아닐지라도 더 나쁜 후보의 당선을 막으려면 중상류층 유권자들이 그에게 투표해야 한다는 암묵적인 논리를 내포하고 있었다. 결국 가르시아는 53%의 표를 획득했다.

대통령에 당선된 후에도 가르시아는 실망스런 자신의 제1기 정부를 기억하는 사람들의 불신을 극복해야 했다. 특히 제1기 정부 때 펼친 은행 국유화 시도와 같은 정책은 국민들의 불신을 야기한 대표적인 정책이었다. 이런 두려움을 해소하기 위해 가르시아는 친시장적인 정통 자본주의 경제정책 추구를 표명해야 했고, 이 약속을 보증하기 위해 관련 분야의 유능한 사람들을 주요 직책에 임명해야 했다.[7)] 의회 의석 비율 또한 그가 이런 방향으로 나아갈 수밖에 없게 했다. 의석을 자세히 분석해보면 UN당이 17석을, 후지모리주의자들이 13석을 차지했다. 야당이면서 다수 의석을 확보한 우말라 후보의 UPP당은 전체 120석 가운데 45석을 차지했다. APRA는 36석밖에 얻지 못했으므로 다수 의석을 확보하기 위해서는 어쩔 수 없이 다른 주요 정당과 연합해야 했다. 게다가 가르시아가 정권을 인수했을 당시에는 경제가 무리 없이 성장 중이었으므로 경제정책에 급격한 변화를 주는 위험을 감수할 필요는 없었다.[8)] 이런 모든 요소를 감안하면 제2기 가르시아 정부는 처음부터

---

7) 중앙은행 총재로 플로레스와 UN당과 긴밀한 관계에 있는 경제학자 훌리오 벨라운데(Julio Belaúnde)를 임명했으며, 국제은행과 긴밀한 관계가 있는 경제학자 루이스 카란사(Luis Carranza)를 경제부 장관으로 임명했다.

8) 2001년 국내총생산의 증가율은 겨우 0.2%를 기록했으나 2002년에는 5%, 2003년에는 4%, 2004년에는 5.1%, 2005년에는 6.7%, 2006년에는 7.6%(최근 11년간 가장 높은 성장률)로 점차 나아졌다. 국립통계청(INEI) 자료.

보수적인 측면을 보였다고 할 수 있다.

제2기 가르시아 정부의 초기 2년까지의 논리는 무엇이었을까? 요약하면 2006년 대선 전부터 가르시아는 이미 친시장적 정통자본주의 경제정책을 수용하고 국내 주요 세력(기업가, 가톨릭교회, 군부)과 연합하면서 미래 반체제세력의 위협에 대비해 일종의 차단막을 치려고 했다. 제1기 정부에 대한 부정적인 인식을 극복하려 한 것이다. 권력을 다루는 가르시아의 스타일을 보면 그는 대단히 외로워 보인다. 제1기 집권기간 동안에는 정당보다 동료들을 중용하면서 국정을 운영했다. 여당을 통해 통치하지 않는 성향은 지금도 비슷하지만 그렇다고 이전처럼 동료그룹을 통해 국정을 운영하지는 않는다. 게다가 주요 정치세력과 대화를 나누거나 정기적으로 조언을 듣는 일도 없이 고립된 업무스타일을 보인다. 이러한 고립은 어느 정도 비관용적인 태도나 편집증을 강화시키는 경향으로 나타난다. 동시에 가르시아는 정부 각 부처 간 분쟁에서 최고 조정자의 역할을 수행하려 하고, 국정의 틀과 기준을 제시하는 최고의 결정권자가 되려 한다. 이러한 스타일은 가르시아 정부의 즉흥적인 대응, 과시주의, 반복적인 개입, 중·장기적 의제 부족, 비효율적인 공공정책 수립과 운영 등을 이해하는 데 도움을 준다.

이 모든 것에는 장점도 있는 반면 그에 따른 대가도 지불해야 한다. 페루 경제는 라틴아메리카 지역의 평균 성장률을 넘어 계속 성장 중이다.[9] 그러나 이러한 성장은 공공정책의 비효율성, 국가의 제한된 권한, 해결하지 못한 중대 과제들, 구조적 무기력과 불평등을 극복하는 데

9) 국립통계청에 따르면, 2007년 국내총생산 증가율은 9%였으며 2008년 추정치는 9.4%다. 2002년에서 2007년 사이 페루는 라틴아메리카 지역에서 파나마 다음으로 높은 국내총생산 증가율을 기록했다.

따르는 어려움 등 한계를 드러내고 있다. 이러한 한계는 거시경제는 성공했음에도 정부의 인기는 하락하고 있는 데서 잘 드러난다. 2006년 9월 가르시아는 63%에 해당하는 지지율을 획득했으나, 2008년 7월의 평가에서는 26%의 지지율을 얻는 데 그쳤다. 같은 기간 가르시아가 주도하는 정부정책에 반대하는 사람의 비율은 16%에서 70%로 증가했다. 사회경제적 수준을 기준으로 나누어서 보면, 2008년 7월 상류층의 지지율은 48%인 반면, 하류층의 지지율은 겨우 18%에 머물렀다는 점이 대단히 흥미롭다. 동시에 리마에서는 30%의 지지율을 보인 반면, 남부지역의 지지율은 겨우 11%에 머물렀다.[10] 이러한 불만은 점증하는 사회적 갈등의 정도를 잘 보여준다(Tanaka and Vera, 2008: 347~365).

앞서 지적했듯이, 경제가 성장하는데도 가르시아 정부의 인기가 하락하는 것은 라틴아메리카가 좌파로 선회하는 경향 때문이다. 가르시아 정부는 왜 사회민주주의적 전통을 지닌 정부이면서도 자유시장 정책을 따르는 칠레, 브라질, 우루과이처럼 더 사회적이고 분배적인 조치들을 강조하지 않는 것일까? 사실 우말라의 인기가 높은 비결은 성장 그 자체가 성장이 야기하는 불평등에 대한 불만을 가라앉힐 수 없다는 사실을 환기시키는 그의 유창한 달변 때문이다. 이 질문에 대답하기 위해서는 이미 언급한 정치 스펙트럼상에서의 가르시아의 위치와 의회 내에서 그가 풀어야 할 과제 등 정당으로서 APRA가 갖는 약점에 대해 다시 한 번 생각해보아야 한다.

10) 원조에 대한 전국 도시 설문조사.

4. APRA의 제도적 약점

2000년 선거를 즈음해서 페루 국민들에게 APRA는 거의 죽어가는 정당으로 보였다는 사실을 기억할 필요가 있다. 비록 APRA가 가르시아의 귀국 후 본격적으로 2001년 선거에 참여하면서 현격한 회복세를 보이기는 했지만 가르시아에게 의존한 것은 이미 1990년대 말부터였다. APRA는 실용적인 논리와 노골적인 현실주의를 연결시켰는데, 이 현실주의 노선은 단기적 이익을 우선시하는 논리를 따르게 만들었다. 따라서 가르시아와 APRA는 1980년대에 자신들이 표명한 사회민주주의적 특성의 주요 부분을 상실했다.

이 변화를 이해하려면 후지모리주의가 대세이던 기간에는 APRA가 큰 힘을 갖지 못했다는 점을 기억할 필요가 있다. 가르시아가 외국에 머물 때 치러진 1995년 선거 결과에서 볼 수 있듯이 당시 APRA의 생존 전망은 어두웠다. 당시의 상황은 이 당의 지도자들에게 당이 생존하기 위해서는 후지모리주의와 어느 정도 타협할 수밖에 없다는 인식을 갖게 했다. 이러한 인식은 가르시아 제1기 정부의 내무부 장관이자 가르시아의 측근인 아구스틴 만티야(Agustin Mantilla, 그는 여러 범죄를 일으킨 민병대를 조직했다는 이유로 고발당했으며, 이 문제는 미해결인 채로 남아 있었다)를 통해 알 수 있다.[11] 만티야는 1995년 국회의원으로 선출되었으며, 1990년대 중반에는 APRA의 사무총장을, 2000년에는 선거대책위원장을 역임했다. 만티야는 선거대책위원장을 수행할 당시 후지모리

---

11) Comisión de la Verdad y Reconciliación, “Los asesinatos del comando paramilitar autodenominado Rodrigo Franco(1985-1990)”, *Informe final*, tomo VII(CVR, Lima, 2003), capítulo 2. 19, pp. 195~211 부분 참조.

의 더러운 일을 대신해주던 블라디미로 몬테시노스(Vladimir Montesinos)와 협상해 선거자금으로 3만 달러를 받았다. 2001년에 이 문제가 세상에 알려지자 가르시아는 만티야의 비도덕적인 행위에 대해 "자신의 등에 칼을 꽂는 일이었다"라면서 그를 비난했다. 만티야는 이 사건이 APRA와는 무관하며 개인적인 차원에서 협상을 시도했다는 사실을 분명히 했다. 그는 부패 혐의로 6년 형을 선고받았다. 그러나 만티야가 주도적으로 행동했다는 것이 사실이든 아니든 간에 중요한 사실은 그의 행동이 APRA 내부의 인식을 대표한다는 점이다. 즉, 후지모리주의와 대립하면 APRA가 끝장날 거라고 생각했던 것이다. 따라서 어떤 식으로든 후지모리와 협상을 해야 했다. 최소한 당의 중요한 원칙들을 지키려 한 이런 현실적 타협은 끝내 성공하지 못했다. 하지만 예상 외로 견고할 것 같던 후지모리체제는 급격히 위기 속으로 빠져들었다. 2000년 후지모리의 재선을 노리고 치러진 선거가 부정선거로 드러나면서 이 사건은 중대한 문젯거리로 대두되었다. 톨레도는 집요하게 이 문제를 물고 늘어졌다. APRA도 선두에 서서 항의한 그룹 중 하나였다.

민주적 상황이 도래한 2001년에서 2006년 사이 APRA는 당의 역량을 강화할 수 있는 다양한 시도를 펼쳤다. 이러한 노력은 가르시아가 톨레도와 2차 경선을 치르게 된 2001년 대선과 4월의 총선에서 결실을 맺었다. APRA는 2002년 11월 지방선거에서 승리한 것이다(총 25개 지역 중 12개 지역에서 이겼다). 그렇지만 지방에서 당이 승리한 것만으로는 불완전했다. 2006년 11월 APRA는 단 두 지역(라리베르타드와 피우라)에서만 승리했다. 2006년 선거에서 APRA는 '사회연대'라는 단체를 발기함으로써 다양한 세력을 결집시키고자 문호를 개방했으나 커다란 호응을 얻지는 못했다. 그 결과 가르시아는 정치이념과 관련해서 가장 좋은 방법은 보수적인 견해를 표명하는 것이라는 결론에 이르렀다. 이는 여러 사회적 행위자들 사이에 폭넓은 정치적 합의와 조정을 필요로 하며, 기술적·관료적인 측면에서 뛰어난 능력이 요구되는 정치·사회개혁을 포기한다는 의미를 함축하고 있었다. 즉, 가르시아 제2기 정부는 경제적 성장을 달성하겠다는 약속만 분명히 한 것이 아니라 동시에 사회적·제도적인 개혁을 포기한다는 점도 명백히 한 것이다.[12)]

APRA는 1990년대에 혼란을 겪은 후 왜 복잡한 공공정책을 실행하는 데 필요한 인재 충원을 충분히 고려하지 못했는지, 왜 다양한 사회부문을 수용하지 못했는지에 대해 당 차원에서 자문했다. 사실 톨레도는 이러한 고민들을 실천했다. 그의 페루 포시블레당은 정치영역에서의 충분한 경험 없이도 좌·우파 양쪽에서 전문가와 기술자(기본적으로 경제를 움직이는)들을 끌어 모았다. 그러나 이런 톨레도의 시도에 대한 가르시아의 시각은 대단히 부정적이었다. 톨레도 정부에 참여한 좌파들은 곧 정권에 대한 반대자와 비판가로 돌변했고, 직책을 포기하고 톨레도와 결별했다. 게다가 좌파인사들은 톨레도의 집권 기간에 발생한 인권유린을 고발하기도 했는데, 이 중에는 톨레도에게 직접적으로 피해가 가는 일도 있었다. 이런 점들은 결국 좌파에 대한 가르시아의 불신을 키웠다.[13)]

사실상 가르시아 정부에는 충분한 전문 인력이 없을 뿐 아니라 APRA는 다른 정치세력에서 사람들을 충원할 가능성도 희박한 쇠퇴한 정당이다. 따라서 중요한 사회개혁을 실시할 수 있다는 신뢰를 주지는 않는다. 정부는 남아 있는 2011년 임기까지 경제 안정과 투자를 유지하고, 빈곤을 줄이며, 사회복지를 확대하려는 전략을 가지고 있다. 우리가 기억해

12) 제2기 정부의 개혁과 관련해서는 Naím(1995a, 1995b)을 참조.

13) 최근 페루의 좌파 동향에 대해서는 Tanaka(2008: 193~212)를 참조.

야 할 것은 톨레도는 집권기 내내 한 자릿수의 지지율을 기록하다가 후반부에 가서 33%대의 지지율로 임기를 마쳤다는 사실이다.[14] 이러한 결과가 가능했던 것은 집권 후반부에 이루어놓은 훌륭한 정치 운영과 경제성장 때문이었다. 그러나 가르시아는 전임자보다 더 좋은 성적으로 임기를 마칠 것이다. 국립통계청이 발표한 빈곤 관련 최근 자료는 이러한 긍정적인 전망을 뒷받침한다. 페루의 빈곤층은 2004년 48.6%에서 2007년 39.3%로 줄었고, 극빈층은 17.1%에서 13.7%로 감소했다. 이것은 정부의 실용적 태도가 강화되었기 때문에 가능한 일이었다.

5. 결론과 전망

가르시아는 자신을 위협하는 요소가 어디에 도사리고 있는지, 위협요소가 정치적 반대세력 안에 있는지에 대해 염려하지 않는다는 것을 스스로 분명히 했다. 가르시아 정부는 UN당과 후지모리주의자들 때문에 계속 분열되고 어려움에 시달리던 UPP당 및 그 소속 의원들을 자신의 지지세력으로 끌어들여 의회에서 다수를 점하는 데 성공했다. 반대파는 오히려 가르시아가 "자신들은 못하면서 남이 하려는 것을 못하게 비판만 하는 사람들"이라고 칭한 사회영역 안에 남아 있다.[15] 분명 이

14) 원조에 대한 전국 실태 자료 참조.

15) 가르시아는 일간지 ≪엘 코메르시오(El Comercio)≫에 "촉새부리를 갖고 있는 개의 증후군(El síndrome del perro del hortelano)"(2007. 10. 28), "촉새부리를 갖고 있는 개를 끝장내는 방법(Receta para acabar con el perro del hortelano)"(2007. 11. 25)이라는 두 편의 글을 실었다. 여기서 가르시아는 저발전에서 벗어나기 위한 국내투자 증진을 반대하는 사람들을 비난했다.

부문에서는 위험이 감지된다. 사회운동의 활력 때문이 아니라 성급하게 정부에 해결책을 요구하는 폭력적 시위가 확산될 수 있기 때문이다. 이러한 시위들은 페루에 대해 부정적인 이미지를 만들고 외국인 투자자들을 놀라게 한다. 이미 알려진 것처럼 돈만큼 사람을 비열하게 만드는 것은 없기 때문이다.

이런 맥락에서는 시위를 선동하는 반체제 인사, 실패한 공산주의자, 환경운동가의 얼굴을 하고 돌아온 좌파인사 등이 정부의 적이다. 그리고 이런 적들 때문에 오히려 정부의 보수주의 논리가 더 강화되는 결과가 초래된다. 정부의 인식에서는 "자신들은 못하면서 남이 하려는 것을 못하게 비판만 하는 사람들"은 다른 곳보다도 주로 방송과 시민사회 조직을 장악한(정치적으로는 실패한) 좌파 내에 있다. 이들이 바로 가르시아 정부가 부정할 수 없는 성과를 달성했음에도 지지도 면에서 답보 상태에 머물 수밖에 없게 한 장본인이다. 정부에 대한 좌익의 비판은 결국 정부로 하여금 인권유린과 사회적 배제에 대항한 투쟁, 제도의 개혁 등을 상징하는 깃발을 포기하도록 만들었다. 정부는 개혁을 상징하는 이런 깃발을 높이 치켜들고 자신의 것으로 만들기는커녕 아예 이런 깃발을 내리고 만 것이다.

이와 같이 APRA와 가르시아는 제1기 정부 동안 보여준 개혁에 대한 강박과 과도한 의욕을 버리고 제2기 정부에서는 환상 없는 현실주의로 전환했다. 이것은 사회민주주의적인 영감에 의해 이끌리는 라틴아메리카의 다른 정부들과 달리 보수적인 활동 추구, 경제적인 측면에서 친시장적인 자본주의 노선 유지, 엄격하게 재분배를 실천하거나 사회정책에 급진적인 변화를 추구하려는 노력의 포기로 나타났다. 가르시아의 활동을 철저하게 거부하는 반대파들, 특히 소외된 자, 가난한 자, 노동자들의 권리를 주장하는 사람들 앞에 정부도 비타협적인 입장을 고수하고 있다. 앞서 언급한 것처럼 APRA의 독특한 전환은 2006년 선거의 특성, 의회의 노선, 정당으로서 APRA가 갖는 약점과 관련이 있다. 현재 APRA와 가르시아 정부가 취하고 있는 노선은 정치 상황에 따른 실용적인 변화의 산물이다. 이것은 일반적인 맥락이 바뀌면 그에 따라 모든 것이 바뀐다는 사실을 잘 보여준다.

참고문헌

Crabtree, John. 2005. *Alan Garcia en el poder: Perú, 1985-1990*. Peisa, Lima.

Kuczynski, Pedro Pablo and John Williamson(eds.). 2003. *After the Washington Consensus: Restarting Growth and Reform in Latin America*. Institute for International Economics, Washington, D.C.

Naím, Moisés. 1995a. "Latin America: The Second Stage of Reform." in Larry Diamond and Marc F. Plattner(eds.). *Economic Reform and Democracy*. The Johns Hopkins University Press, Baltimore.

______. 1995b. "Latin America's Journey to the Market: From Macroeconomic Shocks to Institutional Therapy." *International Center for Economic Growth Occasional Paper*, No. 62, San Francisco.

Tanaka, M. 1998. *Los espejismos de la democracia. El colapso del sistema de paridos en el Perú, 1980-1995, en perspectiva comparada*. Instituto de Estudios Peruanos, Lima.

______. 2008. "The Left in Peru: Plenty of Wagons and No Locomotion." in Jorge Castañeda y Marco Morales(eds.). *Leftovers: tales of the Latin American Left*. Routledge, Nueva York.

Tanaka, M. and Sofía Vera. 2008. "El 'neodualismo' de la política peruana." *Revista de Ciencia Política*, Vol. 28, No. 1, Instituto de Ciencia Política, Pontificia Universidad Católica de Chile.

제9장

경제 기적의 페루에서 일어난 놀라운 정치 현상

대선 결과 분석을 중심으로

재클린 포크스 _조영실 옮김

2011년 4월 10일에 치러진 페루 대선의 1차 투표에서는 그야말로 독특한 두 후보, 즉 민족주의 퇴역장교인 오얀타 우말라와 재임 당시 저지른 인권침해로 수감 중인 알베르토 후지모리 전 대통령의 딸 게이코 후지모리에 대한 국민의 지지를 통해 페루 정치 시스템에 대한 대중적 거부감이 분명히 확인되었다. 그러나 이 결과는 가르시아 정부에 대한 강한 거부감과 더불어 페루에 이례적으로 유리한 거시경제 상황에서 국민들이 느끼는 전반적인 불쾌감을 반영하는 것이기도 하다. 이러한 조건하에서 조직적인 세력들은 존재하는 두 변이형 중 하나를 선택해야 했고, 유권자들은 덜 경악스러운 후보를 선택할 수밖에 없었다.

재클린 포크스 Jacqueline Fowks 페루 가톨릭대학교의 조교수이자 신문기자이며, 브라질의 웹사이트 '오페라 문지(Opera Mundi)'의 간사이기도 하다.

* 이 글은 ≪누에바 소시에다드≫ 233호(2011)에 실린 글을 옮긴 것이다.

페루 유권자의 54% 이상은 2011년 치러진 대선 1차 투표에서 경제세력이 좋아할 만한 후보가 아닌 다른 후보를 선택했다. 우말라는 31.7%의 득표율을, 수감 중인 전 대통령 후지모리의 딸 게이코 후지모리(Keiko Fujimori)는 23.5%의 득표율을 차지했다. 이 결과에 대해 배타적이고 인종주의적인 반발이 심했는데, 특히 소셜네트워크상에서의 반발이 극심했다. 선거 바로 다음날에는 그에 대한 응답으로 "무지한 자들의 승리가 아니라 무시당한 자들의 승리다"라는 말이 유행했다.

셰프이자 프로모터이면서 정치적 불신이라는 낙인의 나라에서 오피니언 리더이기도 한 가스톤 아쿠리오(Gaston Acurio)는 자신의 페이스북 담벼락을 통해 민주주의에 대한 모욕을 중단할 것을 호소했고, 그의 호소는 일간지 ≪엘 코메르시오(El Comercio)≫의 즉각적인 반향을 불러일으켰다. 그는 다음과 같이 부르짖었다.

> 원칙·가치·민주·자유·차이에 대해 존중할 것, 단합해서 미래를 볼 것, 최빈곤층에 대한 국민의 존중이 승리할 수 있도록 세력가들을 끌어들여 공감하게 할 것, 패배를 받아들일 것, 겸손과 분별을 갖춰 위대한 페루를 향해 우리 국민을 이끌어갈 것. 이것이 민주주의에 따라 권력을 양도받은 자들에게 우리 페루인이 바라는 바다.

한편 애널리스트 파리드 카하트(Farid Kahhat)는 다음과 같이 지적했다. "1985년에는 가르시아를 지지한 사람들이 무지한 자였다. 2006년에는 가르시아를 찍지 않는 사람들이 무지한 자였다. 1990년에는 후지모리를 지지한 사람들이 무지한 자였고, 지금은 후지모리를 찍지 않는 사람들이 무지한 자다. 1990년에는 마리오 바르가스 요사(Mario Vargas Llosa)가 나라의 구세주였고, 오늘날은 쓸모 있는 바보 우말라가 구세주다."

(우말라는 무지한 자들의 다른 이름이다) 1990년 대선에서 패한 바르가스 요사 후보의 일부 당원들은 후지모리로 표상되는 지옥으로의 추락을 예비한 쿠데타에 격노한 바 있다. 바로 그 사람들이 1992년에는 후지모리가 저지른 쿠데타에 미친 듯이 환호했다. 자신들의 전통에 충실해 이제 그들 중 일부는 "우말라가 승리하면 쿠데타를"이라는 제목의 페이스북 페이지를 만들었다.

1. 선거 결과에 대한 해석

투표 결과가 변화에 대한 관심이라는 메시지를 보인다는 생각에는 정치인들도 논평가들도 동일한 입장이다. 전직 대통령이자 페루 포시블레당의 후보인 톨레도는 '사회적 얼굴을 한 페루 다시 그리기'를 넘어선 강력한 의제 없이 빈약한 선거전을 치렀다. 톨레도의 주요 모토는 "우리는 잘 해냈고, 더 잘할 수 있다"였다. 또 다른 두 후보인 페드로 파블로 쿠친스키(Pablo Kuczynski, 경제장관, 은행가, 투자기금공단 이사장을 역임)와 전직 리마 시장인 루이스 카스타녜다(Luis Castaneda)는 전통적인 방식의 선거전을 펼쳤다. 카스타녜다보다 언론에 훨씬 강한 쿠친스키는 자신이 기술관료, 책상물림, 사회경제적 'A' 섹터의 대표 등으로 인식되는 점을 바탕으로 자신이 국민에게 더 친근하고 더 인기 있는 사람으로 비치고자 했다.

쿠친스키는 부유층의 후보라는 오명을 얻을 수도 있었다. 그러나 카스타녜다는 그에게 별로 주목하지 않았다. 그는 후안 마누엘 산토스(Juan Manuel Santos) 콜롬비아 대통령의 전직 보좌관이던 정치마케팅 전문가 후안 호세 렌돈(Juan Jose Rendon)을 내세우면서 1월에 선거전을 시작했지만 전략이 부족했다. 결국 자문위원회와 관련해 합의에 이르지 못했고, 국민연대(Solidaridad Nacional)의 후보는 희석되어 10%의 지지율밖에 얻지 못했다.

설문조사기관인 입소스 아포요(Ipsos Apoyo)의 소장이자 페루 여론에 대한 책을 펴내기도 한 알프레도 토레스(Alfredo Torres)는 페루인들은 항상 변화를 지지한다는 주장을 편다. 그러나 또한 최근 2년간의 여론에서는 한결같이 치안부재와 부패가 국가의 주요 문제라고 보았다. 후지모리와 우말라 두 사람 다 이 두 가지 문제에 대해 공약을 내걸었다. 2011년 3월 실시된 설문조사에서 우말라가 우위를 차지하면서 선거전이 뜨거워지자 '2011년 힘(Fuerza 2011)'의 후보인 후지모리의 주요 모토는 '치안과 기회'가 되었다.

한편 우말라의 정치조직인 '페루의 승리(Gana Perú)'는 국회의장 하비에르 디에스 칸세코(Javier Diez Canseco)를 통해 가르시아 정부에 대한 조사를 시작했다. 미주인민혁명동맹(APRA)의 대통령이던 가르시아는 2008년 터진 석유 녹취사건(petroaudios)과 같은 수많은 부패 고발 건 때문에 26%의 지지율로 임기를 마쳤다. 그러나 광산업 붐을 맞은 석유 채굴 회사들과 원주민공동체 사이의 긴장에서 야기된 사회적 갈등을 해결할 능력이 부재한 것도 하나의 원인이 되었다. 국민의 이익을 보호하기 위한 국가적 조치가 없었던 것 역시 또 다른 이유였다. 강력한 경제성장을 이뤘음에도 그런 결과가 발생한 것이다.

이 새로운 정치 상황에서는 다음과 같은 여러 가지 질문이 가능하다. 왜 경제모델 및 민주주의 체제에서 연속성을 대표하는 후보들이 승리하지 못했을까? 2001년부터 톨레도나 가르시아가 당선되는 것은 가능하지 않았을까? 왜 25개 주 중 16개 주에서 민족주의 후보가 승리하고 후지모리는 6개 주에서밖에 승리를 거두지 못했을까?

선거캠프는 선거일인 4월 10일 전 한 주를 제외하면 민주주의와 권위주의 사이의 차이에 대한 정밀한 구분을 국민들에게 설정하지 않았다. 우말라는 2006년 처음 대선에 출마했을 때 이미 스스로 민중주의적·민족주의적·급진적인 후보, 차베스 베네수엘라 대통령과 공감하는 후보라는 이미지를 표방한 뒤였다. 게다가 군인이었던 이력이나 종족민족주의운동(Movimiento Etnocacerista)과의 연관성도 부담으로 작용했다. 이 조직은 수감 중인 동생 안타우로 우말라(Antauro Humala)가 이끌었는데, 안타우로는 2005년 안다우아일라스의 경찰서를 점령하는 과정에서 사상자를 내기도 했다. 우말라는 게다가 2000년 전직 보좌관 몬테시노스가 페루를 빠져나가던 날 직접 후지모리에 맞서는 반란을 일으킨 적도 있었다. 그 결과 2006년 결선투표에서 가르시아가 손쉽게 승리를 거두었다.

5년 전 우말라는 자유무역협정에 대한 반대의사를 표명했고, 볼리비아의 대통령 모랄레스와 자리를 함께하곤 했으며, 경제 시스템에 대한 근본적인 개혁을 제기하기도 했다. 그러나 2010년부터는 종족민족주의에 대한 언급을 하지 않았다. 쿠데타로 집권한 민족주의자 알바라도 전 대통령(1968~1975년 재임)에 대한 언급도, 국유화 안에 대한 언급도 더 이상 하지 않았다. 차베스 대통령과 자리를 함께하는 일도 더 이상 없었다. 이제 우말라는 '룰라 모델'을 찬양하기 시작했다. 2011년 2월에는 우말라주의의 핵심 인물인 영부인 나딘 에레디아(Nadine Heredia)와 함께 브라질 노동자당(PT) 30주년 기념식에 룰라 전 대통령과 나란히 모습을 드러내기도 했다.

우말라는 이제 가족의 가치를 옹호하고 빈곤층과 미혼모, 노인계층에 대해 관심을 갖는 후보자라는 이미지로 변신했다. 또한 경제모델 및 자유무역협정에 관해 몇 가지 조정을 가미했다. 사실 그런 방법들을 강제가 아닌 국민적 합의에 의해서만 선택하겠다고 약속하는 문서에 서명을 한 게 2011년 3월의 일이었다. 이 문서 내용의 대부분은 브라질의 룰라 대통령이 2002년 기업인들을 진정시킬 목적으로 발표한 '브라질 국민에게 보내는 서신'에서 영감을 받은 것이었다. 사실 우말라는 노동자당과 룰라 측근의 자문을 받기도 했다.

한편 특권층인 세 후보는 선거 한 주 전까지도 힘을 결집시켜 한 사람만 6월 5일 결선투표에 나가게 하자는 합의에 도달하지 못했다. 이 계층의 표가 분산된 데에는 전통적인 APRA의 지도자인 가르시아에게 일정 정도 책임이 있다. 기술관료 이력의 경제학자인 메르세데스 아라오스(Mercedes Araoz) 후보는 선거전을 벌인 지 한 달쯤 되었을 때 실시된 사전 설문조사에서 2%를 넘지 못하는 상태였는데 그는 새로운 후보 등록 기한이 지나 사임했다. 게다가 선거 며칠 전에는 '민주주의의 대표자'에게 투표하자는 호소에 분열이 있음이 확인되었다. APRA 내에서도 자유로운 결정을 허용하는 분파가 있는가 하면 심지어 쿠친스키를 지지하도록 군인들을 소집한 분파도 있었다.

2. 자랑스러운 거시경제와 대조되는 빈곤 상황

1차 투표를 전후한 바로 그 주, 평소 언론과 별로 접촉하는 법이 없는 이스마엘 베나비데스(Ismael Benavides) 경제장관이 두 차례나 기자회견을 가지면서 기업인과 투자자를 진정시키고자 했다. 한 번은 외국 언론이었고 또 다른 한 번은 국내 언론이었다. 이는 주요 언론이 연일 이어진 리마 주식시장의 폭락 소식과 달러화에 대한 페루 화폐의 평가절하 소식을 며칠 동안 부각시키자 취한 조치였다.

페루는 국제사회로부터 '투자 적합 등급' 평가를 받았으며, 2010년 8% 이상의 GDP 증가율을 보였다. 공식 통계에 따르면, 페루는 12년간 지속적인 성장을 보이고 있었다. 또 페루는 세계경제 위기에 직면해 좋은 성과를 낸 국가에 속했다.

베나비데스 장관은 페루 경제는 튼튼할 뿐 아니라 어떤 자금에도 문제가 없다고 확고히 말했다. 그는 "우리는 1분기에 9% 이상의 성장을 거두었고 최근 1년간 2.7%의 인플레이션에 머물렀다. 그리고 우리는 페루중앙은행과 공조해 인플레이션을 관리하고 있다"라고 말했다. 또 2011년 3월 페루는 GDP의 6%에 해당하는 흑자를 거두었으며, 위기 상황에 대비한 57억 달러의 기금과 450억 달러의 순외환보유고를 페루 중앙은행에 마련해두었다고 했다. 외채는 GDP의 23%인데 이는 국가 예산의 12%를 차지한다고도 밝혔다.

이런 거시경제 지표들은 신자유주의모델의 완전한 적용, 외국자본에 대한 유연하고 우호적인 제안 — 외자 도입 규정의 수정이나 변경이 변칙적인 수준에 이르고 있다 — 그리고 광산물 가격 상승의 결과물이다. 그러나 이 지표들은 몇 가지 미시경제 자료, 특히 노동시장 부문의 데이터와 충돌하고 있다. 한편 34%의 인구가 빈곤 상황에 처해 있으며 그중 빈곤 아동이 약 170만 명이다. 이는 전체 아동인구의 49%에 해당하는 수치다. 2009년에는 만성 영양실조인 농촌지역 아동인구가 33%에 달했다.

경제학자 호세 로드리게스(Jose Rodriguez)와 미노루 이가(Minoru Higa)의 연구에 따르면, 페루는 비공식 노동력이 높은 비율을 보이는 국가에 속한다. 2008년 전국가계동향조사에 따르면, 비공식 노동력 비율이 70%를 상회하며 40~45%는 자가 고용노동력(자영업)이다. 비공식 노동력이란 납세자로 등록되지 않은 노동자를 의미하지만, 퇴직할 때 연금 제도의 수혜를 받지 못하는 사람 또는 노동권을 존중받지 못하는 사람도 포함된다.

로드리게스는 한 인터뷰에서 이러한 자가 고용노동력의 상당수는 생존 수준 또는 빈곤선 수준에서 생활하며, 대개 무임금 노동력, 즉 가족 노동력에 의지한다고 설명했다. 이 연구에 따르면, 페루에는 800만 개의 생산단위체가 있는데, 이 결과에 따르면, 75%의 페루 가정이 한 개의 생산단위체를 운영하고 있는 실정이다. 따라서 이 연구는 다음과 같이 지적하고 있다. "이들이 나중에 기업가가 될 것이라는 주장을 더 이상은 고집할 수 없다. 이는 어떤 생산단위체에는 유리한 일일 것이다. 소생산자들은 더 이상 스스로 존립할 수 없으므로 이들에게 사회적 구제정책이 제공되어야 한다. 이들은 생존을 위한 일이 무엇이 있을까 하는 기대로 벽을 할퀴어대고 있을 뿐이다."

3. 페루 정치에서 브라질의 중요성

우말라 캠프의 주요 자문위원인 발데미르 가레타(Valdemir Garreta)와 루이스 파브레(Luis Favre)는 브라질노동자당에서 물의를 일으킨 적이 있는 사람들이다. 가레타는 2005년 '멘살라웅(mensalão)'이라고 알려진 부패 스캔들에 연루되었다. 그리고 전 상파울루 시장 마르타 수플리시(Marta Suplicy)의 남편이었던 파브레는 아내의 선거전에서 몇 가지 과오를 저질렀다. 가장 큰 과오는 수플리시가 오랫동안 동성애자들의 인권을 위해 투쟁해온 상황에서 당시 야당 후보였고 현재 상파울루 시장인 질베르투 카삽(Gilberto Kassab)을 동성애자라고 비난했던 것이다. 또한 파브레는 자신의 사업에 아내의 지위를 남용했는데, 이 두 가지 이유로 노동자당으로부터 거부당했다.

그러나 노동자당과 우말라의 밀착을 둘러싸고 볼 때 더 흥미로운 점은 결선투표의 결과에 미칠 영향력 이상으로 차기 페루 정부에 브라질의 이해관계가 작용하리라는 점이다. 건설업자 카마르구 코레아(Camargo Correa)와 케이로스 엥젠아리아(Queiroz Engenharia)는 2011년 초 사전 설문조사에서 톨레도가 앞서가자 톨레도 캠프를 지원했다.

이미 많은 브라질 건설기업들이 가르시아 정부와 대규모 거래를 맺었으므로 이들은 APRA 행정부에서 받은 특권과 유연성이 지속될지 여부에 관심이 크다. 예를 들어 남미대륙 횡단도로(Carretera Transoceánica Sur) 건설에서 공사를 맡은 컨소시엄은 공개입찰에 부쳐야 할 마드레 데 디오스 주 교량의 완성공사 프로젝트를 페루 정부와 이미 체결한 계약에 포함되어 있어 이미 낙찰된 공사인 것처럼 조작했다. 페루 감사원은 횡단도로 건설에서의 결함들을 발견하고는 전문 엔지니어 조사를 위한 예산을 요청했지만 승인을 받지 못했다.

브라질과 페루는 에너지협력조약에 서명했는데, 페루 국민은 이 사실을 브라질 언론을 통해 알게 되었다. 조약에는 브라질에 에너지를 공급하기 위해 국경에 가장 인접한 이남바리 발전소를 포함해 여러 개의 수력발전소를 건설한다는 내용이 담겨 있다. 이 프로젝트는 특히 푸노 지역 사회단체들의 강한 반발로 인해 사회적 인가를 얻지 못한 상태이며, 에너지협력협정의 실행이 어떤 식으로 진행될지는 차기 대통령의 결정에 달려 있다. 일간지 ≪엘 파이스(El País)≫에 따르면, “브라질 정부는 그 밖에도 두 개의 대륙 횡단도로 건설에 많은 투자를 했는데, 하나는 이미 완공되었고 다른 하나는 공사 중이다. 이 도로들은 페루의 태평양 항구들을 거쳐 아시아 시장으로 도약하기 위한 것이다”. 우말라는 2006년 선거에서 패배한 뒤 룰라 전 대통령을 만나기 위해 거의 매년 브라질을 방문하고 있다. 브라질과의 이런 관계는 필연적인 경계심을 불러일으키고 있다.

4. 선거 결과 지도

2011년 대통령 선거에서 민족주의 후보인 우말라는 25개 주 중 16개 주에서 승리했고, 후지모리는 6개 주에서 승리했다. 쿠친스키 진영은 리마와 카야오 주에서 압승했다. 페루의 승리가 이긴 16개 주 가운데 몇 곳은 원주민공동체와 정부 간의 긴장, 원주민공동체 사이의 긴장, 정부와 채굴기업 간의 긴장으로 인해 가르시아 정부 시절 가장 소란스러운 사회 갈등이 벌어졌던 곳이다. 인류학자 하비에르 토레스(Javier Torres)에 따르면, 후지모리와 우말라에 대한 지지는 "더 강한 정부, 질서를 부과하는 혼합적 정부에 대한 요청의 표현이다. 그러나 변이형도 있다. 즉, 후지모리 게이코에게 투표한 사람 중에는 후견주의와 구호주의(사회적 지원)가 동반된 권위주의 질서를 기대하는 이들도 있다. 우말라에 대한 지지는 질서로의 회복에 배팅한 것으로, 이는 가르시아 정권하에서 경험한 것에 진절머리가 났기 때문이다".

토레스는 우말라에 대한 남부지역의 대규모 지지는 이전 대선의 경우와 매우 흡사하다고 보았다. 그러나 산악지방과 리마 엘리트층 간의 전통적인 대립이 존재하는 상황이므로 이 지역에서는 2006년부터 여러 가지 문제가 첨예화되었다. 우말라에 대한 이 지역의 지지가 높았던 것은 대개 원주민공동체와 채굴기업 및 공공기관이 대립하는 사안들에 대해 국가가 더욱 강력하게 개입해달라는 요청으로 해석된다.

토레스는 페루 사회의 갈등에 관해 지속적으로 연구한 전문가 입장에서 다음과 같이 말한다.

기업의 편에 서지 말라는 것이 남부지역의 주된 요청이다. 이는 최근 수년간 지속된 것으로 새삼스러운 일도 아니다. 가르시아의 지긋지긋한 담론을 간추려보면 된다. 그는 2006년 사회적·경제적 간극이 존재하므로 포용의 담론을 전개할 필요가 있다고 제시했다. 그러나 수자원을 그 지역에서 이용할 것을 주장하는 이들의 정당한 요청에 대해 역행함으로써, 그리고 지역민 이주를 강요함으로써 오늘날 산악지역 및 아마존 지역에 대한 차이를 더욱 심화시켜놓았다.

토레스는 이렇게 덧붙였다. "우말라는 카미세아 광구의 천연가스를 정치적 기치로 삼았다. '가스를 (멕시코나 칠레에 수출하는 대신) 페루인에게'라는 표어는 남부 전역에서 매우 효과적으로 작용했고, 반쿠친스키 장치로도 작용했다. 쿠스코는 이미 30년 전부터 가스가 자신들을 위해 사용되어야 한다고 생각해왔다."

아마조나스, 푸노, 쿠스코, 모케과, 아레키파 주는 우말라 지지층이 두터운 곳이자 천연자원으로 인한 분쟁이나 사회적 허가 없는 거대 개발프로젝트의 선언으로 인한 분쟁 때문에 거센 사회적 저항이 일어난 곳이기도 하다. 우말라는 광산업이 활발하지만 지역민들이 그 혜택을 입지 못하는 두 개의 주, 즉 아푸리막과 전국적으로 최빈곤 지역인 우안카벨리카에서도 승리를 거두었다.

한편 후지모리는 북부지역의 5개 주, 즉 툼베스, 피우라, 람바예케, 카하마르카, 라리베르타드에서 우세였다. 그러나 토레스는 후지모리가 승리한 북부지역에서도 우말라와의 "표차가 큰 것은 아니었다"라고 강조한다. 최대 표차는 툼베스의 8%였고, 최소 표차는 람바예케의 0.9%였다.

토레스에 따르면, 주요 금광 지역인 카하마르카의 경우는 독특하다.

이 지역은 "언제나 후지모리파의 비중이 더 컸다. 가령 세실리아 차콘(Cecilia Chacon)은 후지모리파의 주요 의원이면서 카하마르카 주 지방의회의 의원이다. 후지모리가 대통령이 된 후 후지모리는 카하마르카 주 남쪽 지역을 몇 차례 방문했고 그 덕에 후지모리의 추억이 강하게 존재하는 지역이 생긴 것이다".

1차 투표 이후 결선투표를 위한 동맹이 이루어졌고, 페루 포시블레당은 결선투표에서 우말라의 지지세력과 기권세력으로 양분되었다. 후지모리의 정적인 바르가스 요사는 "내키지는 않지만 두려움 때문에" 우말라에 대한 지지를 호소했다. 후지모리는 아버지의 정권이 페루 역사상 가장 훌륭했다고 확신하고 있었지만 무엇보다도 민주주의와 경제 노선, 반부패 투쟁을 사수하기 위해 쿠친스키가 제시한 협약에 서명했다. 이 협약을 통해 1차 투표의 후보였던 전 경제장관은 수감 중인 대통령의 딸을 전적으로 지지한다는 신호를 보냈다.

주간지 ≪크레타스(Cretas)≫는 APRA당에 대해 우호적인 노선이었음에도 — ≪크레타스≫는 후지모리가 대통령으로 재임하던 시절 의회에서 후지모리파의 동맹세력이었다 — 1차 투표가 이루어진 다음 주에 표지제목을 후지모리의 주요 모토인 "여기까지, 더 이상은 그만"으로 뽑았다. 페루에서 가장 세력이 큰 그룹이자 청취율이 가장 높은 뉴스방송사를 소유하고 있는 라디오방송 그룹 라디오프로그라마스(Radioprogramas)는 후지모리를 지지한다고 밝혔다. 일간지 ≪엘 코메르시오≫는 1차 투표에서 반우말라 캠페인을 벌였으며, 선거 이후에는 매일같이 우말라 집권 후의 불확실성을 언급하면서 경제지표의 불안정 또는 하락을 부각시키고 있다. 후지모리에 대한 지지가 부분적이기는 하지만, 이 일간지의 주주이자 편집장은 2000년 후지모리의 공천을 받아 의원 후보로 나온 적도 있다.

2011년 선거에서 우말라는 2006년보다 1% 더 높은 지지를 받았다. 우말라가 결선투표 후보자가 된 것은 가르시아와의 선거에서 패한 이후 생겨난 일종의 우말라주의의 부활을 암시한다. 당시에는 이른바 페루민족당(PNP)과 페루를 위한 동맹(UP) 사이의 연합을 통해 의회에 진출한 의원 중 연정 의석을 포기하고 탈당을 한 사람도 여러 명 있었다. 2006~2011년 사이에는 페루민족당과 페루를 위한 동맹 간에 연합 차원의 중요한 참여도 굳건한 참여도 없었다. 비판적 사안이 생길 때 몇 차례 예외적으로 연대했을 뿐이다. 가령 2009년 6월 발발한 아마존 지역 파업사태의 원인이자 북부 셀바 지역인 아마조나스 주 바구아에서 일어난 시위대와 경찰의 대치로 인한 비극의 원인이기도 했던 법령에 대해 폐지를 논의하자고 압력을 행사한 경우를 들 수 있다.

우말라의 후보 추대를 위한 주요 기부자 3명은 선거대책위원장인 살로몬 레르네르 기티스(Salomon Lerner Ghitis) — 리마의 유대인 이민자지구에 속한 기업가로, 2000년 톨레도 캠프의 중심인물이기도 했다 —, 아마존 출신 건설업자인 호세 리카르도 셀리스(Jose Ricardo Celis), 페르민 모랄레스 마타(Fermin Morales Mata)였다. 모랄레스의 회사는 근년에 국가와 공사 계약을 맺은 적이 있으며, 모랄레스는 로레토 주 민족당 국회의원인 빅토르 이슬라(Victor Isla)의 친구다.

페루의 승리 측의 국회의원 후보자들도 선거전에 크게 기부를 했다. 가령 전직 배구선수 세나이다 우리베(Zenaida Uribe)는 약 3만 1,000달러를 기부했고, 재선의원 다니엘 아부가타스 마흘루프(Daniel Abugattas Majluf)의 측근은 총 3만 6,835달러를 기부했다. 아부가타스는 의원이 되기 전 섬유회사의 경영인이었다. 섬유회사의 중역과 고문을 역임했고, 그 후 2006~2011년 의회에서는 몇 차례 회기에서 페루민족당의 대변인을 역임했다.

2009년 승인된 법에 따라 새로운 의회는 현재보다 10석이 많은 130석으로 구성된다. 따라서 페루의 승리는 47석을, 후지모리가 이끄는 2011년 힘은 37석을 갖게 된다. 페루의 승리의 의원으로는 전직 좌파 의원인 디에스 칸세코도 선출되었는데 이는 이례적인 일이다. 2011년 7월 28일로 끝나는 의회 의석에는 좌파 성향의 정치인이 한 명도 없기 때문이다. 사회학자인 시네시오 로페스(Sinesio Lopez) 교수에 따르면, 우말라 진영 출마 의원 중에서 디에스 칸세코는 브라질 쪽 선거자문위원들이 추천한 후보였다. 실제로 2010년 11월 리마에서 상파울루 포럼이 개최되었는데 디에스 칸세코는 이 라틴아메리카 좌파조직들의 핵심 회합의 수석 간사였다.

이런 맥락에서 차기 정부가 어떤 결과를 낳을지는 미지수다. 부패와 권위주의가 동반된 페루의 정치 분열이 심화될 수도 있고, 지금까지 경험하지 못한 새로운 재편성이 이루어질 수도 있을 것이다.

제10장

우말라의 정치 딜레마와 방향 선회

오스카르 무리요 라미레스 _조영실 옮김

오얀타 우말라는 2011년 7월 치러진 게이코 후지모리와의 선거전에서 압도적인 승리를 거둔 후 알베르토 후지모리 정부하에 만들어져 1993년부터 적용되어온 현행 헌법을 거부하고 1979년 헌법에 따라 페루 대통령 취임 서약을 했다. 우말라는 고도의 경제성장과 사회적 포용정책을 결합시키고, 점증하는 사회적·환경적 갈등 상황에서 개발에 대한 존중과 자연에 대한 존중 이 두 가지를 조화시키겠다고 약속했다. 이러한 약속은 초기 몇 개월 동안은 긍정적인 결과를 보였지만 대통령 집권에 대한 지지도가 하락하는 추세임을 설문조사들을 통해 알 수 있다. 선거전 기간에 우말라를 지지했던 좌파세력은 그에게서 멀어졌으며 현 정부가 질서와 투자에 특권을 부여하는 보수적인 체제로 선회하고 있다고 비난하고 있다.

오스카르 무리요 라미레스 Oscar Murillo Ramirez 콜롬비아 국립대학교의 역사학자이자 에콰도르에 있는 라틴아메리카 사회과학대학의 정치학 석사 과정에 있다.

* 이 글은 ≪누에바 소시에다드≫ 280호(2012)에 실린 글을 옮긴 것이다.

2011년 11월 24일 페루 북동부 지방 카하마르카에서는 미나스 콩가(Minas Conga) 프로젝트의 추진을 반대하는 시위가 무기한으로 시작되었다. 이 프로젝트는 미국계 다국적 기업인 뉴몬트(Newmont)의 페루 계열사인 야나코차(Yanacocha)가 맡고 있다. 이 광산개발 프로젝트는 가르시아 정부(2006~2011) 때 승인되었다. 2010년 예측에 따르면, 이 프로젝트는 적어도 19억 달러의 투자를 의미하며, 이는 금 1,180만 온스, 구리 32억 파운드에 해당하는 매장량이다. 야나코차에 따르면, 프로젝트의 결과 카하마르카 지역은 11억 5,000만 달러의 로열티를 받게 될 것이다.

우말라 정부는 광산개발에 대한 사회적 약속, 원주민 단체와의 합의, 지역사회를 위한 발전 창출 — 특히 일자리 창출 — , '금과 물'의 공존을 가능하게 하는 천연자원 보호 등을 전제로 이 프로젝트를 옹호한다. 한편 카하마르카의 사회단체들, 예를 들면 환경보호전선(Frente de Defensa Ambiental)과 같은 단체는 높은 환경적 비용을 들어 콩가 프로젝트를 문제 삼는다. 이 단체의 리더인 윌프레도 사아베드라(Wilfredo Saavedra)는 "이 개발로 인해 지하수면이 파괴될 텐데 이는 돌이킬 수 없는 문제다. 그렇게 되면 어디서 물을 길어 올리겠는가? 지하수면이 파괴되면 6개의 늪지가 파괴될 터다. 네 곳은 병균을 감염시키고, 두 곳은 19년 동안 쓰레기장이 될 것이다"라고 주장한다.

페루의 경제성장은 광산개발에 기반을 둔 채굴경제 모델에 기초하고 있다. 그리고 전체 개발의 60%는 광산 부문에서 나온다. 금은 2012년 1분기에 가장 주된 채굴 품목이었다. 페루는 세계 6위의 금 생산국으로, 금 가격 인상에 유리한 세계 상황에 기대고 있는 실정이다. 게다가 채굴되는 금의 37.5%는 카하마르카에서 나온다. 이로 인해 이 지역은 모케과와 더불어 페루 광산업의 주요 축이었다. 또한 페루에서 이루어지는 투자의 80%는 외국인 민영자본에 해당한다.

이 갈등은 쉽게 해결될 수 있는 문제가 아니다. 우말라는 선거전에서 약속한 사회적 포용을 구체화하고 이를 가능하게 할 경제성장을 지속한다는 목표에 도전하고 있다. 딜레마는 우말라의 지지 지역이 최근 몇 년간 이룬 성장의 물적 기초와 맞서고 있다는 점이다. 우말라의 정치적 힘의 원천은 갈등이 가장 큰 지역들, 특히 산악지역들과 아마존 지역에 있다. 아마존은 지난 선거들에서 논쟁의 여지가 없는 우말라의 승리 지역이었다. 변화를 약속한 주민들이 우말라 앞에 놓여 있다. 페루는 빈곤선 이하의 국민이 30%이며 그중 70%는 사회 갈등 지역에 거주하는 농촌 주민이다. 그러나 대규모 광산개발의 영향을 받는 지역 주민들은 '금'과 '물'을 예외적인 선택으로 보고 있다.

우말라는 자신의 지지자들에게서 받는 압박 외에 어떤 사회 갈등에 대해서든 분개하며 강경대응을 부르짖는 야당세력, 우말라 정권에 대해 63%는 지지하지만 사회 갈등에 굴하는 조치는 문제 삼는 기업가연합, 그리고 어느 순간이라도 깨어질 수 있는 집권 정부의 연정 방식을 통한 균형 등의 문제에도 당면해 있다.

이러한 상황 외에 최근 아푸리막-에네 강 계곡에서 센데로 루미노소의 습격을 받은 일도 있었다. 이들은 2012년 4월 36명의 석유채굴 노동자를 인질로 잡고 우말라 정부를 위협했다. 또한 치안병력을 공격해 경찰과 군에서 여러 명의 사망자가 발생하기도 했다.

대선 후보였던 후지모리는 카하마르카의 저항은 권위 부재의 징후이자 우말라가 대선 선거전에서 약속한 급진적인 공약의 결과라고 지적했다. 우말라의 정부 관료들 사이에서도 문제가 제기되었다. 가령 당시 환경부 장관이던 리카르도 지에세케(Ricardo Giesecke)는 해당 지역의 환경파괴는 돌이킬 수 없는 것이라는 의견을 제기했고, 환경부 차관 호세 에차베(José Echeve)는 항의시위를 막을 만한 실질적 전략이 존재하지 않는다며 사임하기도 했다. 국민권익위원회(Defensoría del Pueblo)에 따르면, 2011년 8월부터 2012년 4월 사이에 사회적 갈등 사태로 인해 사망한 사람의 수는 14명이었다.

한편 여권의 좌파 국회의원 디에스 칸세코와 로사 마빌라(Rosa Mavila)는 페루의 승리 대표직을 떠나며 대통령에게 보낸 사직서에서 "스스로 한 말과 국민들에게 한 약속을 어겼다"라며 우말라를 비난했다. 이 의원들은 "선거에서 패배한 세력이 우말라와 연정을 구성하는 과정에서 자신들의 권위주의적인 기준과 거대 경제세력에 대해 종속되는 기준을 강제하는 모습으로 변질되면서 국가와 국민에게 한 약속을 어기고 있다"라고 주장했다.

1. 정부의 강경대응과 응집력 없는 사회운동세력

이러한 비판이 일어나는 가운데 우말라는 퇴역장군 윌베르 카예(Wilber Calle)를 내무장관으로 임명했다. 카예와 현 총리인 오스카르 발데스 단콰르트(Oscar Valdés Dancuart) 퇴역중령은 2011년 12월 사회적 저항으로 인해 50% 가까이 교체된 내각에 남게 된 유일한 군인이다. 이러한 변화는 일간지 ≪라 프리메라(La Primera)≫의 1면에 다음과 같은 제목으로 표현되었다. "내각이 우경화하다. 질서와 투자."

대통령 자신도 군 출신인데다 우말라는 2005년 안다우아일라스 경찰서 습격으로 현재 수감된 동생 안타우로와 함께 일명 종족민족주의운동에 연루되어 있었다. 그러나 최근 몇 년간 우말라는 차베스와 가깝다거나 반칠레적·급진적 민족주의자라는 이미지를 버리고 브라질 노동자당과 관계가 긴밀한 법학자들의 자문을 토대로 '룰라주의자'라는 이미지로 선회했다.

2011년 12월 1일 우말라 정부는 콩가 프로젝트를 일시적으로 중단했다. 그러나 중단 조치로 인해 원주민공동체들과의 합의가 용이해진 것도 아니었다. 정부의 결론은 2011년 12월 6일부터 60일간 비상상황을 선포하는 것이었다. 이 조치로 인해 정부의 공식입장은 재확인했지만 합의를 도출할 가능성은 상실되었다.

항의시위에 대한 정치적 대응에는 시위대에 대한 무력 탄압도 포함되어 있었다. 이는 페루 포시블레당 의원들로 하여금 우말라 지지에 대해 회의적인 생각을 갖게 했다. 페루 포시블레당은 톨레도 전 대통령의 당으로, 우말라 행정부의 중요한 동맹세력이다. 때를 같이해서 카하마르카의 시위가 있은 직후인 12월 10일 레르네르 기티스가 국무총리직을 사임했는데, 이는 갈등 위기가 시작될 때부터 예견된 일이었다.

이러한 사회 갈등에는 여러 상이한 주체가 포함되어 있다. 2011년 12월 29일에는 콩가 프로젝트로 이익을 얻는 지역 기업가들은 이 문제에 대한 해결책을 요구하기 위해 주정부 청사까지 기계를 동원한 시위를 벌였다. 나흘 후에는 카하마르카 주지사인 그레고리오 산토스(Gregorio Santos)가 지휘하는 반광산개발 항의시위가 재개되었다. 산토스는 콩가 프로젝트가 실현 불가능하다고 선언한 법령을 포함해 중앙정부와의 격렬한 분쟁에 얽혀 있다. 전직 페루주교회의 의장인 루이스 봄바렌(Luis Bombarén) 주교는 두세 명의 선동가로 인해 카하마르카의 발전 가능성이 사라지는 것은 아니라고 말했다. 이는 '토지와 자유'운동의 리더인 산토스와 마르코 아라나(Marco Arana)를 직접적으로 언급한 것이다.

우말라 정부는 2011년 12월 27일 카하마르카 주의 여러 당국자와 함께 콩가 프로젝트에 대한 국제 전문가 감정을 실시하기로 합의했다.

그리고 2012년 4월 17일 감정 보고서가 발표되었다. 보고서는 프로젝트의 실현 가능성에 대한 기술적 보고일 뿐 결정은 아니라는 전제하에 몇 가지 권고사항을 제시했다. 프로젝트를 실행하는 과정에서 감시국과 동반위원회를 구성할 것, 아술과 치카의 늪지를 보호할 것, 카하마르카주 광산기업들의 재원으로 지역 대학들에 광산수문학과 환경수문학 과목을 개설할 것 등이었다.

이 보고서가 발표된 이후 우말라 대통령은 국회의원 대표들과 만나 자신의 통치방식이 승리할 수 있도록 지지해줄 것을 요청했다. 게다가 콩가 프로젝트에 대한 전문가 감정 보고서를 언급하는 메시지를 전국에 내보냈다. 이 메시지에서 우말라는 빈곤 감소를 위한 기회가 동반되는 성장을 추진할 것, 집단의 이익을 우선시하는 법치국가의 틀에 따라 어떠한 기업의 오만도 용인하지 않고 상호이해의 채널을 열 것 등을 약속했다. 또한 수자원에 대한 접근성이 국가정책이라는 주장을 되풀이하면서 2016년에 농촌지역은 60%, 도시지역은 95%의 물 인프라를 달성하겠다는 목표를 제시했다.

우말라가 성명을 발표하기 하루 전날 반콩가프로젝트전선(Frente Anti-Conga) 내부에 세력의 분열이 존재한다는 사실이 언론을 통해 알려졌다. 분열의 한쪽에는 한때 투팍아마루혁명운동(MRTA: Movimiento Revolucionario Túpac Amaru)의 당원이자 환경보호전선 — 종종 급진주의라는 비판을 받는 — 의 리더인 사아베드라가 이끄는 세력이 있고, 다른 한쪽에는 앞에서 언급한 산토스와 아라나가 이끄는 세력이 있다. 산토스와 아라나에 반대하는 세력은 두 사람의 활동이 2016년 대선에 대한 관심에서 비롯되었다고 비난한다.

지방정부와 중앙정부 사이의 논쟁이 지속되고 있기 때문에 아직은 갈등의 성격을 제대로 규명할 수 없다. 2012년 4월 17일 헌법재판소는 카하마르카 주지사가 발표한 반콩가 법령이 헌법에 위배된다고 판결했다. 주지사는 자신의 반대가 정치적인 성격을 띠고 있음을 인정했다. 그리고 단콰르트 국무총리는 카하마르카에는 수자원이 충분하긴 하지만 그 접근성은 보장되어 있지 않다고 주장했다.

현재로서 알 수 있는 것은 내부 분열로 인해 지역적 차원에서의 반광산개발 사회운동의 조직력이 약해졌다는 점이다. 이 운동은 전국적인 차원에서는 거의 성과를 거두지 못했고, 따라서 요구사항을 실현하는 데 제약을 받고 있다. 최근 몇 개월의 소모전은 우말라 정부에 유리하게 작용한 듯하며, 중앙정부는 콩가 프로젝트를 재개할 가능성을 계획해두고 있다. 그러나 사실 광산개발모델의 한계는 분명해졌고, 숙원사업인 사회적 포용이 구체화될 수 있을지는 아직 더 두고 봐야 한다. 이에 덧붙여 카하마르카의 단체들도 문제를 제기하고 있는데, 이 단체들은 일자리 창출이 예측대로 이루어지지 못하리라는 추측을 내놓고 있다. 방정식은 매우 간단하다. 자본집약적인 경제 부문은 대규모 일자리 창출 부문이 아니라는 사실이다.

2. 높은 성장과 낮은 사회적 포용이라는 우말라의 과제

대선 결선투표가 끝나기 전 페루는 항의시위의 확산으로 인해 사회적 긴장의 시기를 보냈다. 남부지역인 푸노에서는 2011년 4월 남부천연자원수호전선(Frente de Defensa de los Recursos Naturales de la Zona Sur)에 모여든 농민공동체들의 시위가 시작되었다. 이들은 푸노를 광산개발 예외 지역으로 선언해줄 것을 요구했다.

광산개발 지역에서 발생한 사회적 긴장은 정치 시스템의 합법성 결

〈표 10-1〉 페루의 GDP 변동률

(단위: %)

2000	2001	2002	2003	2004	2005	2006	2007	2008	2009	2010
3.0	0.2	5.0	4.0	5.0	6.8	7.7	8.9	9.8	0.9	8.8

자료: Cepalstat, www.eclac.com/estadisticas의 자료 정리.

여, 공고한 정당 시스템의 부재, 정치주체 및 국가의 취약성 등과 같은 일련의 요인과 더불어 최근 몇 년간 페루가 겪은 사회 갈등의 중심이었다. 의심할 바 없이 경제성장과 사회발전 사이의 연계가 취약한 것은 사회적 동원이 증가하는 주요 요인 가운데 하나다. 최근 10년의 경제모델은 한편으로는 <표 10-1>에서 볼 수 있듯이 2002년부터 지속적인 성장을 거두었다.

그러나 이러한 성장모델에는 근래 두 차례 대선(2006년과 2011년)의 지속적인 주제이기도 한 더 높은 수준의 재분배 달성이 빠져 있다. 2001년부터 2010년 사이에 빈곤지표는 23.5% 감소한 반면 산악지방과 셀바 지방에는 빈곤지수 이하의 인구 비율이 훨씬 높게 집중되어 있는데, 이는 대체로 전국 평균 수치보다 높다. 2001년에는 전국적 차원에서 빈곤 상태 및 극빈 상태의 인구가 54.8%였는데 산악지역은 이 비율이 72%였다. 한편 2010년에는 전국의 수치가 31.3%였는데 산악지역은 49.1%에 달했다. 이러한 상황이 내포하는 역설은 최대빈곤지표가 집중된 페루 산악지역이 광산개발 지역이라는 것인데, 이 지역들은 개발 로열티를 받고 있다.

동시에 실업률의 낮은 감소는 높은 경제성장과 정체된 사회 포용 사이의 엇갈림을 이해하는 데 실마리를 준다. 이는 페루 정부가 경제성장에 주의를 기울인 것에 비해 정치적·제도적 구조 발전에는 별로 주의를 기울이지 않았다는 증거이기도 하다. 낮은 발전지표와 높은 성장률

〈표 10-2〉 페루의 자연지리에 따른 빈곤 상태 인구

(단위: %)

	2001	2002	2003	2004	2005	2006	2007	2008	2009	2010
해안지역	39.3	40.7	37.9	35.1	34.2	28.7	22.6	21.3	19.1	17.7
산악지역	72.0	69.9	68.8	64.7	65.6	63.4	60.1	56.2	53.4	49.1
셀바 지역	68.7	65.6	64.1	57.7	60.3	56.6	48.4	40.9	46.0	37.3

자료: 페루국립통계청(INEI)의 2001~2010년 전국가계동향조사 자료 정리.

〈표 10-3〉 페루의 빈곤인구 및 극빈인구 변동

(단위: %)

2000	2001	2002	2003	2004	2005	2006	2007	2008	2009	2010
자료 없음	54.8	자료 없음	54.7	48.6	48.7	44.5	39.3	36.2	34.8	31.3

자료: Cepalstat, www.eclac.com/estadisticas의 자료 정리.

〈표 10-4〉 페루의 실업률 변동

(단위: %)

2000	2001	2002	2003	2004	2005	2006	2007	2008	2009	2010
8.5	9.3	9.4	9.4	9.4	9.6	8.5	8.4	8.4	8.4	8.0

자료: Cepalstat, www.eclac.com/estadisticas의 자료 정리.

사이의 간극에 대한 책임은 정부 차원과 기업 차원이 서로 다른 듯하다. 예를 들어 광산개발회사들이 실행하는 직접사회투자는 임의적이고 거의 규칙성이 없다. 전국 범위이든 지역 범위이든 간에 정부는 조정, 징수, 감독의 역할을 포기해온 듯하다. 이런 이유로 광산개발의 생산적인 자원이 최근 들어 증가하고 있음에도 이것이 지방정부의 집행력 증가로 나타나지 못했던 것이다. 가장 극적인 예로 푸노와 타크나로 두 지방은 2011년 할당된 예산의 30%도 집행하지 못했다.

3. 우말라 정부와 여론

일반적으로 말하면 우말라 정부는 매우 불안정한 여론 지지율에 의존해왔으며 그나마 지지율이 감소하는 추세다. 입소스 아포요와 데이텀(Datum)의 조사를 보면 우말라 집권이 시작된 날부터 2012년 6월까지의 지지도 추이를 알 수 있다. 2011년 8월 입소스 아포요가 실시한 조사에 따르면, 조사대상자의 56%는 내각구성을 지지했고, 55%는 5년 안에 페루가 좋아질 것이라 믿었다. 사회적 포용을 위해 제시된 정책은 우호적으로 받아들여졌고 이는 우말라의 2011년 대선 승리를 가능하게 한 선거공약과 일치했다. <그림 10-1>은 입소스 아포요와 데이텀이 2011년 8월부터 2012년 6월에 걸쳐 조사한 우말라 지지도를 보여주고 있다.

2011년 8월에서 11월 사이에는 대통령 지지도가 50% 이상으로 유지되었다. 부통령 보좌관인 오마르 세아데(Omar Chehade)의 불법적인 지위남용 스캔들과 광산지역 충돌의 증대 같은 몇 차례의 중요한 위기가 있었지만 57%의 여론은 '금과 물'이라는 정부의 슬로건에 우호적이었다. '금과 물'이란 광산개발에 집중된 경제성장과 사회적 분배라는 두 가지 목표의 양립 가능성을 모색하는 슬로건이다. 그러나 라칸테라 교도소 확충 거부에서 비롯된 카네테의 무력시위 같은 사회적 갈등의 격화, 콩가 프로젝트 및 이 프로젝트에 대한 우말라 정부의 관리방식에 저항하는 카하마르카의 시위 등은 대통령의 이미지에 크게 영향을 주었다. 입소스 아포요의 2011년 12월 설문조사를 보면 5명당 1명이 카하마르카에 대한 비상사태 선언에 반대하고 있으며, 시위대의 요구사항에 귀를 기울일 필요가 있다고 생각한다.

앞에서 지적한 것처럼 카하마르카의 갈등 직후 우말라는 개각을 결정했고 단콰르트를 국무총리로 임명했다. 여론은 이 변화를 우호적으로

〈그림 10-1〉 우말라 정부의 지지율 추이

(단위: %)

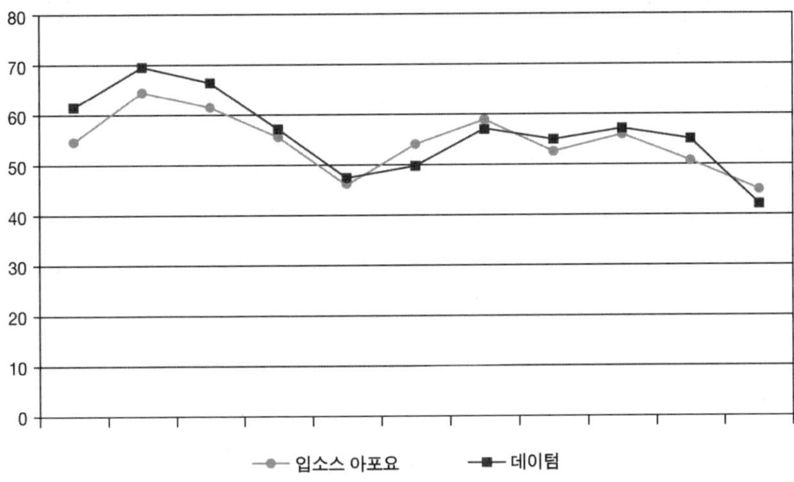

자료: 여론조사기관 입소스 아포요와 데이텀의 자료 정리.

받아들였다. 그러나 집권 초 몇 달 동안 60% 이상이던 대통령 지지도가 다시 회복되지는 않았다. 2월에는 센데로 루미노소의 1990년대 집행부 가운데 남아 있는 마지막 멤버인 플로린도 플로레스(Florindo Flores), 일명 아르테미오(Artemio)가 체포되었다. 이 사건으로 우말라에 대한 지지도가 다시 상승했다(입소스 아포요 추산 59%, 데이텀 추산 58%). 그러나 지지율은 3월에 다시 감소했다가 4월에 약간 회복되었으며, 5월에는 아푸리막-에네 강 계곡에서 정부가 진행한 이른바 반테러리스트 투쟁의 결과로 지지율이 다시 낮아졌다(입소스 아포요 추산 49%). 2012년 6월에 입소스 아포요가 조사한 대통령 지지도는 최저치인 45%로 낮아졌으며 데이텀의 조사에서도 43%로 나타났다. 우말라를 지지하지 않는 사람들 중에는 탄압을 문제 삼는 이들과 반대로 사회적 소요 사태에 대해 강경대응할 것을 주장하는 이들이 섞여 있다.

이에 덧붙여 말하자면, 우말라는 세력 균형을 이룬 국회에 의존하고 있다. 우말라의 대선 후보등록을 위해 만들어진 연합인 페루의 승리당과 경우에 따라 우말라 정부와 거리를 두기도 하는 톨레도의 페루 포시블레당의 의석을 합쳐 68석으로 구성된 매우 불안정한 연합이 우말라의 기반이다. 야당은 62개의 의석을 차지하고 있는데, 루이스 카스타녜다의 국민연대, 쿠친스키의 대변화를 위한 동맹(Alianza por el Gran Gambio), 후지모리 추종세력인 2011년 힘, 과거 36석을 차지했다가 이제는 4석으로 세력이 약해진 APRA로 구성되어 있다.

4. 광산개발 갈등에 대한 전망

근년의 페루 광산개발 갈등은 세 가지 유형으로 분류될 수 있다. 첫째, 주민들이 광산개발과 그 결과에 반대하는 경우, 둘째, 원주민공동체가 광산개발회사들과 협상 메커니즘 개선을 모색하는 경우, 셋째, 광산개발권을 개별 지역에 양도하는 문제를 놓고 갈등이 일어나는 경우다. 하나 더 추가하자면 광산개발과 관련해 우말라 정부하에서 생겨난 새로운 사회 갈등을 덧붙일 수 있겠다. 이 갈등은 불법 광산개발에 대한 통제 강화로 매우 격렬해졌고, 불법 개발로 이득을 보는 주민들의 결집을 유발했다.

여기서는 2007년부터 광산개발로 인한 사회 갈등이 이전보다 배로 늘어난 것에 주목할 필요가 있다. 역설적이게도 사회 갈등의 증가는 광산 지역의 개발권 수익이 상당히 늘어난 시기와 때를 같이한다. 개발권 수익은 2006년과 2007년 사이에 거의 3배로 늘었다.

2011년 10월부터 12월 사이에는 사회적·환경적 문제로 인한 갈등이 수자원에 집중되었다. 이로 인해 앙카시, 카하마르카, 아푸리막 같은 여러 지역에서는 주요 시민사회 세력의 결집이 이루어졌다. 다른 지역에도 사회적·환경적 갈등이 일어났는데, 특히 가스관 구축을 둘러싸고 갈등이 일어난 아야쿠초의 경우는 매우 특수한 사례였다.

국민권익위원회의 보고서 자료에 따르면, 가르시아 정권이던 2011년 3월부터 우말라 집권 10개월째인 2012년 5월 사이에 발생한 사회 갈등 건수는 매달 평균 226건이었다. 특히 최근 1년 동안 사회 갈등 정도는 높은 수치를 보였다. 몇 개월 동안 감소하는 추세를 보였지만 이 감소지역에서도 갈등이 다시 극심하게 되살아났다. 그리고 2011년 11월부터는 사회 갈등이 지속적인 증가 추세를 보이고 있는데, 이는 재분배, 기회가 따르는 성장을 통치 담론으로 하는 정부에서 기대되는 것과는 거리가 먼 결과이다. 특히 2012년 5월에는 그 전해까지는 갈등이 없던 새로운 지역에서 갈등이 5건이나 발생했다. 가장 갈등이 심한 지방은 앙카시(28건), 푸노(22건), 카하마르카(16건), 쿠스코(15건), 리마(15건)다. 2012년 5월 기준 지속되고 있는 245건의 사회 갈등 중 60.8%에 해당하는 149건은 사회적·환경적 문제에서 비롯되었다.

이처럼 우말라 정부는 시위 중인 페루, 대체로 광산개발과 관련된 사회 갈등이 극심한 페루를 물려받은 것이다. 사실 페루는 광산업 덕분에 우리가 확인한 정도의 성장을 거둘 수 있었다. 앞에서 제기한 대로 이러한 갈등의 해결책을 찾기란 용이하지 않다. 광산업이 페루 경제의 주요 부문인 이유도 있지만, 사회 갈등이 일어나는 부문이 우말라가 지난 선거들에서 가장 좋은 성과를 낸 산업이기 때문이기도 하다. 또 광산개발에 집중된 갈등은 대부분 이전 정부들에서 비롯된 것이기 때문이기도 하다.

5. 우말라 정부에 대한 전망

새로운 정부의 집권일이던 7월 28일, 우말라는 선거전에서 약속한 바 있는 최저생계임금 인상을 알렸다. 2012년 5월 1일 최저임금 2차 인상이 추인되어 예상대로 750누에보솔(282달러)이 되었다. 이러한 조치에도 불구하고 대통령 지지도는 나아지지 않았다. 오히려 우말라 행정부에 대한 여론의 지지도가 감소했을 뿐 아니라 정치적 의제가 새로운 사회개혁의 전망에서 반테러리즘 투쟁으로 바뀌어버린 듯하다. 입소스 아포요가 실시한 설문조사에 따르면, 정부가 달성해야 할 주요 목표 가운데 하나로 반테러리즘 투쟁이 꼽힌다.

아르테미오 체포 이후 지지도가 상승되긴 했지만, 2012년 4월 센데로 루미노소에 의해 벌어진 납치사건으로 지지율이 감소했으며 국가기관에 대한 불신이 되살아났다. 설문조사에 따르면, 81%는 군과 경찰이 무력사태를 진압할 준비가 안 되어 있다고 보았고, 41%는 군과 경찰 내부의 부패에 중심 전략을 두어야 한다고 보았다. 납치사건과 관련된 일을 처리하는 방식이 문제가 되어 국방장관과 내무장관이 사임했고, 콩가 프로젝트로 인해 카하마르카에 시위가 벌어지자 국무총리와 여러 장관이 사임하는 등 위기의 순간마다 장관이 계속해서 교체되고 있다. 이는 정부가 전략적 관점을 수립하기보다 임시방편적인 조치를 더 앞세우고 있음을 의미한다.

우말라 정부의 목표는 지속 성장을 유지하고 더 높은 수준의 사회 포용을 달성하는 것이다. 이러한 목표를 달성하기 위해서는 중앙정부 차원에서나 지방정부 차원에서나 중요한 구조적 문제의 극복이 선결되어야 한다. 정치 시스템은 아직도 민주주의를 회복 중이고 더 높은 수준의 사회 포용을 모색하려는 사회적 시위는 증가하고 있는 것이 현재 처한 상황이다. 아직 최종 판단을 하기에는 이르지만 상황이 간단하지만은 않다.

제11장

신자유주의 페루의 사회적·환경적 갈등

역사적·정치적 측면에서 살펴본 구조적 문제

호르헤 루이스 두아레스 멘도사 _조영실 옮김

이 글은 오늘날 페루에서 벌어지고 있는 사회적·환경적 갈등의 몇 가지 양상에 대해 역사적·정치적 측면에서 구조적 해석을 내리려는 의도를 갖고 있다. 이를 위해 호르헤 루이스 두아레스는 사회적·환경적 갈등을 더욱 광범위한 현상, 즉 2006~2011년에 걸쳐 집권한 APRA 제2기 정부의 신자유주의 담론과 결부시켜 다루고 있다. 저자는 바구아 지역의 갈등이라는 구체적인 사안을 대립성(antagonismo)이라는 개념을 통해 고찰함으로써 사회환경운동의 구조적 패턴이 무엇인지 살펴보고 있다. 이 고찰을 통해 그는 사회적·환경적 갈등은 신자유주의 담론의 '외부'로 여겨질 수 없다고 주장한다. 사회적·환경적 갈등은 신자유주의 담론이 페루 사회질서를 구조화하는 고유한 방식에 호응해 발생한 결과물이기 때문이다. 그런 의미에서 사회적·환경적 갈등은 신자유주의가 페루의 일련의 역사적 문제들을 해결할 수 있는 것이 아님을 확인시킴으로써 신자유주의 담론이 갖고 있는 한계를 증명하는 기능을 한다.

호르헤 루이스 두아레스 멘도사 Jorge Luis Duárez Mendoza 페루의 산마르코스 국립대학의 사회학자이다. 이 글은 멕시코에 있는 라틴아메리카사회과학대학에서 집필 중인 석사논문에 바탕을 두고 있다.

* 이 글은 ≪OSAL(Observatorio Social de América Latina)≫ 32호(2012)에 실린 글을 옮긴 것이다.

1. 서론

사회적·환경적 갈등은 이제 라틴아메리카에서 주된 정치적 도전이 되었다. 이 갈등은 환경 및 환경자원(물, 광물, 가스, 석유 등)의 사용과 접근성 때문에 벌어진다. 특히 광물 부문의 경우에는 새로운 지역들로 점점 확장되면서 천연자원의 사용과 관리권을 놓고 국가와 기업, 지역 주민 사이에 일련의 분쟁이 유발되어왔다. 아르헨티나와 칠레의 빙하지역을 포함하고 있는 파스쿠아 라마 광산 프로젝트, 에콰도르 정부와 원주민운동 사이에 긴장을 초래한 광산업 및 수자원 특별법, 산루이스 포토시 주의 성지인 위리쿠타를 광산지역으로 개발하려는 멕시코 연방 정부의 시도 등은 이러한 분쟁의 몇 가지 예에 불과하다. 이러한 현상의 배경에는 라틴아메리카가 10여 년 전부터 전 세계 광산 투자자본을 끌어들이는 주요 지역이었다는 사실이 자리 잡고 있다(De Echave, 2011).

페루도 이러한 분쟁의 예외는 아니었다. 광산개발과 그로 인한 결과는 오늘날 벌어지고 있는 대부분의 사회적·환경적 갈등의 중심이 되고 있다. 따라서 우말라 정부가 집권한 지 채 1년도 안 된 시점에서 직면한 주된 사회 갈등이 광산업 분야에서 일어난 사회적·환경적 갈등이라는 사실은 새삼스럽게 관심을 끄는 일도 아니다. 북동부지방인 카하마르카에서는 뉴몬트 사가 콩가 프로젝트를 시행하고자 도모하고 있다. 이 프로젝트는 콩가 분지의 수원지에서 금과 구리를 채굴하려는 목적에서 비롯되었는데, 여러 사회단체와 카하마르카 주지사는 2011년 말부터 이 프로젝트의 시행에 반대하고 있다. 6개월도 더 지났지만 갈등은 해결되지 못하고 있으며, 글을 쓰고 있는 지금 이 순간에도 카하마르카 지역에서는 파업이 일어나고 있다. 또 다른 첨예한 갈등으로는 쿠스코 주의 에스피나르에서 일어난 갈등을 들 수 있다. 이 지역에서는 상당수의 주민이 스트라타 틴타야(Xstrata Tintaya) 사의 광산개발에 반대함으로써 갈등이 일어나고 있다. 개발로 인해 오염만 심각해질 뿐 지역 발전에 득이 될 게 별로 없기 때문이다. 갈등이 벌어진 후 현재까지 시위대 두 사람이 사망했고 광산개발 반대시위를 지지하던 시장이 체포되었다. 지금도 중앙정부는 신중한 결론을 내리겠다는 의도로 시위세력과 대화를 재개하려 애쓰고 있다. 이러한 갈등은 "금보다 물이 먼저(el agua antes que el oro)"라는 문장으로 요약되는 우말라 대통령의 선거공약을 이행하라고 요구한다는 게 특징이다. 새 정부가 사회적·환경적 갈등에 대처하는 방식이 이전 정부들의 대응 방식과 다르지 않다는 사실이 확인되면서 새 정부가 선거공약을 이행하도록 촉구해야 한다는 인식이 주민들 사이에 확산되고 있다. 우말라 대통령이 선의를 갖고 있다 하더라도 현재의 사회적·환경적 갈등은 그 동력을 규정할 만한 구조적인 원인 — 역사적·정치적 차원의 원인 — 을 갖고 있는 게 사실이다. 이 글에서는 이러한 구조적 원인에 대해 접근해보고자 한다.

이러한 목적을 위해 우리는 우말라 이전 정부, 즉 가르시아 정부의 APRA 제2집권기(2006~2011)에 일어난 사회적·환경적 갈등의 몇 가지 측면을 분석해보도록 하자. 가르시아 제2기는 사회적·환경적 갈등이 최고조에 달했던 시기다. 그리고 그 갈등 가운데 하나는 끝내 정권의 최대 위기를 초래했다. 우리는 사회적·환경적 갈등의 동력을 더욱 광범위한 현상, 즉 1990년대 초부터 페루에 득세하고 있는 신자유주의 담론과 결부시켜보고자 한다.[1] 이 글을 이끌어가는 질문은 다음과 같다.

---

1) 이 글에서는 담론을 정치행동의 방향을 설정하는, 사회적으로 공유된 의미라고 이해하겠다. 따라서 신자유주의라는 용어는 후기 자본주의를 중심 요소로 갖는 담론구조를 말한다. 우리는 신자유주의 담론이 페루와 라틴아메리카에서 정치적인 것, 경제적인 것, 사회적인 것의 내용과 경계, 나아가 이들의 상관관계를 재정의

사회적·환경적 갈등의 일정한 패턴은 페루 신자유주의 담론의 한계에 대해 무엇을 말하고자 하는가?

2. 대립성 코드로 본 사회적·환경적 갈등

후지모리가 권력에서 물러난 후 페루에서는 사회 갈등이 크게 급증했다. 톨레도 정권(2001~2006) 동안에는 후지모리 제2기보다 더 많은 1,077건의 갈등이 발생했다(Garay y Tanaka, 2009). 그리고 이러한 경향은 가르시아 제2기에서도 달라지지 않았다.[2] 국민권익위원회 보고서에 따르면, 사회 갈등은 2006년 7월 추산 84건에서 2011년 7월에는 214건으로 급증했다. 다시 말해 가르시아 집권 5년 동안 급격한 증가 추세를 보인 것이다(<그림 11-1> 참조). 특히 가르시아 제2기는 사회적·환경적 갈등이 급속도로 증가한 시기다. 여기에는 광산개발, 석유개발, 수력발전 등 여러 유형의 투자 프로젝트로 인한 사회적·환경적 결과를 둘러싼 의견 대립이 개입되어 있다. 이 때문에 2007년 3월부터 사회적·환경적 갈등이 가장 활발하게 발생했으며 그 건수도 가장 많다(<그림 11-2> 참조).

사회적·환경적 갈등에 관여하는 주체는 기본적으로 국가, 여러 유형

하는 복합적인 과정을 전제로 삼고 있다고 본다.

2) 가라이와 타나카는 사회적 저항이라는 표현을 쓰지만 사회적 저항이 무엇이라고 생각하는지는 명시하지 않는다. 그들의 기술을 통해 유추하면 사회적 저항에서 중심 요소는 국가에 대한 불만족스러운 요청이라고 읽어낼 수 있다. 그리고 국민권익위원회가 사용하는 사회 갈등의 개념에도 이러한 의미가 포함되어 있다. 따라서 이 글에서는 사회 갈등을 다루면서 이 저자들의 개념과 국민권익위원회의 개념을 함께 사용하고자 한다.

〈그림 11-1〉 가르시아 제2기의 갈등 정도

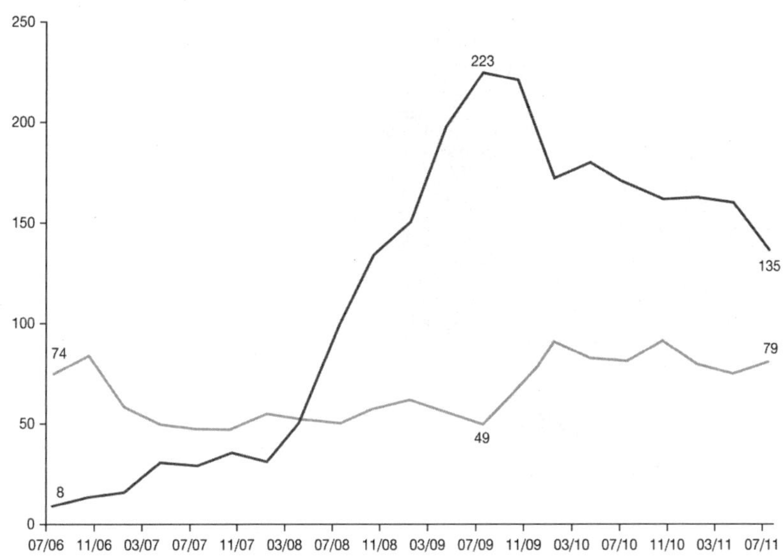

주: 진한 선은 활동성 갈등, 연한 선은 잠재성 갈등을 나타냄. 활동성 갈등은 일방 또는 쌍방의 액션을 통해, 즉 위협적이거나 유해한 것으로 여겨지는 상황에 대해 일정한 입장을 취하는 요구사항을 통해 갈등이 공개적으로 표출된 경우를, 잠재성 갈등은 대립하는 행위자가 문제를 인식하고 있음을 확인했음에도 갈등이 공개적으로 표출되지는 않은 경우, 또는 활동성이라 하더라도 양측이 더 이상 입장 차이를 표현하지 않는 경우를 의미함.

자료: 국민권익위원회.

의 사회단체, 투자기업, 이 세 종류다. 적지 않은 경우 국가는 투자기업에 대한 조정 및 관리의 역할을 제대로 수행하지 못했다. 따라서 채광, 채굴로 인해 야기된 문제에 대해 주민과 기업이 서로 세력이 불균형한 상태로 접근할 수밖에 없었다. 국가는 이 문제를 틀이 취약한 환경 법규에 근거를 두고 다루고 있다. 게다가 가르시아 정부는 1990년대 초에 시작된 투자자들에 대한 인센티브를 그대로 유지했다. 이미 완료된 투자금을 전적으로 회수하기 이전까지는 소득세 미납, 매출에 대한

〈그림 11-2〉 페루의 유형별 사회 갈등 평균치(2006. 7~2011. 5)

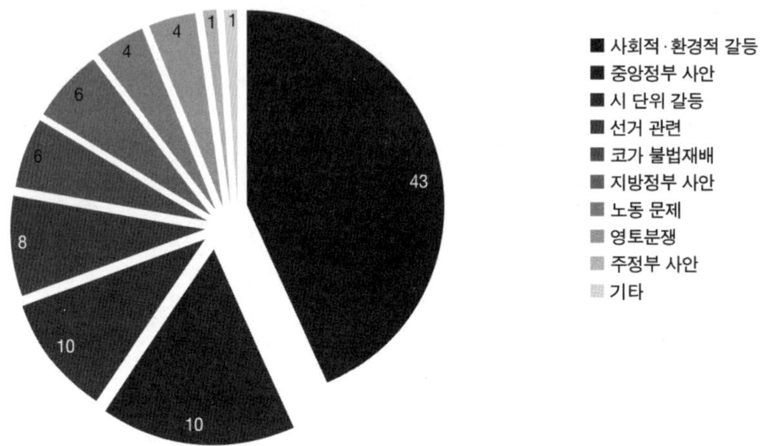

자료: 국민권익위원회 자료에서 발췌해 정리함.

종합소득세의 선반환, 자산에 대한 저평가의 가속화 등을 방치한 것이 그 예다. 중앙정부의 이러한 수수방관은 지방 당국의 주지사와 시장이 채굴·채광의 결과에 반대하는 시위를 지지하거나 시위를 직접 이끌기도 했다는 사실과 상반되는 태도다. 그리고 사회적·환경적 갈등을 국가가 책임지고 해결하겠다고 한 여러 차례의 약속이 이행되지 않았기 때문에 정부 업무에 대한 주민들의 불신이 심화되고 있다는 점도 지적할 만하다(De Echave, 2011).

국가가 기업들의 운영 방식에 대해 관대한 것은 부분적으로 국가 경제와 국고에 채굴·채광 산업이 중요한 비중을 차지하기 때문이다. 그 예로 최근 10년간 페루의 GDP에서 나타난 높은 성장세(7.1%)가 근본적으로 광산업으로 인해 촉진되었다는 점을 들 수 있다. 광산업은 2007년 내국세의 25%, 소득세의 49%를 차지하기에 이르렀다. 또한 전체 수출의 60% 이상을 차지하고 있다. 그리고 2011년 중앙정부가 지방정부와 지역정부에 양도한 재원의 50%가 광물자원에서 비롯되면서 국가 재정에서의 광물자원의 중요성이 극대화되었다(Monge, Viale y Bedoya, 2011). 그리하여 가르시아 제2기에는 전반적으로는 채굴·채광 부문에, 구체적으로는 광산업 부문에 더 많은 투자를 장려하려는 관심을 지속적으로 갖게 되었다.

기업의 경우에는 국가가 채택한 일련의 결정 덕분에 이익을 보았다. 석유채굴, 가스, 광산업, 목재, 수자원 부문에서 기업에 유리한 법적·재정적 여건이 조성되었기 때문이다. 특히 광산업 업체의 경우에는 근년 들어 채굴·채광 지역이 전통적인 안데스 고지대에서 안데스 너머 계곡, 해안지대, 아마존 고지대와 저지대로까지 확장되면서 투자 지역이 넘쳐나게 되었다. 이러한 확장세로 인해 농지와 수자원에 대한 통제권을 놓고 분쟁이 발생하기도 한다. 수자원과 농지의 문제는 환경오염 문제, 생산 활동과 지역주민의 강제퇴거 문제 등과 더불어 여러 사회적·환경적 갈등의 기저에 존재하는 주된 문제라고 할 수 있다. 높은 사회 갈등에 직면한 광산 부문 기업들은 근본적으로 자기조절이라는 자발적 메커니즘을 창안하고 경제적 기여 증대의 창출이라는 방향을 선택한다. 자체조절 메커니즘이란 기업의 행동규약이나 기업의 사회적 책임 실천 등을 뜻하는데, 기업들은 이 규약을 통해 채굴·채광 작업에 유리한 환경을 조성하려고 애를 썼다. 경제적 기여 증대는 이른바 '광산업 기부금(óvolo minero)의 창출'이라는 말로 표현된다. 이를 통해 39개의 기업이 5년간 순이익의 3.75%를 사회적 프로젝트를 위해 제공하기로 약속했다. 이러한 메커니즘의 발전은 한편으로는 부정적인 외적 작용이 존재한다는 사실을 기업들도 인식하고 있음을 의미하는 것이고, 다른 한편으로는 민간투자의 의욕을 꺾을 만한 새로운 조정수단을 국가가 만들어내지 않더라도 기업이 외적 영향을 관리할 수 있음을 의미한다(De Echave,

2011).

한편 사회단체들은 방어전선(Frentes de Defensa) 또는 투쟁위원회(Comites de Lucha)가 추구했던 중요한 의제 중에서 자신들의 논리를 찾아냈다. 이 의제들은 많은 경우 반광산개발적인 관점을 갖고 있다. 사회적·환경적 갈등은 당면한 대의명분(예를 들면 강의 오염)과 구조적 문제 사이의 관련성을 드러낸다는 사실이 이러한 사회단체의 요구사항을 통해 여러 차례 입증되었다. 이러한 사실은 몇몇 갈등이 보인 폭력성, 갈등의 장기 지속, 갈등 사태 덕에 생겨난 사회응집성 등과 관계가 있다. 즉, 사회단체들은 국가의 태만에 맞서 대중적 압력을 통해, 경우에 따라서는 무력을 행사해 국가가 자신들의 요구사항에 대한 해결책을 내놓을 수밖에 없도록 국가를 압박하는 방법을 모색해왔으며, 이는 지금도 마찬가지다. 그런데 사회적·환경적 갈등을 중재하는 사회단체들은 전국적 차원의 결집을 이루지 못했다. 오히려 분열을 특징으로 한다. 그러나 이들은 몇 차례 경험을 통해 아젠다 합의를 바탕으로 상이한 주체들 — 지역 당국, 교회, 농민 조직, NGO 등 — 사이의 결합이 가능함을 확인했다(De Echave, 2011).

그롬포네와 타나카(Grompone y Tanaka, 2009)와 같은 저자들은 최근 페루에서 일어난 사회 갈등의 분열은 두 가지 차원에서 일어난다고 보았다. 수평적 차원과 수직적 차원이 그것이다. 수평적 차원이란 비교적 유사한 생활 여건을 공유하지만 국가의 주목을 끌기 위해 경쟁하는 사회주체들 사이의 대립을 말하는데, 이 대립이 분열을 유발한다는 것이다. 수직적 차원이란 주민과 정당 및 정치조직 사이의 단절 외에도 주민과 국가기관 사이의 단절을 말한다. 이러한 분열 양상은 사회적·환경적 갈등이 왜 대체로 지역적인 특성을 띠는지, 그리고 제도적인 길을 따라가거나 생명력이 긴 정치주체로 조직화되지 못한 채 산발적인 '폭발'의 형식을 띠게 되는지 설명해준다. 이런 이유로 이 저자들은 페루에서 발생하는 사회 갈등의 역동성은 합법적이고 안정된 대표 시스템의 부재를 증명한다고 결론짓는다. 말하자면 공고한 정당 시스템의 부재를 의미하는 것이다. 그롬포네와 타나카는 따라서 사회 갈등이란 민주적 통치성에 대한 문제제기로 이해될 수 있다고 본다.

이 글의 관점에서 보면 사회적·환경적 갈등은 민주적 통치성에 대한 문제제기보다 더 복잡한 무언가의 징후다. 즉, 신자유주의 질서가 전면적으로 실현될 가능성은 없음을 가리킨다. 다시 말해, 사회 갈등은 신자유주의 담론의 "한계를 명백히 함으로써" 그 반동적 특성을 드러내는 현상이라고 이해할 수 있다. 사회적·환경적 갈등을 대립성(antagonismo)으로 이해하는 것은 모든 정치적 아이덴티티가 위협적인 타자 – 적과 맞서는 하나의 국경, 하나의 우리 – 아군을 요구한다는 사실을 인정하는 것이다(Stäheli, 2008). 사회적·환경적 갈등을 정치적 아이덴티티를 규정하는 대립성으로 이해하면 이 갈등은 신자유주의 담론 자체의 일부가 되기 때문이다. 사회적·환경적 갈등이란 신자유주의가 지속적으로 전개된다고 해서 미래에 제거될 것은 아니다. 말하자면 신자유주의의 외재성이 아닌 것이다. 따라서 신자유주의 담론에 따르면, 사회적·환경적 갈등은 반체제에 의해 발생한다. 반체제란 타자 – 적, 곧 광산개발을 반대하는 자이자 국가발전을 가로막는 자를 말한다.[3)]

3) 정부, 구체적으로는 공화국 대통령이 이 정치적 국경을 어떻게 정의하는가에 대한 사례는 2007년과 2009년 사이에 가르시아가 쓴 5개의 칼럼에서 잘 드러난다. 이 칼럼들에서 가르시아는 자유로운 시장에 기반을 둔 국가발전 전망을 표현했다. 그는 이러한 전망에 반대하는 사람들을 "몽니쟁이 신드롬을 겪는 주체", "현실을 인식할 능력이 없는 반체제분자"라고 칭했다. 몽니쟁이 신드롬이란 자신이 의존하고 있는 자원들이 수익을 내지 못하자 수익을 낼 만한 수단을 갖고 있는 사람들의

우리의 분석을 대립성 개념을 통해 심화시키기 위해 가르시아 제2기에 바구아의 아마존 지역에서 일어난 사회적·환경적 갈등을 간략히 살펴보겠다. 결과적으로 이것은 가르시아 정부의 최대 위기를 만든 갈등이었다. 이어서 이 대립성이 어떻게 신자유주의 담론의 균열을 나타내는지 살펴보도록 하자.

3. 바구아 분쟁[4)]

2007년 12월 가르시아 대통령은 미국과의 자유무역협정 실현을 위해 중요하다고 생각되는 일련의 테마에 대한 입법 권한을 국회에 요청했다. 그리고 180일 이내의 기간이 허용되었다. 몇 달 후, 정확하게는 2008년 6월 정부는 100개가 넘는 입법 법령을 승인했는데, 그중 두드러진 것은 원주민공동체 소유인 땅의 소득, 임대, 기타 사용에 대한 법적 틀을 수정하는 법령들이었다. 집단 소유 상태를 유지하고 있던 소유지에 대해 민간투자가 가능하도록 유리한 조건을 마련하겠다는 정부의 의도는 이런 식으로 분명해졌다.

원주민들의 대응은 기다릴 필요도 없이 순식간이었다. 2008년 8월 '페루 셀바 발전을 위한 종족연합(AIDESEP: Asociación Interétnica para el Desarrollo de la Selva Peruana)'(이하 종족연합)은 총파업을 시작했고 이는 9월까지 지속되었다. 자신들의 땅과 생태계에 위협이 될 법령들을 폐지할 것, 이것이 그들의 요구사항이었다. 이러한 요구에 대해 국회는 그중

주도권을 망쳐버리는 것을 말한다.

4) 이 절은 Durand(2010)와 Monge, Portocarrero, y Viale(2009)를 참조함.

두 개 법령이 헌법에 위배된다며 폐지했다. 그리고 폐지하지 않은 법령들을 심사하기 위한 위원회를 설립하겠다고 종족연합과 합의했는데, 종족연합은 이 위원회가 자신들의 대표성 권리를 침해한다고 보았다. 이 합의는 파업을 통한 궐기를 허용했다.

2008년 12월 이 위원회는 법령들에 대한 보고서를 국회에 제출해 본회의에서 논의되도록 했다. 그런데 논의 시점이 의원들이 여름휴가에서 돌아오는 2009년 2월로 정해졌다. 하지만 2월이 되어도 이들 법령에 대한 국회 논의는 이루어지지 않았다. 종족연합은 국회와 총리에게 서신을 보내 법령을 검토하겠다는 약속, 보고서를 논의하겠다는 약속을 상기시켰다. 답이 없자 종족연합의 지역 대표들은 2009년 4월에 파업을 시작하기로 결정했다. 정부의 대응은 페루 5개 지방에 비상사태를 선포하는 것이었다.

아마존 지역에서 총파업이 일어난 지 55일이 지난 2009년 6월 5일, 정부의 탄압이 시작되었다. 그날 아침 군의 지원을 받은 경찰부대는 바구아의 주도 인근에 있는 페르난도 벨라운데 도로를 봉쇄한 채 시위대를 공격했다. 이어서 석유펌프장을 점령하고 있던 원주민들을 몰아냈다. 공식 집계에 따르면, 이러한 물리력 개입의 결과 경찰 24명과 원주민 10명이 사망했다. 이 충돌 이후에도 파업이 지속되자 결국 정부는 패배를 받아들였고 의회는 해당 법령들의 폐지를 승인했다. 그리고 총리와 내각이 사임했다.

이 충돌 이후 바구아 사건을 조사하고 분석하기 위한 특별위원회 설립이 결정되었다. 위원회는 2009년 12월 보고서를 제출했는데, 이 보고서는 결론 부분에서 — 위원 전원이 이 결론을 수긍하지는 않았다 — 바구아 대치는 기본적으로 외부 주동자의 활동과, 아마존 주민에게 해당 법령을 설명하려는 의지가 없었던 정부의 불통에 원인이 있다고 지적했다. 다시 말해 바구아 갈등에 대한 위원회의 입장은 정부의 입장과 근본적으로 다를 바가 없었다.

에르네스토 라클라우(Ernesto Laclau)의 분석(Laclau, 2006)은 바구아 갈등을 대립성 개념으로 이해하면 바구아 갈등이 신자유주의 담론의 개념적 포박을 피할 수 있었던 이유를 알 수 있음을 보여준다. ① 광물과 석유의 국제적 교역 조건은 주요 광물자원에 의존하고 있는 페루에 유리하다. ② 따라서 정부는 광산업 부문에 대한 투자를 증대시키기 위해 유인정책을 쓴다. ③ 그 결과 투자가 추진되고 있는 산악지방과 셀바 지방에 거주하는 전통적인 원주민공동체에 피해가 생긴다. ④ 피해를 입은 주민들은 정부 조치에 저항하는 수밖에 도리가 없어진다. 신자유주의 담론은 이 네 번째 연결고리에 개입함으로써 원주민봉기의 반체제성을 비난할 수는 있지만, 정부 조치에 대한 저항은 사회질서라 할 수 있는 것을 스스로 지킴으로써가 아니라 '그들 - 적'이라는 외적 구성요소를 이용함으로써 이루어진다. 이런 식으로 신자유주의 담론의 조화로운 연속성에 균열이 확인된다. 여기서 책임자들은 '우리 - 동지'의 일부로 인식되지는 않더라도 담론 자체의 구성요소임이 드러난다.

대립성 개념은 사회적·환경적 갈등이 신자유주의 담론의 구성요소임을 밝혀줌으로써 신자유주의 담론의 한계를 인식할 수 있게 해준다. 그뿐만 아니라 이데올로기로서의 신자유주의의 상징적 채무도 확인할 수 있게 한다. 이에 대해 살펴보자.

4. 사회적·환경적 갈등의 패턴과 신자유주의의 상징적 부채

슬라보예 지젝(Slavoj Žižek)(Žižek, 2003)은 이데올로기는 현실에 대한 고유한 상징화 안에서 작용하는데 그렇다고 해서 상징화가 현실을 완전히 '덮을' 수 있는 것은 아니라고 분석했다. 지젝의 말에 따르면, 모든 정치 담론에는 상징적 부채라는 것이 작용하고 있음을 알 수 있다. 이 상징화되지 않은 실재는 지젝이 "유령의 출현"이라고 지칭한 것을 바탕으로 삼아 대립성의 형태로 나타난다. 이처럼 유령은 현실을 벗어난 것, 상징적으로 구조화된 사회를 벗어난 것, 현실 속에 근본적으로 억압된 것, 기존 질서를 불안정하게 만드는 것을 드러낸다.

상징적 부채라는 개념을 염두에 두고 이제 페루의 사회적·환경적 갈등의 구조적 패턴에 대한 논의를 심화시켜보자. 이 패턴은 사회적·환경적 갈등에서 반복되는 현상으로, 신자유주의 담론의 종속 - 배제된 존재로서의 원주민, 신자유주의 헤게모니의 불안정성, 사회질서의 불안정한 관리자로서의 국가라는 세 가지 요소를 포함한다.

1) 신자유주의 담론에서 종속되고 배제된 존재로서의 원주민

최근의 사회적·환경적 갈등은 농촌 원주민이 피해를 입게 된 지역의 영토 분쟁을 의미한다.[5] 이 갈등은 신자유주의 담론에서 만들어진 일련의 구조적 긴장과 불화를 증명한다. 이러한 긴장과 불화는 국가와 기업

---

5) 이 글에서는 농촌 원주민을 이중적 특성을 지닌 채 사회적·환경적 갈등에 관련된 정치적 주체라고 파악한다. 페루는 볼리비아나 에콰도르와 같은 다른 안데스 국가들과 달리 정부에 영향을 미치는 공고한 원주민운동을 갖지 못했기 때문이다. 페루에서는 공적 담론에서 원주민 정체성보다 농민 정체성이 더 자주 언급되어왔다. 그러나 뒤에서 언급하겠지만 최근에는 이와 관련해 몇 가지 변화가 일어나고 있다. 근래 들어 페루는 농민과 원주민의 연결성에 대해 주목을 끌고자 애쓰고 있다.

사이에도 발생하고, 국가와 농촌 원주민 사이에도 발생한다. 이는 수도(해당 결정이 내려지는 곳)와 지방(채굴 프로젝트가 이루어지는 곳) 사이에도, 그리고 시장 논리와 집단 조직 사이에도 발생한다. 즉, 사회적·환경적 갈등에는 어떤 한 지역의 천연자원 채굴을 넘어서는 여러 요소가 개입되어 있다. 많은 경우 사회적·환경적 갈등은 거주민과 환경 사이에 이루어지는 관계라는 측면에서 볼 때 결국 영토의 생산을 둘러싼 갈등이다. 가령 영토가 어떻게 사용되고 관리되어야 하는지, 누가 이를 담당해야 하는지, 나머지 지역과 어떻게 결합될 것인지 등(Bebbington, 2011: 30~31)을 둘러싼 갈등을 말한다. 신자유주의 담론은 농촌 원주민성을 상징할 수도 없고 농촌 원주민을 자신의 이미지에 포함시킬 수도 없다는 심각한 한계를 드러내고 있는데, 이는 결국 신자유주의 담론의 상징적 부채를 드러내는 것이다. 정체성으로서의 농촌 원주민성이 신자유주의 논리 안에 종속되어 있는 경우도 있다. 신자유주의 담론이 취해온 대표성은 원주민성보다는 경쟁적 개인에 대한 세계시장의 요청을 앞세우기 때문이다. 농촌 원주민 정체성은 근대화되어야 할 도전과제로 여겨지거나 전국관광투어의 전시물로 받아들여지거나 둘 중 하나다. 신자유주의 담론은 농촌 원주민 정체성을 페루 역사의 일종의 '잔여물'로 변형시켜 상징화에서 제외해버린다.[6] 다시 말해 농촌 원주민 정체성은 일정한

---

6) 빅토르 비치(Víctor Vich)(Vich, 2010)는 페루 산악지방에 대한 주요 이미저리를 분석했는데, 이 이미저리들 때문에 이 지역이 국가 프로젝트 안에 포함되지 못한다고 주장한다. 저자에 따르면, 페루 산악지방에 대한 주요 이미저리는 5개다. 페루 안데스 지역은 첫째, 정태적이고 전통적인 곳으로 근대성에 저항한다는 것, 둘째, 후견적인 차원에서 교육되어야 할 지체 지역이라는 것, 셋째, 관리하기는 어렵지만 자연자원이 풍부하다는 것, 넷째, 과거 천 년의 계승자로서 페루에서 가장 심오하고 진정성 있는 지역이라고 보는 것, 다섯째, 자본주의와 근대성이 유입되어 일정

정치 논쟁에서 신자유주의 담론 내부요소로 재현되지 못했고 이로 인해 그들을 사회적으로 포용하는 것이 불가능해졌다. 가르시아 집권기에 일어난 다양한 사회적·환경적 갈등의 역동성은 이러한 상황을 드러낸다.[7] 신자유주의 담론의 상징적 부재는 진보는 자신의 원주민 조건과 대립한다는 믿음을 농민들 사이에 재정립시키고 있다. 라몬 파후엘로(Ramón Pajuelo)(Pajuelo, 2010)에 따르면, 사회적·환경적 갈등으로 비롯된 거주민들의 단체행동은 페루 산악지방의 원주민 문화의 특징을 지속적으로 회복시키고 있다. 페루 셀바의 주민들도 이러한 논의에 포함시킬 수 있을 것이다.

2) 신자유주의 헤게모니의 불안정성

사회적·환경적 갈등은 분열이 일어나지 않은 경우라 하더라도 ― 이에 대해서는 앞에서 다루었다 ― 신자유주의적 합의의 불안정한 특성을 그 어떤 종류의 갈등보다 더 잘 증명해주었다. 앤소니 베빙턴(Anthony Bebbington)은 자신의 글에서 광산개발 프로젝트에 대한 주민들의 저항은 경우에 따라 영토 개발의 형태와 기업의 사회적 책임 실천에 변화를 가져왔다고 주장한다. 따라서 사회적·환경적 갈등으로 인한 시위는 해당 지역의 개발에 대해 물리적인 효과를 발휘했다는 것이다. 바구아 분쟁으로 다시 돌아가 베빙턴의 주장을 확인해보자. 바구아 갈등이 시

한 역할을 해야 할 공간으로 표현된다는 것이다. 가르시아 제2기에 페루 산악지방을 지배했던 것이 바로 이 마지막 이미저리다. 비치는 오늘날 이 이미저리들이 다른 시기, 다른 상황에서 서로 중첩되어 나타난다고 보았다.

7) 채굴 프로젝트로 인해 피해를 입은 주민들을 반복해서 강조하는 것은 정부와 기업 모두 '그들이 자연과 관계하는 고유의 방식'을 이해하지 못하기 때문이다.

작되면서 아마존 원주민은 국가의 유효한 대화상대로 인식되기에 이르렀다. 이로 인해 개발 프로젝트로 인해 거주지 피해를 입게 되는 원주민과 미리 합의한다는 사전협의법이 제정되었고, 아프로디테 광산회사(minera Afrodita)의 콘도르 산맥 개발이 궁극적으로 중단되기도 했다(Durand, 2010). 다시 말해 바구아 갈등의 요구사항이 대안적인 전국 프로젝트를 조직화하지는 못했다 하더라도 페루의 신자유주의 담론이 바탕을 두고 있는 합의들이 불안정하다는 사실은 부각시킨 것이다. 나아가 바구아 갈등은 신자유주의 담론에서 종속-배제된 존재로서의 원주민이 관계된 것이기 때문에 역사적으로 유보되어온 요청, 말하자면 농촌 원주민을 국가의 정치공동체 안으로 포함시키는 문제에 대해 공표할 수 있게 되었다.

3) 사회질서의 불안정한 관리자로서의 국가

사회적·환경적 갈등은 또한 다음 두 가지 측면에서 페루 국가의 취약성을 드러내는 징후다. 하나는 국가 영토에 있어 국가의 존재가 취약하다는 점이고, 또 하나는 국가의 행정적 불안정성이다. 국가와 국가의 한계, 앞에서 언급한 농촌 원주민성 등은 페루 공화국의 역사적 문제이기 때문에 신자유주의 담론이 이를 해결하지는 못했다. 먼저 새로운 광산개발, 석유채굴 투자의 추진과 시행이 이루어진 지역은 국가의 행동력이나 존재감이 매우 제한적인 곳이다. 이 지역들의 거주민은 국가 정치공동체에 제대로 포용되는 과정을 경험하지 못한 채 시장에 끼어들고 말았다. 그러므로 개발로 인해 피해를 입는 주민의 권리행사를 국가가 보장해야 한다고 요구하는 것이다. 지난 몇 십 년과는 달리 오늘날 국가가 부재한 원인은 시장의 "재량을 방임하기" 위해 마련되었던 권력

행사의 전술과 수단, 예측이 미흡하기 때문이다(Scott, 2010). 두 번째 취약성에 대해 살펴보면, 사회 갈등이 극도로 많아지는 가운데 국가는 개발 프로젝트로 인해 피해를 입을 주민들의 요구사항을 조절할 수 있는 능력이 없다는 사실이 드러났다. 이렇게 되면 기본적으로는 국가의 불안정성으로 인한 피해 주민의 다양한 요구사항에 대해 지역적·지방적 차원에서 효과적인 제도를 마련하는 것이 어려워진다. 실제로 후지모리 이후의 '민주화 이행기'부터 추진된 참여와 협의의 메커니즘을 통해서도 지역 주민의 요구사항을 처리하는 게 대체로 불가능했다(Grompone y Tanaka, 2009). 그리하여 사회적·환경적 갈등에는 대립만이 지배하게 되었다. 정부와 대화를 할 수 있기 위해서는 대립이 가장 효과적인 수단으로 여겨지기 때문이다(Caballero y Cabrera, 2008). 국가와 개발 프로젝트 피해지역 주민들 사이에 존재하는 거리감 때문에 — 상징적·행정적 차원에서 말하자면 — 사회적 저항을 범죄시하는 공적 담론의 재생산이 가속화되는 것이다.

5. 페루 신자유주의 담론이 지닌 과두적 국가의 요소

사회성을 의미하는 특정 형식으로서의 신자유주의는 페루에서 전적으로 새로운 것인가? 그렇지는 않은 듯하다. 신자유주의가 이전에도 있었던 고유한 사회적 요소들을 재현하기 때문이다. 즉, 신자유주의 담론은 사회적 이미지 안에서 변화와 연속성의 복합적인 결합으로 이해될 수 있다. 지젝은 이데올로기가 사회적 경험에서 나타나는 가시적인 것과 비가시적인 것, 상상의 것과 비상상의 것을 조절하는 생성의 매트릭스라고 생각했다(Žižek, 2003). 그리고 예를 들어 어떤 사건이 기존

질서의 논리 속에 들어가 근본적인 단절로 인식되는 경우 '낡은 것'과 '새로운 것' 사이의 변증법에서 이 매트릭스를 찾아낼 수 있다고 주장했다. 페루에서 일어난 사건으로서의 신자유주의는 빈곤, 카오스, 폭력으로 점철된 과거에 대한 근본적인 단절로 여겨질 수 있다. 어떤 문헌은 1990년대를 '자본주의 혁명'이나 '대변혁의 시기'와 동일시한다. 따라서 '낡은 것'(1980년대의 하이퍼인플레이션, 카오스, 폭력 등의 이미저리를 뜻한다)은 신자유주의, 즉 '새로운 것'에 의해 극복될 수 있었을지도 모른다. 그러나 신자유주의 담론 고유의 이미지는 겉보기와는 달리 그다지 새로운 것이 아니다.

사회적·환경적 갈등을 염두에 둔 채 공화정 시기의 페루에 대한 낡은 이미지에 존재한다고 여겨지는 신자유주의 담론의 요소로 논의를 심화시켜보자. 다음 사건에 대한 이야기에서 시작해보겠다. 바구아에서 대치가 있던 날 가르시아 대통령은 아마존 지역의 파업에 연루된 사람들을 언급하면서 언론을 통해 다음과 같이 말했다. "좋습니다. 이 사람들은 왕관이 없습니다. 제1계층 국민도 아닙니다. 40만 토착인이 우리 2,800만 페루인에게 '당신은 여기 올 권리가 없소'라고 말할 수 있습니까? 이는 아무리 생각해도 심각하기 짝이 없는 오류입니다. 그런 식으로 생각하는 사람이 있다면 우리를 불합리성과 원시적 퇴행으로 몰아가는 셈입니다."[8)]

가르시아의 이 말에는 우리의 주의를 끄는 구분이 제시되어 있다. 바로 토착인/제1계층 국민, 그리고 토착인/페루인이다. 이 구분에서는 토착인, 즉 아마존 원주민에게는 페루인으로서의 자격, 국민으로서의

---

8) 이러한 표현은 "알란 가르시아: 이 사람들은 제1계층 국민이 아니라고 말하다"라는 제목의 유튜브 동영상에서도 볼 수 있다.

자격이 없다고 말하고 있다. 이들이 집단행동을 통해 페루를 불합리성과 원시성으로 끌고 가기 때문이다. 이 말은 가르시아 대통령이 여러 오피니언 칼럼이나 언론 발표를 통해 사회적·인종적 특질을 구분함으로써 신자유주의 담론에 내재된 배제의 논리를 드러낸 방식의 예시일 뿐이다.[9] 가르시아는 아마존 지역에 이미 존재하는 사회문화적·경제적 시위운동을 무시한 채 이 지역을 가리켜 '개발을 기다리는 황무지의 땅'이라고 말한 적도 있다(Bebbington, 2011).

역사학자 마누엘 부르가(Manuel Burga)와 알베르토 플로레스 갈린도(Alberto Flores Galindo)(Burga y Flores Galindo, 1987)는 19세기 말 페루의 과두계층에 대해 연구했다. 이들에 따르면, 과두계층은 스페인적 요소의 고양, 원주민 전통의 경멸이나 생략에 기초해서 이미지를 구축했다. 국가의 통일성은 과두계층 자신으로 대표되었다. 따라서 자신들이 수호하는 질서를 전복하려는 모든 시도는 국가의 이해관계에 대한 반역을 의미했다. 우리는 이 과두적 이미지의 요소들이 90년이 지난 오늘날 신자유주의 이미지에 원래 모양 그대로 조금의 변형도 없이 존재한다고 본다. 사회적·환경적 갈등의 역동성 자체가 이를 증명한다.[10]

---

9) 마리엘 가르시아(Mariel García)(García, 2011)는 몽니쟁이 신드롬에 관한 가르시아의 오피니언 칼럼들이 국민들에게 다가가거나 사회적 간극을 줄이기는커녕 사회적 서열화, 인종주의, 배제 등을 강화시킨다고 비난한다.

10) 곤살로 포르토카레로(Gonzalo Portocarrero)나 후안 카를로스 우빌루스(Juan Carlos Ubilluz) 같은 논자는 신자유주의가 페루의 낡은 이미지들을 결합시켜왔다는 가설을 이미 오래 전에 설정한 바 있다. 이들은 '패트런과 노예의 유령'이 현대 페루 사회에 존재하는 차별적이고 식민적인 과거 역사의 표현이라고 주장한다. 포르토카레로는 페루에서 나타나고 있는 권위의 위기는 국가가 발표한 법령들에 대한 주민들의 존중 부재 또는 저항과 연관되어 있으며, 이러한 상황은 매우 깊은 역사적 뿌리를 갖고 있다고 본다. 그의 표현을 빌면 "사실 종족 지배나

부르가와 플로레스 갈린도에 따르면, 과두계층은 19세기 말부터 페루 사회에 대해 거의 절대적인 지배력을 굳혔다. 행정기구의 취약한 발전, 공권력의 사유화, 농촌 원주민에 대한 통치계층의 폭력 등을 특징으로 하는 배타적인 국가를 초석으로 삼아 지배력을 확보한 것이다. 이러한 특징은 과두계층과 하위계층 사이에 공통된 문화 기저가 결여되었음(상이한 언어, 상이한 기초교육 등)을 드러내고 있으며, 이러한 결여로 인해 과두계층을 중심으로 한 합의가 형성되기 어려웠다.

오늘날의 페루에서는 공통된 문화 기저의 징후가 훨씬 많아졌음이 확인되고 있지만 과두적 국가의 폐해는 지금도 많이 남아 있다. 제도적·법적 차원, 공공정책 차원에서 일어나는 국가와 원주민 간의 긴장 — 이는 사회적·환경적 갈등에서 표현된다 — 은 여전히 배제의 논리에 따른 것이다(Pajares, 2009). 배제의 논리는 사회적 상승이라는 신자유주의적 약속을 내세워 주민들을 종속시키는 관행과 짝을 이룬다.

과두적 국가는 과두계층적 사고방식과 결합되어 있었다. 부르가와 플로레스 갈린도에 따르면, 이러한 사고방식의 하나가 과두계층과 민중계층 사이에 존재하는 폭력성과 온정주의다. 과두계층과 민중 사이의 폭력성은 주로 농장의 노동착취에서 나타나는데, 이때에는 원주민의

인종주의와 결합된 전통적인 정통성은 근대적 정통성 및 법적 관료주의로 대체되지 못했다. 다시 말해 우리는 더 이상 노예가 아니다. 그러나 아직 국민도 아니다"(Portocarrero, 2010: 13). 한편 우빌루스는 페루 노동체제를 분석하면서 피고용인은 어떤 집단성 앞에서 최대한의 자율성을 표명하지만(자본주의적 개인주의를 말한다), 패트런의 의지 앞에서는 그 어느 때보다 더 가신처럼 행동한다고 주장한다. 그는 이를 "과두계층의 유령과 개인주의적 윤리가 서로 양립하면서 노동 시스템을 공고히 했고, 이 시스템에서 피고용인에 대한 모욕은 새로운 시대의 규범, 더 이상 국민은 아니지만 사회적으로 신분상승한 가신인 주체들을 위한 새로운 놀이규칙으로 인식된다"라는 말로 표현했다(Ubilluz, 2006: 140~141).

종족적 열등성을 가정해 폭력이 정당화된다. 한편 온정주의적 관계는 열등한 자나 약자를 보호할 의무로 정당화된다. 농장주의 의지가 법보다 우선시되는 것도 온정주의의 특징인데, 이는 공적 영역의 사유화이자 국가발전의 취약성을 드러내는 것이다. 한마디로 원주민에게는 국민의 지위가 부정되는 것이다. 이러한 부정은 과두적 국가에 존재하는 것으로, 바구아 갈등에 가담한 아마존 원주민들에 대해 "됐습니다. 이 사람들에게는 왕관이 없습니다. 이들은 제1계층 국민이 아닙니다"라고 한 가르시아의 말에도 잔존하고 있다.

역사적인 관점에서 보면 페루식 신자유주의 담론은 그다지 새로울 게 없어 보인다. 바구아에서 일어난 사회적·환경적 갈등의 원인을 설명하면서 반체제 분자 때문에 원주민이 고통 받고 있다는 식으로 조작하는 가르시아 정부의 방식은 원주민은 "실제로 일어나고 있는 일"을 스스로 이해할 능력이 없는 열등한 존재라는 이미지를 재생산하고 있는 것이다.

부르가와 플로레스 갈린도에 따르면, 19세기 말 페루의 과두계층은 지배층이긴 했지만 지도층은 아니었다. 지도층이 되고자 한 적도 없었다. 그러나 오늘날의 신자유주의 담론은 이들이 지도층 역할도 하고 싶어 한다고 말할 수 있다. 다시 말해 헤게모니의 의지가 있다. 사회적·환경적 갈등에 존재하는 압제와 폭력은 신자유주의 담론의 불안정성을 표현하는 것이다. 이 불안정성 앞에서 신자유주의 담론은 스스로를 재정의함으로써 존속되거나 전복될 것이다.

6. 결론을 대신하여

구조적인 측면에서 보면 현대 페루의 사회적·환경적 갈등은 신자유주의 담론이 역사적으로 강등되었던 중요한 민족적 구성원들을 국가의 비전속으로 포함시키지 못하기 때문에 일어나고 있다. 이 갈등은 신자유주의의 반동적인 특성을 보여준다. 이 반동적 특성은 갈등의 전개에 영향을 미치는 친구/적이라는 정치적 국경을 규정한다. 그런 의미에서 사회적·환경적 갈등은 신자유주의 담론의 외연이 아니라 신자유주의 담론의 전개 자체와 합치되는 요소라고 하겠다. 이밖에도 사회적·환경적 갈등은 다음과 같은 일련의 패턴을 보여준다. ① 신자유주의 담론에서 종속-배제된 존재로서의 원주민, ② 신자유주의 헤게모니의 불안정성, ③ 사회질서의 취약한 관리자로서의 국가. 이러한 패턴은 신자유주의가 해결하지 못한—현재까지는—페루 공화국의 역사적인 문제에 대한 화답이다. 그리고 이러한 패턴 때문에 신자유주의가 사회질서의 창안자로서 절대적 참신함을 갖고 있다는 사실이 의심스러워졌다.

이런 상황에서 우말라는 경제적·사회적 혁신주의 메시지를 지역 주민들에게 유포시킴으로써 대선에서 승리했다. 그러나 취임한 지 1년 가까이 지났지만 우말라 정부는 명확한 정치적 지향을 보여주지 못한 채 혼돈과 무능함만 증명했다. 글의 서두에 제기한 사회적·환경적 갈등을 대하는 새 정부의 자세는 이러한 인식을 가중시킨다. 우말라 정부가 이전 정권들과 단절되었다기보다는 이전 정권들의 연속이라는 인상을 심어주고 있는 것이다. 앞에서 살펴본 것처럼 사회적·환경적 갈등은 뿌리 깊은 문제들의 표출이다. 우말라 대통령은 자신이 선거기간 내내 선언한 '대변화'를 실현하는 데 여전히 관심이 있다면 이 뿌리 깊은 문제들에 맞서 싸워야 할 것이다.

참고문헌

Bebbington, Anthony. 2011. *Minería, movimientos sociales y respuestas campesinas. Una ecología política de tansformaciones territoriales*. Lima: Instituto de Estudios Peruanos/Centro Peruano de Estudios Sociales.

Burga, Manuel y Alberto Flores Galindo. 1987. *Apogeo y crisis de la República Aristocrática*. Lima: Rikchay Perú.

Caballero, Víctor y Teresa Cabrera. 2008. "Conflictos sociales en el Perú 2006-2008." en Eduardo Toche(comp.). *Por Aquí compañeros, aprismo y neoliberaslismo*. Lima: DESCO.

De Echave, José. 2011. "Tendencias de la minería y trasiciones al post extrativismo." Eduardo Toche(comp.). *Ajustes al modelo económico. La promesa de la inclusión*. Lima: DESCO.

Defensoría del Pueblo en www.defensoria.gob.pe.

Durand, Anahí. 2010. "Un año de mil meses... Repercusiones de los sucesos de Bagua en la política y la protesta social." en Enrique Amayo et al. *Democracia, desarrollo y otras fantasías*. Lima: DESCO.

Garay, Carolina y Martín Tanaka. 2009. "Las protestas en el Perú entre 1995 y el 2006." en Romeo Grompone y Martín Tanaka(eds.). *Entre el crecimiento económico y la insatisfacción social. Las protestas sociales en el Perú actual*. Lima: Instituto de Estudios Peruanos.

García, Mariel. 2011. "Gobernar al decretazo: los peruanos del hortelano y los límites del modelo de Alan García." en Santiago Alfaro et al. *El quinquenio perdido. Crecimiento con exclusión*. Lima: DESCO.

Grompone, Romeo y Martín Tanaka. 2009. "Las nuevas relaciones entre protesas sociales y política." en Romeo Grompone y Martín Tanaka. *Entre el crecimiento económico y la insatisfacción social. Las protestas sociales en el Perú actual*. Lima: Instituto de Estudios Peruanos.

Laclau, Ernesto. 2006. *La razón populista*. México: Fondo de Cultura Económica.

Monge, Carlos, León Portocarrero y Claudia Viale. 2009. "La democracia peruana agoniza en la curva del diablo." en Enrique Amayo et al. *Del hortelano su perro. Sin espacio ni tiempo histórico*. Lima: DESCO.

Monge, Carlos, Claudia Viale y Felipe Bedoya. 2009. "La reconcentración de los recursos naturales... más poder al poder." en Eduardo Ballón et al. *Luces y sombras del poder*. Lima: DESCO.

______. 2011. "Las industrias extractivas con Alan García y los retos de Ollanta Humala." en Satiago Alfaro et al. *El quinquenio perdido. Crecimiento con exclusión*. Lima: DESCO.

Pajares, Erick. 2009. "Poder y recursos naturales en el Perú: actores estratégicos en la sociedad de mercado." en Eduardo Ballón et al. *Luces y sombras del poder*. Lima: DESCO.

Pajuelo, Ramón. 2010. "Movimientos indígenas y políticas nacionales en los Andes: ideas para un balance." en Enrique Amayo et al. *Democracia, desarrollo y otras fantasías*. Lima: DESCO.

Portocarrero, Gonzalo. 2010. "Los fantasmas del patrón y del siervo como desestabilizadores de la autoridad legal en la sociedad peruana." en Gonzalo Portocarrero, Juan Carlos Ubilluz y Víctor Vich(eds.). *Cultura política en el Perú*. Lima: Red para el Desarrollo de las Ciencias Socialens en el Perú.

Scott, Rogelio, 2010, "La supresión de lo comunitario en los Andes mineros. El caso de La Riconada como paradigma de la construcción de la mentalidad capitalista en nuestra época." en Gonzalo Portocarrero, Juan Carlos Ubilluz y Víctor Vich(eds.). *Cultura política en el Perú*. Lima: Red para el Desarrollo de las Ciencias Socialens en el Perú.

Stäheli, Urs. 2008. "Figuras rivales del límite. Dispersión, transgresión, antagonismo e indiferencia." en Simon Critchley y Oliver Marchart(comp.). *Aproximaciones críticas a su obra*. Buenos Aires: Fondo de Cultura Económica.

Ubilluz, Juan Carlos. 2006. *Nuevos súbditos. Cinismo y perversión en la sociedad contemporánea*. Lima: Instituto de Estudios Peruanos.

Vich, Víctor. 2010. “El discurso sobre la sierra del Perú: la fantasía del atraso.” en *Crítica y emancipación*. Buenos Aires: Clacso, Año II, No. 3.

Žižek, Slavoj. 2003. “Introducción. El espectro de la ideología.” en Slavoj Žižek(comp.). *Un mapa de la cuestión*. Buenos Aires: Fondo de Cultura Económica.

제12장

페루의 변화는 진정한 발전인가, 사상누각인가

우석균

1980년대 후반 혹독한 경제위기를 겪은 페루는 1990년대부터 경제가 회복세에 접어들었으며 2005년부터는 눈부신 성장을 기록했다. 세계경제포럼의 국가 경쟁력 조사에서 2006년 125개국 중 79위에서 2012년에는 144개국 중 61위로 올라섰을 정도의 고성장이었다. 그러나 이는 국제 원자재 가격의 고공행진 속에 주로 광업과 에너지 부문이 견인한 성장이었다. 기술을 기반으로 한 고부가가치 산업의 발전 가능성이 별로 없고, 거시경제 지표만 양호할 뿐 상기 부문 외의 분야에서 발전의 동력을 찾기는 힘들며, 심지어 광업 특수에도 불구하고 고용 증가율이 기대에 미치지 못했다. 2012년에는 수출이 전년에 비해 소폭 상승에 그치고 경상수지가 적자였는데도 민간투자와 외국인 직접투자에 힘입어 전체적으로는 고성장 기조를 유지해 경제왜곡에 대한 우려가 제기되었다. 페루의 역사적 경험으로 볼 때 1차 산품 수출 호황에 따른 경제성장 이후에는 나라 전체가 나락으로 떨어지는 일이 되풀이되었기 때문에 최근의 고도성장도 낙관적으로만 볼 수는 없다.

우석균 페루 가톨릭대학교와 스페인 마드리드 콤플루텐세 대학교에서 라틴아메리카 문학을 전공했다. 현재 서울대학교 라틴아메리카연구소 HK교수로 재직 중이다.

1. 들어가면서

이 글은 2012년 여름 페루 방문을 계기로 쓰게 되었다. 필자는 1988년과 1989년 페루에서 유학했는데, 당시 페루는 국가적 위기 상황이었다. 1980년대의 라틴아메리카는 '잃어버린 10년'이라고 부를 정도로 전반적으로 최악의 경제위기를 겪고 있었지만, 그중에서도 페루는 손에 꼽힐 정도로 사정이 좋지 못했다. 인플레만 해도 1985~1990년 5년 동안 니카라과가 연 평균 8,526%로 1위, 페루가 2,080.5%로 2위를 기록했다. 1988년과 1989년의 경우 당시 페루 정부 발표로는 인플레가 연 2,000% 정도였지만, 그 후의 각종 연구는 이보다 훨씬 높은 연 7,000~1만%였다고 밝히고 있다. 폭력적인 사회 분위기도 경제위기를 부채질했다. 주로 1980년에 봉기한 센데로 루미노소의 과격한 혁명 전략과 이에 못지않은 군경의 강경대응, 또 다른 혁명단체인 투팍아마루혁명운동의 존재가 당시 페루를 거의 내전 상황으로 내몰았다. 1980~2000년 사이 사망자만 무려 6만 9,280명에 달했고(페루 진실화해위원회, 2003), 경찰에 의해 '체제 전복 행위'로 분류된 사건은 1980년 219건에서 1989년 3,149건으로 치솟았다(Hunefeldt, 2010: 257). 1988년부터 4년 동안은 센데로 루미노소의 리마 진공(進攻) 계획에 따라 굵직한 사건들이 집중된 기간이기도 했다.

그런데 2012년의 페루는 확실히 달라져 있었다. 2006년 방문했을 때에도 어느 정도 살 만한 나라가 되었다는 것을 느꼈지만, 2012년은 그야말로 상전벽해라는 말을 떠올리게 만들었다. 우선 새 차가 눈에 많이 띄었다. 리마도 그렇고 지방도시도 그랬다. 비록 국제적인 관광도시라지만 쿠스코 같은 안데스 지방도시의 공항택시가 일제히 새 차로 바뀐 것은 놀라운 일이었다. 1986년 시작되어 재정난으로 이내 중단되었다가 2011년, 착공한 지 무려 25년 만에 리마의 전철 1호선이 개통되고 전용차선을 달리는 대중버스 시스템이 도입되기 시작해서 일부 지역에서나마 선진국 메트로폴리스의 정취를 느낄 수 있다는 것도 새로웠다. 게다가 경제적으로 가장 약자인 원주민의 아이들이 말끔한 옷과 가방 차림으로 학교나 유치원은 물론 박물관 같은 곳에도 단체 관람을 다니는 모습을 볼 수 있었다. 이 역시 예전에는 상상조차 하기 힘든 일이었다.

이러한 유쾌한 변화는 물론 페루의 경제성장 때문에 가능했다. 하지만 이것이 과연 페루의 본질적인 변화인가 하는 의구심이 들었고, 그 때문에 페루의 현실을 점검해보게 되었다.

2. 페루의 경제성장과 국민의 인식

세계은행의 노르만 V. 로아이사(Norman V. Loayza)는 1960~1975년을 경제적 침체기로, 이후 15년을 재앙의 시기로 규정한다(Loayza, 2008: 11~12). 프란시스코 모랄레스 베르무데스(Francisco Morales Bermúdez) 대통령 시절인 1976년 말에 이미 IMF 처방을 받아들여야 했으니 페루 경제의 재앙의 시기를 1980년대 이전으로 보는 시각도 이상할 것은 없다. 더구나 IMF 처방이 빈곤을 낳고(Klarén, 2004: 436), 빈곤이 1980년 센데로 루미노소의 봉기로 이어지고, 이 봉기가 다시 페루 경제의 발목을 잡는 악순환을 낳았다고 볼 수도 있다. 아무튼 로아이사는 페루의 경제성장을 1990년 출범한 후지모리 정권 때부터로 본다. 하지만 혹자는 진정한 성장의 시점을 1999년으로 잡는다(Chiri, 2012: 11). 이는 1990년대의 대부분을 경제 회복기 또는 도약 준비기로 보아야지, 이를 완연

〈그림 12-1〉 페루의 경제성장률

(단위: %)

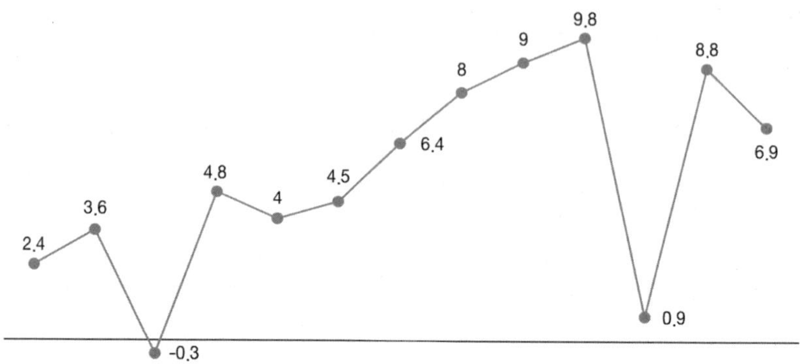

자료: Index Mundi.

한 성장기로 보기에는 무리가 있다는 시각을 내비친 것이다. 누구 시각이 옳든 최근 페루의 경제발전은 재앙기는 물론 침체기와도 완전히 이별을 고한 듯 보인다. 특히 2005년부터의 경제성장률은 세계금융위기의 충격이 일시적으로 밀려든 2009년을 제외하고는 고공비행 중이다(<그림 12-1> 참조).

2012년의 경제 성적표는 어땠을까? 6.3%의 경제성장을 달성했고, 민간투자는 13.6% 증가했으며, 인플레는 2.6%에 그쳤고, 재정은 2.1% 흑자를 기록했다(Parodi, 2013). 향후 추세에 대해서도 낙관적인 전망이 단연 우세하다. 세계경제포럼의 2012년 『세계경쟁력보고서』는 라틴아메리카와 카리브 지역이 2013년 4.2% 성장할 것으로 내다보고 있다(World Economic Forum, 2012: 30). 그런데 2013년 빌바오은행(BBVA)의 연구보고서에 따르면, 페루는 이를 크게 웃도는 6.5%를 달성할 전망이다(BBVA Research, 2013: 2). 또한 2013~2015년 라틴아메리카 국가들과의

〈그림 12-2〉 자국이 진보하고 있다고 대답한 응답자 비율

(단위: %)

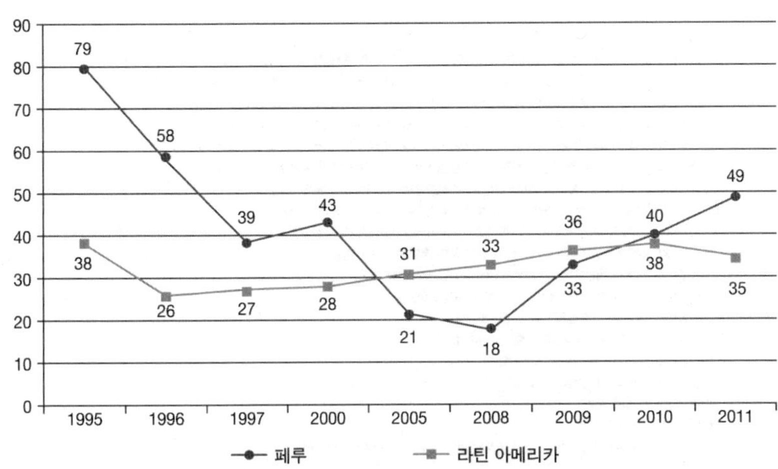

자료: Latinobarómetro(2012: 3).

GDP 전망 비교에서는 페루가 평균 6% 이상의 성장세를 기록할 것으로 예상하면서 4%대로 예상되는 칠레와 콜롬비아는 물론 브라질과 멕시코보다도 전망이 밝다고 보고 있다(BBVA Research, 2013: 11).

이러한 경제성장에 대해서는 일반 국민도 뚜렷이 인식하고 있다. 산티아고에 소재한 라틴아메리카 여론조사 NGO인 라티노바로메트로(Latinobarómetro)의 페루 여론조사 보고서에 따르면, 2011년에 페루 국민은 49%가 자국이 진보하고 있다고 대답했다. 이는 1995년의 79%에 비하면 크게 퇴보한 것이지만, 2008년에 이 비율이 18%로 급전직하했다가 이듬해부터 지속적인 상승세를 보였다는 점에서 페루 경제에 대해 긍정적으로 보고 있다고 볼 수 있다. 더구나 '자국의 진보', '현상 유지', '퇴보' 세 가지 항목 중에서 고르는 것이었는데, '진보'를 택한 이들이 거의 절반에 육박했다는 점에서 더욱 그렇다. 라틴아메리카 전체적으로

〈그림 12-3〉 2011년 자국이 진보하고 있다고 대답한 응답자 비율의 국가별 조사

(단위: %)

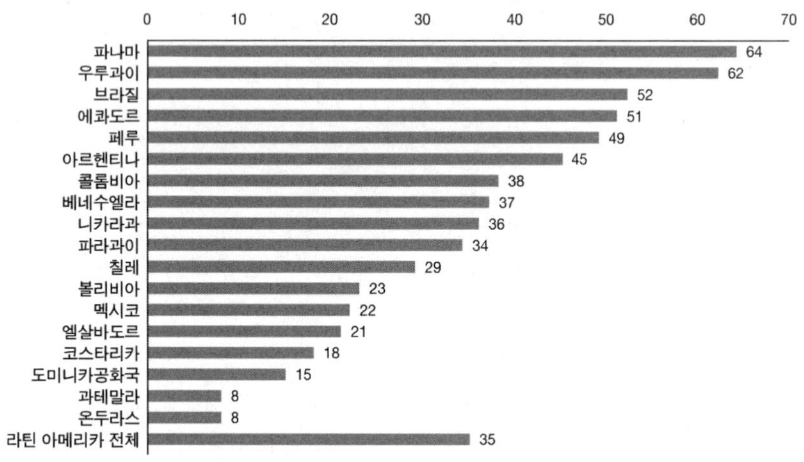

자료: Latinobarómetro(2012: 3).

볼 때 '진보'를 택한 비율이 35%에 불과했다는 점도 국가의 발전에 대한 페루 국민의 만족도를 엿볼 수 있다.

또한 <그림 12-3>에서 볼 수 있듯이 국가별로 봐도 페루는 조사대상 라틴아메리카 국가 중에서 파나마, 우루과이, 브라질, 에콰도르에 이어 다섯 번째로 '진보'를 택한 응답자 비율이 높았다. 라틴아메리카에서 가장 안정적인 사회로 평가 받는 칠레보다 훨씬 더 긍정적인 평가이고 최근 가장 눈부신 발전을 한 브라질과 거의 비슷한 결과를 보이는 점이 주목을 끈다.

그런데 삶에 대한 만족도 조사에서는 다른 결과가 나왔다. '대단히 만족', '상당히 만족', '그다지 만족하지 않음', '전혀 만족하지 않음'의 네 가지 항목을 제시한 이 조사에서 앞의 두 항목을 선택한 비율을 보면 라틴아메리카 평균은 72%였으나 페루는 57%에 불과했다. 물론

〈그림 12-4〉 삶의 만족도 조사

(단위: %)

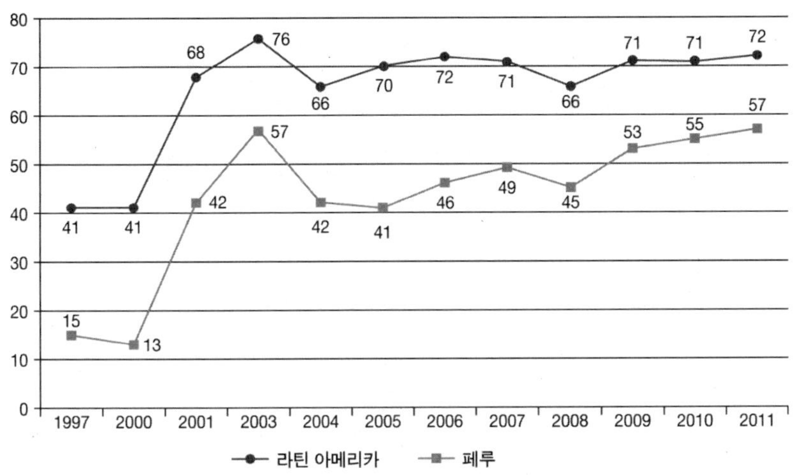

자료: Latinobarómetro(2012: 4).

앞의 결과와 마찬가지로 2008년부터 긍정적인 대답의 비율이 높아지는 추세이지만 라틴아메리카 전체와 비교했을 때 긍정적인 답변의 비율이 항상 낮은 점이 단연 눈에 띈다.

이 결과는 <그림 12-5>에서 볼 수 있듯이 2011년 전체 조사대상 18개 국가 중에서 16위에 해당하는 순위로, 페루 밑으로는 볼리비아와 엘살바도르가 있을 뿐이다.

자국이 발전하고 있다고 느끼면서도 다른 나라에 비해 삶의 만족도가 떨어지는 현상이 빚어진 원인에는 여러 가지 복합적인 요소가 작용한 것으로 추정된다. 묘한 것은 역시 2011년 라티노바로메트로 조사에서 페루인들은 자국의 가장 큰 문제점으로 치안(20%), 실업(19%), 빈곤(17%), 경제(13%)를 꼽았다는 점이다(Latinobarómetro, 2012: 4~6). 실업과 빈곤이 경제 문제와 밀접한 관련을 맺고 있다는 점을 감안하면 전체

〈그림 12-5〉 2011년 삶의 만족도 국가별 조사

(단위: %)

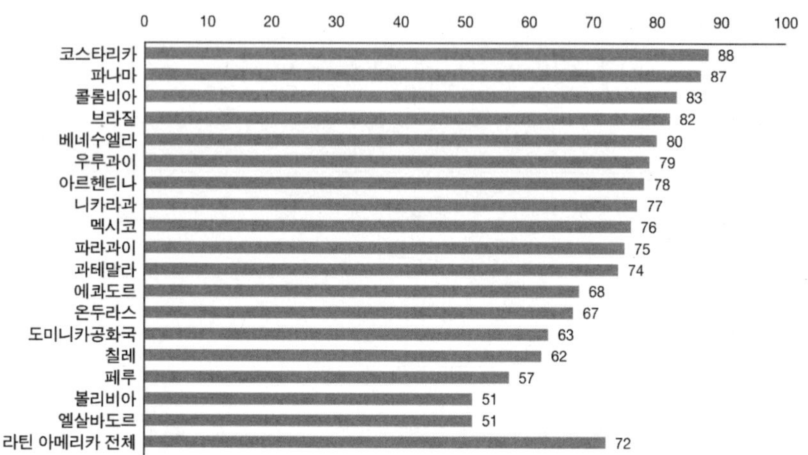

자료: Latinobarómetro(2012: 4).

응답자의 49%가 경제적인 요인 때문에 삶에 만족하지 못하고 있는 것이다.

진보 여부를 묻는 조사와 삶의 만족도를 묻는 조사에서 상반된 결과가 나온 이유는 페루 국민이 나라는 발전하는데 개인은 여전히 불행하다고 생각하고 있다는 결론을 도출할 수 있다. 최근 페루가 고성장을 했음에도 1인당 국민소득이 여전히 6,000달러를 밑도는 현실에서 이는 당연한 일일지도 모른다. 하지만 과연 그렇게 단순하게 생각하고 말 일일까?

〈그림 12-6〉 페루의 금속광물 부문 투자액 추이

(단위: 100만 달러)

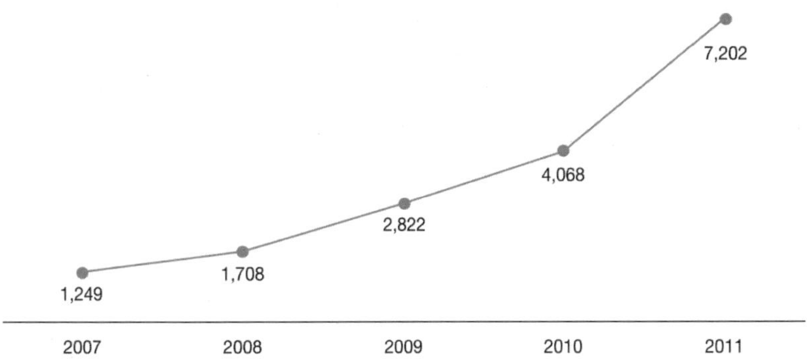

자료: Ministerio de Energía y Minas del Perú(2012: 10).

3. 경제성장의 그림자

최근 페루의 고성장을 견인한 것은 단연 광업과 에너지 부문이었다. 익히 아는 사실이지만 이는 국제 원자재 가격의 급격한 상승 때문이었다. 2012년 4월에 발간된 페루 에너지자원부 연간 보고서에 따르면, 비철금속 중에서 페루에서 가장 수출액이 많은 구리, 금, 납, 아연의 경우 2001년 대비 2011년 국제시세가 각각 약 5.6배, 5.8배, 5배, 2.48배 상승했다(Ministerio de Energía y Minas del Perú, 2012: 18). 이에 따라 광업 부문의 투자도 급증했다. 금속광물 부분만 놓고 보아도 2007년에는 12억 4,900만 달러였던 투자액이 2011년에는 72억 200만 달러로 급증했다(<그림 12-6> 참조).

광업과 에너지 부문이 수출에서 차지하는 비중을 보면 이 부문이 페루 경제의 근간임을 쉽게 알 수 있다. 2011년 페루의 수출 총액은 462억 6,800만 달러였다. 그런데 금속광물 수출액이 273억 6,100만 달

〈그림 12-7〉 페루의 금속광물 부문 수출액 증가

(단위: 백만 달러)

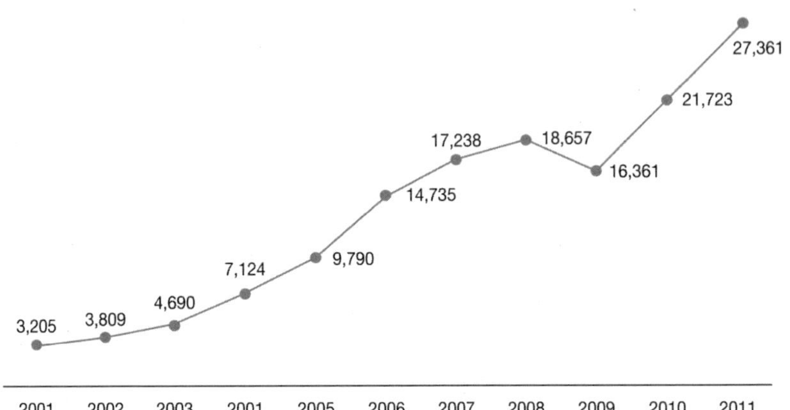

자료: Ministerio de Energía y Minas del Perú(2012: 7).

러에 달해 전체 수출의 59.14%를 차지했다. 석유와 천연가스 같은 에너지 부문도 47억 400만 달러로 10.17%를 점유했다. 금속광물과 에너지 부문을 합쳐 거의 70%에 달하는 셈이다(Ministerio de Energía y Minas del Perú, 2012: 6). 금속광물의 경우 수출액 총액은 2001년 32억 500만 달러에서 2011년 273억 6,100만 달러로 8.5배 이상 증가했다(<그림 12-7> 참조).

광업(그리고 에너지 부문)의 이런 엄청난 성장이 외국인 직접투자, GDP, 세수 증대, 고용 창출 등에도 긍정적인 영향을 끼쳤음은 물론이다. 덕분에 세계경제포럼이 2012년 144개국을 대상으로 한 경쟁력 조사에서 페루는 61위에 올랐다(World Economic Forum, 2012: 33). 2006년에는 125개국 중 79위, 2007년에는 131개국 중 96위, 2008년에는 134개국 중 83위, 2009년에는 133개국 중 78위, 2010년에는 139개국 중 73위였다가(Chiri, 2012: 12), 2011년에는 142개국 중 67위를 차지해 비로소 중위권 위로 부상한 것이다. 더욱 놀라운 점은 거시경제 지표에서는 무려 21위에 오르는 기염을 토했다는 사실이다.

그럼에도 일각에서는 우려의 목소리가 나오고 있다. 경제학자인 에르난 브리세뇨(Hernán Briceño)는 150개국 이상을 대상으로 1980년 이래의 경제성장을 관찰한 연구에 입각해 진정한 경제성장과 빈곤 퇴치는 기술을 기반으로 한 고부가가치 제품의 수출을 통해 가능하며 1차 산품의 채굴과 수출로는 어렵다고 말한다. 그에 따르면, 특히 현대의 광업은 자본집약적 산업이라서 고용을 많이 창출하지 않는다. 또한 사회적 갈등, 환경 문제, 노동 분규를 곧잘 일으키는 고비용 산업이다. 가장 심각한 문제는 자원 채취와 수출이라는 단순한 시스템으로는 전반적인 교육 수준의 상승을 기대하기 힘든데, 이는 기술 발전과 고부가가치 산품 생산에 심각한 장애요인이라는 것이다. 그는 나아가 페루 경제가 이미 이상 징후를 보이고 있다고 지적한다. 자원 수출과 외국인 직접투자 증대로 달러가 넘쳐 페루 화폐가 고평가되면서 공업제품 수출이 타격을 입고 있다는 것이다. 그가 제시한 자료에 따르면, 2001년 30%를 상회하던 비전통 부문, 즉 산업 부문의 수출 비중이 2011년에는 10%나 감소했다. 브리세뇨는 이런 논지를 바탕으로, 가령 2013년 페루의 구리 생산이 14% 증가할 것이라면서 페루 경제에 대해 장밋빛 전망을 늘어놓는 각종 경제 보고서들을 경계해야 한다고 지적한다. 페루가 이른바 '네덜란드 병'에 빠지고 있다는 우려를 표명한 것이다(Briceño, 2013).

그렇다면 브리세뇨의 진단과 우려는 과연 타당한 것일까? 최근의 고성장이 페루 사회를 근본적으로 변혁시키지 못하고 있다는 점은 분명해 보인다. 페루의 경쟁력 상승을 예찬한 세계경제포럼 보고서는 부정적인 면 또한 짚고 있다. 경쟁력 순위에서 공공기관 부문 118위, 정부 효율성 100위, 관료적 형식주의 128위, 교육 132위, 정보통신 이용 부문

〈표 12-1〉 페루 광업 부문의 고용 증대 추이

(단위: 명)

	2007	2008	2009	2010	2011
원청기업	54,613	60,783	58,987	67,575	65,920
하청업체	88,368	66,243	67,096	97,956	111,511
합계	134,981	127,026	126,083	165,531	177,431

자료: Ministerio de Energía y Minas del Perú(2012: 26).

89위, R&D와 기술 부문 118위, 운송 인프라 97위 등을 차지한 것은 눈부신 경제성장 뒤에 길게 드리워진 그림자를 보여준다(World Economic Forum, 2012: 33~34). 광업 특수 덕분에 거시경제 지표만 양호할 뿐 다른 분야에서 발전의 동력을 찾기는 힘든 상황인 것이다.

또한 각종 지표를 잘 살펴보면 광업 특수의 효과도 외형에 비해 내실이 떨어진다. 먼저 고용 부문을 살펴보면 브리세뇨의 지적이 타당하다는 사실을 알 수 있다. <그림 12-6>과 <그림 12-7>을 보면 2007년에서 2011년 사이 수출은 약 41%, 투자는 약 5.8배 증가했음을 알 수 있다. 그런데 고용 증가율은 이에 크게 못 미친다. 총 17만 7,431명이 광업 부문에 종사하고 있는데, 원청기업에서는 약 20%, 하청업체에서는 26% 증가하는 데 그쳤다(<표 12-1> 참조).

수출도 2012년의 경우 문제가 있었다. 2011년 페루의 총 수출액은 전년 대비 8.8% 증가했지만 2012년에는 전년 대비 4.8% 증가에 그쳤다. 더구나 경상수지는 적자였다. 수입이 수출보다 더 큰 폭으로 늘어났기 때문이다. 그럼에도 2012년 경제성장률이 6.3%에 달할 수 있었던 것은 내수가 7.8% 성장한 덕분이었다. 특히 민간 부문 투자가 13.6%, 공공 부문 투자가 20.9% 증가한 것이 내수 성장에 크게 기여했다. 2012년만 놓고 보면 공공 부문 투자가 굉장히 중요한 것으로 보인다. 그러나 공공 부문 투자가 2011년에는 전년 대비 17.8% 감소했다가 2012년에 다시 늘었다는 점을 감안하면 2011년에도 13.2% 증가한 민간투자의 역할이 더욱 컸다고 할 수 있다(Parodi, 2013). 경상수지가 적자였음에도 2012년에도 고성장 기조를 유지할 수 있었던 데에는 외국인 직접투자의 효과도 일조했다. 페루의 민간투자 촉진 기관인 페루투자진흥청(ProInversión: Private Investment Promotion Agency)에 따르면, 2012년의 외국인 직접투자는 73억 3,500만 달러로, 2010년 및 2011년과 비슷한 규모로 꾸준하게 지속되었다(ProInversión, 2013).

결론적으로 수출과 투자의 증가에 비해 고용 창출 효과가 상대적으로 작은데다 수출이 증가했음에도 경상수지에 빨간 불이 켜진 상태에서 내수와 외국인 직접투자가 성장을 이끈 2012년의 페루 경제 성적표가 좋다고는 볼 수 없는 것이다.

4. 페루의 역사적 경험: 호황 뒤의 나락

페루의 현 경제성장에도 낙관적 전망을 내놓지 못하는 이유는 페루의 지난 역사적 경험 때문이다. 페루의 지난 1세기 반 이상의 역사를 돌이켜보면 경제 붐과 침체가 끝없이 되풀이된 형국이다. 경제 붐의 시초는 조류 배설물이 퇴적되어 최상급 비료로 변한 구아노 때문이었다. 구아노 붐은 19세기 중반부터 거의 반세기나 지속되었다. 덕분에 페루는 정치 혼란과 경제위기가 되풀이되던 독립 직후의 악순환을 끊고 나라의 기틀을 다질 수 있었다. 1870년대에는 구아노와 더불어 초석이 페루 경제를 쌍끌이하기도 했다. 그러나 초석 사업을 두고 벌어진 칠레와의 태평양전쟁(Guerra del Pacífico, 1879~1883)에 패하고 19세기 말 구아노도 고갈되면서 페루 경제는 곤두박질쳤다. 그 뒤로 1930년대까지 아마존 열대림의 고무, 해안지대의 설탕과 면화, 안데스의 구리, 석유 등이 차례로 미니 경제 붐을 일으켰다. 그러나 구아노 시대의 호황에는 미치지 못했고 경제 붐의 지속 기간도 짧았으며 그 짧은 경제 붐이 끝나면 어김없이 더 깊은 경제침체가 뒤따랐다. 그러다가 1950년대부터 약 20년 동안은 어분으로 세계적인 수산 대국의 지위에 올랐다. 구아노 시대에 필적할 만한 경제호황을 경험한 것이다. 하지만 해류 변화로 어획량이 급감하면서 이 호황도 막을 내리고 페루 경제는 또다시 나락으로 떨어졌다.

이처럼 경제 붐과 경제침체가 되풀이되는 원인은 다음과 같은 경제적 취약성 때문이다. 첫째, 페루는 성장의 촉진제로서 수출에 과도하게 의존하는 형태를 벗어나지 못했다. 둘째, 국제시장가격의 변동, 즉 자신의 통제를 벗어나는 힘에 극단적으로 취약했다. 셋째, 20세기 페루 경제에서는 해안지대의 자본집약적인 근대적 부문과 고지대의 전통적 부문 사이의 생산적 연계가 거의 존재하지 않았다. 넷째, 매우 불평등한 소득분배 패턴이 구축되어 있었다. 1980년대에는 상위 20%가 소득의 51%를 차지한 반면, 하위 20%는 겨우 5%만을 차지했다. 몇 십 년이 지나도 그러한 양상은 거의 똑같았다(Skidmore, Smith and Green, 2010: 156~157).

페루의 현재 고성장이 우려스러운 것은 이러한 과거의 패턴과 너무 흡사한 양상이기 때문이다. 무엇보다도 수출에 과도하게 의존해서 국제시장의 가격변동에 취약한 점이 유사하다. 물론 현재 페루의 호황은 구아노나 어분 같은 단일품목에 의존했던 과거와는 차이점도 존재한다. 구리, 석유, 천연가스, 금, 납, 아연, 주석 등 여러 품목이 수출호황을 이끌고 있기 때문이다. 그러나 광업 한 분야에서만 두드러지는 현상이라는 점에서 과거와 본질적인 차이가 있다고 보기는 힘들다. 더구나 과거나 지금이나 한 부문의 호황이 국내 산업의 질적인 성장으로 이어지지 못하는 답답한 양상이라는 점에서 너무나 흡사하다. 가령 지난날 페루는 라틴아메리카 국가들의 경제발전사에 자주 등장하는 수입대체 산업화마저 등한시했다. 제2차 세계대전 중에 식료품, 직물, 신발, 음료, 담배, 의류, 기본 소비재를 만드는 공장들이 세워지기도 했지만(블루엣·블루엣, 2013: 458) 한때뿐이었다. 그런데 바로 똑같은 일이 현재 벌어지고 있다. 브리세뇨의 진단처럼 광물과 에너지 부문의 수출 호조가 다른 산업에 파급 효과를 미치기는커녕 오히려 악재로 작용하고 있는 것이다.

현재의 고성장과 과거의 경제적 패턴 간의 또 다른 차이점도 과연 본질적인 변화인지 의심스럽다. 과거 구아노와 어분 산업은 해안지대를 중심으로 이루어진 반면, 현재의 광업 발전은 아무래도 자원의 보고인 안데스를 중심으로 이루어지고 있다. 따라서 이는 페루에서 오랫동안 사회적 통합에 문제가 된 '해안지대의 발전/산악지대의 저발전'을 해소할 수 있는 계기가 될 수도 있다. 그러나 현재의 광업 발전이 이른바 농업 같은 전통적 부문의 발전을 이끌어내지 못하고 있다는 점을 감안하면 사실상 과거와 차별화되는 점이 없다. 마찬가지로 광업은 다른 산업과도 연계되지 못하고 있다. 더구나 페루 광업 부문에는 결정적인 문제가 있다. 예나 지금이나 외국인 기업에 거의 전적으로 의존하는 행태를 보인다는 점이다(Skidmore, Smith and Green, 2010: 159). 현재 외국계 기업들은 세금, 채굴권 로열티, 환경분담금, 지역사회 지원금 등의 형태로 대규모 수익의 극히 일부만 페루 사회에 환원하고 있을 뿐이다. 대규모 투자를 한다지만 이를 훨씬 상회하는 수익이 국외로 반출되고 있는 것이다. 광업이 산악지대의 전반적인 발전을 이끌고 이를 통해 해안지대와 산악지대의 고질적인 격차를 해소할 수 있으리라는 기대는 애초부터 하기 힘든 상황이었다.

최근의 고성장이 불평등한 소득분배를 해소할 수 있을지도 불투명하다. 앞서 언급했듯이, 광업 부문의 고용 창출 효과는 기대 이하다. 또한 어분이 페루 경제를 이끌던 시절에도, 광업이 이끄는 지금도 하위직인 생산직 노동자들은 안데스 주민이라는 점에 주목할 필요가 있다. 어분 산업 종사자들이 안데스에서 해안지대로 이주한 이들이라면, 지금은 안데스 현 거주자들이 광산 노동자로 대거 투입되고 있다는 점만 다를 뿐이다. 최근의 경제호황으로 극빈자 비율이 줄고 중산층도 예전보다 두터워졌다고는 하지만 산악지대 주민이 최하위 생산직을 벗어나지 못하고 있는 상황에서 소득집중 현상이 크게 완화되리라고 기대하기는 힘들다.

여러 가지 측면에서 볼 때 지금의 경제호황을 결코 과거와 차별화되는 질적인 도약으로 보기는 어렵다는 결론에 이를 수밖에 없다. 그렇다면 지금의 호황이 꺼지는 순간 무슨 일이 일어날지는 지난 역사적 경험으로 볼 때 미루어 짐작이 간다. 지금의 광업 특수가 과거 구아노와 어분으로 누린 특수 이상이기 때문에 골도 더 깊을 가능성이 크다. 최하위 생산직 노동자들의 대량실업은 거의 필연적이며, 해안지대보다 산악지대가 더 큰 타격을 입을 것도 자명하다. 생각만 해도 끔찍한 일이지만 이런 시나리오가 전개된다면 센데로 루미노소 봉기 같은 악몽이 되풀이되지 않으리라는 보장도 없다.

5. 페루, 사암절벽 위의 쇼핑몰?

사실 과거의 경험에 비추어 현재 페루의 고성장 국면이 반드시 무참하게 꺾이리라고 단정 짓는 것은 지나친 논리적 비약일지도 모른다.

설사 경제가 급전직하한다 하더라도 센데로 루미노소 봉기 같은 일이 되풀이되리라는 법도 없다. 하지만 호황 속에서도 여전히 짙은 그림자가 드리워져 있는 페루의 모습을 보면 쇼핑몰 라르코마르(Larcomar)가 떠오른다. 태평양 연안에 위치한 리마는 도시 전체가 거의 평지다. 하지만 바닷가에 가보면 리마가 약 100m의 수직 절벽 위에 있는 평지에 자리하고 있다는 사실을 알 수 있다. 그 끝에 해안도로가 있으며 절벽 아래의 좁다란 평지에도 해안도로가 나 있다. 두 개의 해안도로가 있는 셈이다. 그 절벽은 사암(砂巖)으로 되어 있다. 즉, 모래바위 절벽이다. 리마가 모래사막에 위치해 있으니 사암절벽이 있다 해서 그리 이상할 일은 아니다. 바로 그 절벽 끝에 라르코마르가 있다. 1998년 문을 연 이 쇼핑몰은 리마의 랜드마크이며, 나아가 페루 경제성장의 상징과도 같은 존재다. 그런데 잘 생각해보면 이 쇼핑몰은 위태롭기 그지없다. 페루 역시 환태평양 지진대에 속해 있는데 바위절벽도 아닌 무르디 무른 사암절벽 끄트머리에 덩그러니 쇼핑몰을 지어놓았으니 말이다. 사암절벽 위의 이 쇼핑몰이 행여 페루의 지난 역사와 미래를 함축하고 있는 것이 아니기를 바랄 뿐이다.

참고문헌

블루엣·블루엣(Brian W. Blouet and Olwyn M. Blouet). 2013. 『라틴 아메리카와 카리브 해: 주제별 접근과 지역적 접근』, 김희순·강문근·김형주 옮김. 까치.

우석균. 2012. 「페루 2012: 모래 절벽 위의 백화점?」. ≪트랜스라틴≫, 21호, 2012년 9월, 85~95쪽, http://translatin.snu.ac.kr/translatin/1209/pdf/Trans12092112.pdf.

페루 진실화해위원회. 2003. Informe final, http://www.cverdad.org.pe/ifinal/index.php, 자료검색 2013년 3월 13일.

BBVA Research. 2013. *Situación Perú: primer trimestre de 2013*.

Briceño, Hernán. 2013. "El círculo vicioso del boom minero en el Perú." La Primera, 2 de marzo, http://www.diariolaprimeraperu.com/online/economia/el-circulo-vicioso-del-boom-minero-en-el-per_132384.html, 자료검색 2013년 3월 10일.

Chiri, Adolfo F. 2012. "La posición competitiva del Perú en la economía global." *Strategia*, Año 7, No. 27, pp. 11~14.

Hunefeldt, Christine. 2010. *A Brief History of Peru*. 2nd ed.. New York: Facts on File.

Index Mundi, http://www.indexmundi.com, 자료검색 2013년 3월 14일.

Klarén, Peter F. 2004. *Nación y sociedad en la historia del Perú*. Lima: Instituto de Estudios Peruanos.

Latinobarómetro. 2012. *Informe Latinobarómetro Perú 1995-2011*. Santiago: Latinobarómetro.

Loayza, Norman V. 2008. "El crecimiento económico en el Perú." *Economía*, Vol. XXXI, No. 61, enero-junio, pp. 9~25.

Ministerio de Energía y Minas del Perú. 2012. *Boletín Estadístico de Minería*.

Parodi, Carlos. 2013. "Perú: crecimiento económico y otras cifras 2012." *Gestión*, 8 de marzo, http://gestion.pe, 자료검색 2013년 3월 12일.

ProInversión. 2013. http://www.proinversion.gob.pe/1/0/modulos/JER/PlantillaStandard sinHijos.aspx?ARE=1&PFL=0&JER=1747, 자료검색 2013년 3월 15일.

Skidmore, Thomas E., Peter H. Smith and James N. Green. 2010. *Modern Latin America*. 7th ed.. New York/Oxford: Oxford University Press.

World Economic Forum. 2012. *The Global Competitiveness Report 2012~2013*.

제 4 부

안데스 국가의 변화와 도전

제13장

하향세의 포스트 신자유주의

베네수엘라와 볼리비아, 에콰도르에서 논쟁 중인 모델

파블로 스테파노니 _조영실 옮김

베네수엘라, 볼리비아, 에콰도르는 어떤 이들에게는 라틴아메리카의 악의 축으로 여겨지지만 또 어떤 이들에게는 혁명의 축이 되었다. 그러나 실제로 이들 나라에 적용된 경제정책 및 사회정책에 초점을 맞춰 이들 나라를 분석해본다면 이 나라들이 다시 전진할 수도 있고, 현행 과제를 심사숙고할 수도 있으며, 이러한 과정을 분석할 때 적용되곤 하는 이념의 과잉을 피할 수도 있다는 사실을 알 수 있다. 이 세 나라의 모델은 높은 천연자원 가격에 의존하는 보상적 국가에 기초를 두고 있다. 그렇지만 이 보상적 국가는 세계 위기 상황에서 경기 역행적 정책을 적용할 능력도 갖고 있으며 "만인을 위한 조국"이라는 구호 아래 여러 사회적 프로그램을 전개시킬 수도 있다.

파블로 스테파노니 Pablo Stefanoni ≪누에바 소시에다드≫의 편집장이자 『볼리비아를 논하다: 탈식민화 과정의 관점(Debatir Bolivia: Perspectivas de un proceso de descolonización)』(2010, Taurus, Buenos Aires: Taurus)의 공동저자다.

* 이 글은 ≪누에바 소시에다드≫ 239호(2012)에 실린 글을 옮긴 것이다.

“자본주의가 불평등과 압제의 왕국을 대표한다면 평등과 자유의 승리를 가능하게 해주는 유일한 체제는 사회주의다.” 2012년 2월 중순 베네수엘라 대통령 차베스는 이렇게 선언했다. 그리고 2010년 티키파야 기후변화정상회의에서 모랄레스는 “자본주의가 끝장나든지 어머니 대지가 끝나든지”라는 표현을 썼다. 경제학자 출신의 에콰도르 대통령 코레아는 “현대사회주의의 도전은 발전모델을 바꾸는 것”이라고 지적했다. 이 세 대통령은, ‘두 개의 좌파’ 테제에 따르면, 라틴아메리카 정치지도상에서 급진좌파에 속한 국가들의 정상이다. 어떤 이들은 세 나라가 형성하는 이 축이 후기자본주의의 미래에 진정한 방향전환을 만들기 때문에 이 축을 급진파라 부르고, 또 어떤 이들은 이 축을 낡고 포퓰리즘적이며 비민주적인 좌파에 해당한다고 본다.

그러나 세 나라의 과정을 자세히 들여다보면 세 나라에서 시행된 공공정책은 반자본주의 또는 사회주의모델이라기보다는 선한 자본주의(거기에 더해 국가와 공공투자의 인프라 개입 확대, 금융자본과 생산자본 사이의 균형, 노동자와 소외계층에 대한 권리 증진)의 모색에 더 가까워 보인다. “이제는 만인의 조국이 존재한다”라거나 이와 비슷한 구호에는 새로운 사회적 협약을 만들어내겠다는 목표, 전통적으로 엘리트주의적이고 인종주의적인 국가기획에서 소외되었다고 느끼던 사람들의 통합을 달성하겠다는 목표에 대한 강한 인식이 담겨 있다. 이 소외된 계층은 이른바 내부 식민주의였다고 할 수 있다. 따라서 포퓰리즘적 담론은 두 개의 국가, 즉 가시적이고 통합적이지만 형식적인 국가, 그리고 비가시적이고 가라앉아 있지만 동시에 매우 현실적인 진정한 국가가 존재한다는 점을 부각시킨다. 이 후자의 국가는 반포퓰리즘적 분석이 간과하고 있는 정치분석적 요소다. 이 모든 과정의 정체성은 부패하고 배타적인 민주주의에 대한 고발에서 비롯되었으며, 권좌에 앉은 엘리트들이 바뀜에 따라 그 역동성이 증대되어왔다.

그러나 동시에 베네수엘라의 볼리바르 혁명, 볼리비아의 민주주의적이고 문화적인 혁명, 에콰도르의 시민혁명에 공통된 요소는 — 이 세 혁명의 변화 과정은 모두 자신을 '혁명'으로 규정하고 있음에 유의하자 — 지하자원에 기초한 채굴주의 국가경제라는 특징을 지니고 있다는 점, 이 경제가 유발하는 지대추구 경제의 역동성을 갖고 있다는 점, 중장기적으로 포스트 채굴산업적인 전환을 생각하기 어렵다는 점 등이다. 앞에서 확인한 대로 '풍요의 패러독스'는 취약한 제도화 수준, 자원분배의 왜곡성[페르난도 코로닐(Fernando Coronil)의 용어를 빌리면 '네덜란드 병' 또는 '신자유주의 병'], 발전에 대한 단순화 비전(마법 국가 또는 기적의 문화), 국민의식의 형성 과정을 제지하고 국민투표 민주주의를 권장하는 고도의 국가통제주의, 집중화, 수직주의 등에서 비롯되는 경향이 있다. 여기서 파생된 이데올로기를 하나 들자면 페르난도 몰리나(Fernando Molina)가 지칭한 "지질학적 민족주의"를 들 수 있다. 몰리나는 또한 강력한 국가 — 알바로 가르시아 리네라(Álvaro García Linera) 부통령은 볼리비아의 현행 프로젝트를 이렇게 불렀다 — 는 국가의 목표를 세울 수 있게 한 채굴산업주의 논리의 여러 결과와 충돌한다고 주장한다. 에콰도르의 제헌의회 회장을 지낸 아코스타에 따르면, 우리는 그 결과를 ① 법규의 존중을 이끌어내고 정부 시책을 감독하기에 매우 취약한 국가제도, ② 규칙과 투명성의 부재(이로 인해 공적 자원과 공적 자산을 다루는 데 있어 임의성이 커진다), ③ 단기적이고 무계획적인 정책, ④ 천연자원의 대규모 채굴과 수출에서 비롯된 쉬운 부의 환상(이러한 환상은 마치 DNA처럼 정부와 사회에 광범위하게 퍼져 있다)으로 요약할 수 있다.

베네수엘라에서는 판매수익 경제에서 탈피하고자 하는 의지가 아르투로 우슬라르 피에트리(Arturo Uslar Pietri)의 "석유를 파종한다(sembrar el petróleo)"는 말로 나타났다. 이는 석유수익 자원을 생산 부문, 특히 농업에 재투자하는 것을 가리킨다. 이 의제는 에콰도르와 볼리비아에서도 민족주의의 초석으로 작용하고 있다. 볼리비아의 경우에는 석유 자원 대신 가스 자원을 대입시키면 그대로 통한다. 그러나 역사가 증명하는 것처럼 채굴산업 경제에서 탈피하는 것도 쉽지 않고 대통령의 의지가 그 정도까지 강하기도 쉽지 않다. 수많은 세력이 이 시스템에 따른 이해관계를 둘러싸고 구조화되어 있기 때문이다. 오늘날 베네수엘라는 라틴아메리카 전역에서 식품을 가장 많이 수입하는 국가 가운데 하나다. 2010년에는 50억 달러 이상을 수입했으며, 이는 지속적으로 증가하는 추세다. 원료에 대한 의존도는 "대규모 산업 도약"을 제시한 볼리비아에서도 목격된다. 에콰도르도 원료에 의존하는 정도가 상당하다. 에콰도르의 경우에는 원료수출 경제모델에서 벗어나 바이오산업 경제를 도입하기 위해 16년에 걸친 '수막 카우사이를 위한 국가계획(Plan Nacional del Buen Vivir)'을 발표했다.

이 세 나라에 존재하는 현행 모델은 채굴경제와 민주주의의 결합이라고 규정할 수 있다. 채굴경제에 대해서는 국영화 과정을 통해 국가가 최대한 개입하고 있고 석유수익 분배가 어느 정도 제도화된데다 어느 정도 보편주의적인 사회정책을 통해 관리된다는 점에서 민주주의라고 할 수 있다. 여기에는 보조금과 같은 소득이전정책과 사회 인프라(보건, 교육, 식량가격 인하)가 큰 몫을 하고 있다. 아무튼 에두아르도 구이나스(Eduardo Gudynas)가 지적한 대로 과거 채굴경제와 달리 '신채굴경제'에는 수출모델과 자연개발(광물자원, 석유자원, 집약형 단일작물)을 중단하지 않으면서도 분배정책을 더 적극적으로 실시하는 보상적 국가가 동행하고 있다. 새로운 채굴경제는 세계적으로 원자재 가격이 인상되는 붐을 배경으로 빈곤 감소 측면에서 좋은 결과를 거두었다. 그러나 신채굴경제모델은 남미식 복지국가 유형을 건설하는 데 필요한 중재방식을 구축하지는 못했다. 더욱이 빈곤 감소는 지방에만 일반화된 현상이기도 하다. 개발주의 및 산업주의에 대한 환상을 심는 담론은 많지만, 중기적, 나아가 장기적인 포스트 채굴경제에 대한 의제를 조성하는 데에는 거의 아무런 진전이 없다. 이런 점에서 에콰도르 사례의 차별성을 부각시킬 필요가 있다. 에콰도르는 환경론적 비판의 영향(과 대안의 제시)이 적어도 그 역할에 있어 볼리비아나 베네수엘라보다는 강하다.

예를 들어 베네수엘라가 추진 중인 새로운 '공동경제체제(sistema económico comunal)'는 여러 가지 의문을 불러일으키는데, 이러한 의문은 조합주의에 의존한 과거 경제체제가 실패했던 경험 때문에 생겨난다. 즉, 조합주의에서는 대규모 국가 보조금 때문에 새로운 체제가 작동할 수 없었다. 공동체 기업(empresa comunal)은 적어도 한동안은 세금을 지불하지 않을 것이다. 국회 시민참여위원회 위원장인 알프레도 무르가(Alfredo Murga) 하원의원에 따르면, "건전한 조세 행정이 있는 곳은 그런 세금이 필요하지 않다. 그러라고 석유 수익이 있는 것이다". 무르가는 "비자본주의적 생산양식과 자본주의적 생산양식이 공존하는 과도기가 오랫동안 지속될 것이다. 사회가 성숙해지고 자본주의 양식이 소멸될 때까지 이는 계속될 것이다. 자본주의 생산의 골격이 일거에 제거되지는 않을 것이다"라고 덧붙인다. 시민참여위원회의 한 하원의원은 공동체 기업에서는 "특권도 없고 서열화도 없이 모두가 평등하다는 인식이 생길 것이다"라고 주장한다. 그렇다면 이 프로젝트는 석유 수익으로 지탱되는 또 다른 포스트 자본주의적 실험을 계속 이어갈 것인가? 이 질문에 대한 답은 지금까지 시행된 정책의 지속 가능성, 정책의 제도화 정도, 이 정책들이 최빈곤층의 생활여건에 미친 성과 등에 달려 있다.

1. 베네수엘라: 석유사회주의인가

세 국가 가운데 이러한 시도가 현행 제도에 부딪혀 가장 많이 좌절된 나라는 베네수엘라이며, 그럼에도 불구하고 더 많은 정책을 적용해보려고 노력한 나라도 베네수엘라다. 볼리비아와 에콰도르에서는 새로운 권리에 관한 조항을 법률과 헌법에 넣음으로써 여러 조치가 마련되긴 했지만 별로 창의적이지 못하고 다소 온건한 조치들이었다. 하지만 베네수엘라에서는 석유 수익의 더욱 정당한 분배를 통한 대중적이고 가속화된 포용 과정을 전개해가기 위해 다양한 메커니즘이 시도되었다. 첫 번째 단계에는 시민적·군사적 작전도 적용되었다. 지대추구 경제에 대한 비판론자들은 이를 "군대식 문화"라고 부르기도 했다. 군대문화처럼 시간적 연속성도 없이 특별한 작전들이 지배한다는 뜻이다. 그러나 포스트 석유경제의 발전 의제가 실패했음을 암시적으로 인정하면서 현재 추진 중인 프로젝트를 '석유사회주의'라고 규정한 사람은 차베스 자신이었다.

<안녕하십니까 대통령입니다(Aló Presidente)>의 288회 방송에서 차베스는 "우리는 19세기에 마르크스가 상상한 사회주의와는 아주 다른 사회주의모델을 건설하고자 노력하는 중입니다. 석유자원의 부에 희망을 거는 것, 그것이 우리의 모델입니다"라고 설명했다. 나아가 그는 "석유사회주의는 석유자원의 개발 없이는 설정이 불가능합니다"라거나 석유자원은 "우리의 경제모델에 구체적인 형상을 만들어줍니다"라고도 말했다.

사회주의의 목표는, 19세기 공리주의 공식을 빌려 말하자면 사회의 행복을 극대화하는 것, 즉 '만인을 위한 만인의 행복'이다. 그런 틀에서 보면 이 목표를 달성하기 위해 내린 처방 중 가장 성공적인 것은 사회적

미션들이었다. 미션정책은 2003년 처음 시작되어 베네수엘라 안팎에 커다란 반향을 불러일으켰다. 미션정책을 시행하게 된 원인은 정치적 국면과 연관되어 있었다. 차베스 자신도 미션정책을 시작한 것이 2004년 야당 발의의 국민소환투표에서 차베스가 패할 것이라고 본 설문조사들과 관계가 있다고 말했다. 미션정책은 피델 카스트로(Fidel Castro)의 협조를 얻은 긴급 플랜이었다.

플랜은 제대로 작동했다. 차베스는 2004년 국민들로부터 광범위한 비준을 받았고 이는 야당에 부메랑이 되었다. 그리고 미션들은 볼리바르 사회정책의 중심이 되었다. 차베스에 대해 비판하는 사람들조차 이러한 미션정책이 적어도 초기에는 광범위한 적용 범위, 자체조직화, 사회적 권한 부여, 거액의 투자와 같은 긍정적인 효과가 있었음을 인정한다. 바리오 아덴트로(Barrio Adentro) 미션은 보건 분야가 부족한 문제를 해결하고자 했다. 특히 이는 카스트로가 대규모로 '수출한' 쿠바 의료진을 통해 이루어졌다. 로빈슨(Robinson) 미션, 리바스(Ribas) 미션, 수크레(Sucre) 미션은 문맹퇴치와 교육의 연속성을 위한 것이었고, 메르칼(Mercal) 미션은 인플레이션 확대 상황에서 식료품을 저가로 공급하는 역할을 했다. 해비타트(Habitat) 미션은 도시 주거환경 개선을 위한 것이었고, 부엘반 카라스(Vuelvan Caras) 미션은 직업 훈련을 목적으로 한 것이었다. 이러한 미션들은 모두 서민 지역에서 강력한 효과를 발휘했다. 욜란다 델리아(Yolanda D'Elía)와 크리스틴 키로스(Cristyn Quiroz)에 따르면, 2004년부터 2006년 사이에 메르칼 미션은 50%의 주민에게, 바리오 아덴트로 미션은 30%의 주민에게 혜택을 가져다주었다. 가계예산지출 설문조사의 자료에 따르면, 2007년에는 48%의 주민이 적어도 한 개 이상 미션에서 혜택을 입었다.

첫 번째 비판점은 앞에서 언급한 것처럼 현행 제도의 임기응변적 특성이다. 일반적으로 미션은 베네수엘라국영정유회사(PDVSA)의 재원으로 실시되고 있기 때문이다. 정부는 이러한 임기응변적 조치를 취한 것은 관료주의의 장애물을 피하고 변화를 가속화할 필요가 있기 때문이라고 정당화했다. 낡은 정부는 종종 혁명의 장애물로 등장하는데, 어느 정도 불안정한 제도를 연속적으로 만들어냄으로써 이러한 문제를 해결할 수 있다는 것이다. 그러나 2006년부터는 미션들의 적용범위 자체가 약화되었을 뿐만 아니라 쿠바 의료진의 유입 감소, 재정지원의 감소 등과 같은 상황도 벌어졌다(베네수엘라는 고인플레이션과 불황, 생산물 공급 중단이 결합된 상황이었다). 2009년에는 차베스 스스로 "바리오 아덴트로 미션의 효과가 줄어들고 있다. 우리는 문제와 원인, 이유를 고심하고 있다"라고 인정했다. 메르칼 미션에서도 유사한 현상이 일어났는데, 이 역시 재정지원(판로와 생산 공급 등)의 감소가 원인이었다.

이상의 내용을 종합해보면 각각의 경우에 대한 정확한 설명을 넘어서는 구조적인 어려움이 존재한다는 사실을 알 수 있다. 구조적인 어려움이란 사회정책의 탈제도화, 산재된 초과예산 메커니즘을 통한 재정조달을 말한다. 낮은 집행 정도, 투명성의 부재, 높은 업무비용 등의 문제도 있다. 또한 새로운 정부가 정치적 국면에 따른 불안정성을 넘어서서 중기적 예측가능성을 확보한 채 미션정책을 실시하지 못했던 것도 하나의 이유다.

아무튼 2007년까지는 미션정책을 통해 빈곤 문제가 개선되는 모습을 볼 수 있었고 빈곤율 수치가 안정화되는 경향도 있었다. 그러나 미션 프로그램의 절정기는 생산과 소비의 증가 덕분에 고용과 실질임금의 증가가 가능했던 시기와 부분적으로 일치한다. 2004년부터 2007년 사이에는 석유 판매수익의 효과가 1970년대의 석유가격 인상의 팽창 주기 때보다 더 크게 작용했다. 그럼에도 취업은 여전히 불안정한 상태였다. 그리고 2008~2009년에는 공식적 보건제도가 더욱 심각한 위기에 직면했다. 정부당국 스스로 보건 시스템 작동이 마비되었음을 인정했다. 쿠바 의료진 유입의 중단, 열악한 상태의 인프라, 비위생성, 불안정성 등의 문제가 대두되었다. 여기에 덧붙여 치안불안도 매우 높아졌는데 이는 특히 서민층에게 악영향을 끼쳤다.

2. 볼리비아: 잘 살다 또는 잘 살아남다

사회정책의 결과를 원자재 가격에서 비롯된 경제적 붐 자체와 분리시키기 어렵다는 것은 볼리비아의 경우에도 명백하다. 볼리비아의 경제는 탄화수소와 그 외 광물들의 높은 가격에서 비롯된 순풍의 이익을 봤다. 정부 공보처가 밝힌 대로 볼리비아는 1980년대 주석 가격의 폭락 이후 또다시 광물자원 강국이 되었다. 즉, 가스자원과 기타 광물들, 대두가 수출의 80% 정도를 차지함으로써 자원수익 중심인 경제 사이클의 고점에 위치해 있다. 국가는 근래 역사상 유례없는 경제 절정기를 맞고 있으며, 이는 볼리비아 주요 도시들의 건설업에 강력한 영향을 미치고 있다.

앞에서 말한 것처럼 모랄레스가 실시하는 사회정책의 축은 판매수익 이전 보조금이다. 보조금은 탄화수소 자원의 재원으로 지원되는데, 비교적 보편적이고 제도화된 원칙을 따라 실시되고 있다. 이렇게 아동, 노인, 임산부를 위한 지원 보조금 프로그램이 만들어졌다. 매우 광범위한 인구가 도시 비공식 경제나 농촌활동에 종사하고 있는 나라에서 가장 취약한 계층은 말할 것도 없이 연금이 마련되지 않은 노인인구다. 이런 맥락에서 현 정부는 보노솔(Bonosol: Bono Solidario의 약자로 연대를 위한 보조금이라는 의미)의 혜택 범위를 60세 이상 인구로 확대시켰다. 보노솔은 1990년대의 산체스 데 로사다 대통령이 만들었는데, 현 정부는 이를 변경해 렌타 디그니다드(Renta Dignidad) 프로그램으로 부활시켰다. 렌타 디그니다드는 연 단위가 아니라 월 단위로 연금을 지급한다. 수령금은 월 200볼리비아노인데, 이는 30달러에 해당한다. 연금정책의 경우에는 개인연금제도라는 맥락에서 정년을 58세로 줄이고, 사적 연금관리국을 일종의 대규모 국영 연금관리국으로 대체하며, 최소한의 소득을 유지하기 위해 노조 기여금과 경영주 기여금을 통해 연대 기금을 조성했다. 이 모든 것은 인플레이션에 대한 관리, 적정한 임금 인상 등의 신중한 거시경제정책하에서 이루어졌다.

어린이의 경우에는 후안시토 핀토 지원금으로 보완되었다. 이 지원금은 국가발전계획의 사회 보호 및 공동체 통합개발 정책에 포함되어 있는데, 공립초등학교 학생에게 학교를 계속 다닌다는 조건으로 연 30달러를 지불한다. 금액이 적기 때문에 그 효과는 농촌에서 더 크다. 농촌 지역은 빈곤 수준이 낮아 학교교육 포기 현상이 더 심하고 화폐유통 수준이 더 희소하기 때문이다.

가장 최근에는 임산부를 위한 후아나 아수르두이(Juana Azurduy) 모자(母子) 지원금이 설립되었다. 이 지원금은 산전 의료검진비용으로 한 회당 50볼리비아노(약 7달러)가 제공되며 최대 4회까지 가능하다. 이밖에도 산모는 산후검사를 위한 120볼리비아노(17달러)와, 2세 미만 아이의 진료를 위한 125볼리비아노를 제공받는다. 이는 산모와 아이의 사망률을 줄이기 위해서다. 이러한 정책은 다른 계층에도 국가지원계획을 마련해달라는 요구를 불러일으켰다. 예를 들어 현재 장애인을 위해서는 모토 멘데스 연대 미션(Misión Solidaria Moto Méndez)이 지원되고 있다. 이 미션은 미주볼리바르동맹(ALBA: Alternativa Bolivariana para los Pueblos de Nuestra América)의 틀을 통해 쿠바와 베네수엘라의 협조를 받고 있으며, 검진 외에 휠체어, 목발, 특수매트리스 등의 기술지원은 이전의 사회정책들과 마찬가지로 볼리비아 군의 도움을 받아 이루어진다. 최근에는 장애인을 위해 연 단위로 지급되는 지원금도 승인되었다.

또한 ALBA 협정에 따라 볼리비아에는 수백 명의 쿠바 의료진이 있는데, 지금은 백내장을 비롯해 안질환을 앓고 있는 사람들을 무료로 수술해주는 밀라그로(Milagro) 미션이 추진되고 있다. 이 프로그램은 최대 낙후지역인 주민들에게 큰 성과를 거두고 있다. 이밖에 5세 미만 아동을 위한 영양실조 제로 프로그램을 실시하고 있는데, 이는 볼리비아의 제일 심각한 문제 가운데 하나인 높은 극빈상태를 해결하기 위한 것으로, 볼리비아에서 가장 소외된 지역을 우선으로 한다.

그러나 생활수준을 지속적으로 개선하기 위해서는 이 모든 것으로도 충분하지 않다. 모랄레스가 집권하는 동안 1인당 연소득이 2001년의 942달러에서 2010년에는 1,871달러로 늘었지만(볼리비아는 세계은행 통계에 따라 평균소득 국가가 되었다), 빈곤율은 여전히 높은 수준을 유지하고 있다. 2005~2010년에 전국 빈곤율은 60.6%에서 49.9%로 줄었고, 농촌 빈곤율은 77.6%에서 65.1%로 줄었다. 전체 극빈층은 38.2%에서 28.4%로 줄었고, 농촌은 62.9%에서 44.7%로 줄었다. 이러한 현상은 공공투자의 주목할 만한 증가 — 최근 몇 년 사이에 3배가 늘었다 — 를 기반으로 일어난 성과다.

정부는 몇 가지 노동유연정책을 되살렸는데, 이는 경제의 공식 부문에만 영향을 주었다. 그러나 2009년 노동농업발전연구소(CELDA)의 보고서에 따르면, 비공식 고용률이 62%까지 상승했고 급여노동자의 약 23%가 노동조합에 소속되어 있다. 공공 부문에서는 100명 중 51명이, 그리고 민간 부문에서는 100명 중 14명이 노조 소속이다. 해외에 있는 이민자들의 송금은 부분적인 도움이 되었다. GDP의 5%가량이 해외송금이다. 그러나 이 흐름은 최근 아르헨티나에서 보이는 것과 같은 구매 제한, 해외로의 송금 제한 등 일련의 외생적인 변수에 달려 있다.

한편 정부는 농촌에서 자연재해에 대비한 농업보험을 실현하겠다고 약속했다. 또한 2006년에는 타리파 디그니다드(Tarifa Dignidad) 프로그램이 승인되었다. 이는 전기요금을 25% 낮춰주는 프로그램으로, 도시에서는 월 사용전력이 70kW를 넘지 않는 경우에, 그리고 농촌에서는 30kW를 넘지 않는 경우에 적용된다. 또한 쿠바의 "나는 할 수 있다(Yo sí puedo)" 방식을 들여와 문맹퇴치 캠페인도 추진하고 있다. 이 캠페인을 통해 볼리비아는 문맹에서 벗어난 국가라고 말할 수 있게 되었다. 그러나 친여권적인 시(市)와 야권 성향의 시가 함께 힘을 합쳐 주도한 이 캠페인은 성공을 했지만 후속사업인 "나는 계속할 수 있다(Yo sí puedo seguir)"는 초기와 달리 효과가 미미했다. 볼리비아에는 기능적 문맹이 존재하기 때문에 이러한 현상은 기존에 달성한 성공조차 위협할 수 있다.

또한 보건 분야에서도 서민 지역에서 활동하는 쿠바 의료진의 적극적이되 임시방편적인 봉사활동이나 국민건강보험제도를 주장하는 발의안을 넘어서는 중대한 변화는 찾아볼 수 없다. 국민건강보험을 통해서도 다음과 같은 헌법 조문의 규정, 즉 "35조 1항. 국가는 삶의 질과 집단적 복지를 개선할 수 있는 공공정책, 그리고 보건서비스에 대한 국민의 무료 이용을 추진함으로써 모든 수준에서 보건권을 보호한다", "36조 1항. 국가는 보건에 대한 보편적 보험을 이용할 수 있도록 보장한다"라는 규정을 이행할 수 있다고 보는 것이다.

이처럼 여러 사회정책은 전통적인 소외계층에 대해 수익의 재분배와 상징적 보상을 실시하는 데 상당한 성과를 거두었다(지원금을 지급할 때에는 모랄레스와 장관들, 군인들이 대거 지폐를 손에 쥐고 나와 후안시토 핀토 지원금을 직접 지급했다). 이에 덧붙여 원주민 농촌공동체에 토지를 할당해주는 정책도 실시했다. 그러나 이러한 정책들이 주관적으로든 법적으로든 이미 하나의 권리가 되긴 했지만, 더욱 통합적인 사회 프로젝트를 그려내는 정도가 되기에는 아직 요원하다. 모랄레스 자신도 종종 적절한 수익 이전정책이 시급성과 필요성을 다투기는 하지만 이 정책이 곧 사회통합과 사회정의에 대한 더 광범위한 논의를 통해 도달하게 될 지평 자체는 아님을 인정하곤 한다.

이러한 상황은 전적으로 생산적 고용과 교육정책 창출이라는 문제를 야기한다. 오늘날 볼리비아는 개발주의 환상[리네라 부통령의 표현에 따르면 "괴물 같은 댐"을 아마존에 끌어들이는 거대산업이고, 국영신문 ≪캄비오(Cambio)≫의 표현에 따르면 "무한한 원자력발전소"를 우유니 소금사막에 끌어들이는 것이다]과 비서구적이고 포스트 자본주의적인 신문명을 볼리비아에서 창조한다는 공산주의적 환상("잘 사는 것") 사이에서 갈피를 못 잡고 있는 것이다.

3. 에콰도르: 사회적 투자, 재분배, 포스트 채굴경제

에콰도르도 베네수엘라나 볼리비아와 동일하게 수익 이전정책을 택했다. 그러나 에콰도르는 점진적인 세제개혁의 승인도 달성했다(세제개혁은 베네수엘라나 볼리비아에서는 논의되지 못한 사항이다). 베네수엘라와 볼리비아에서는 지대추구 경제가 더 강력하게 지배하므로 재분배라는 말보다는 분배라는 표현이 더 적절하다. 에콰도르 사회정책의 주요 축은 인적개발 보조금의 증가다. 이 보조금은 빈곤가정과 극빈가정을 수혜자로 삼는 프로그램으로, 실행한 지 10년이 되었으며 2007년부터 2010년에 걸쳐 월 15달러에서 35달러로 지급금이 늘었다. 수혜자들은 몇 가지 부가 프로그램의 혜택도 누리는데, 주택, 소규모 창업, 교육 등을 위한 신용대출이 그것이다. 그 외에도 학비 보조금과 보건 보조금(건강검진 등) 등의 다양한 이전정책 프로그램이 있다. 이 정책의 핵심은 보조금 수령자가 금융기관에 대한 신용대출의 주체가 되도록 권장한다는 점이다. 세 국가에는 모두 사회통합의 수단으로 소프트론이 존재한다.

또한 주택 보조금도 1,800달러에서 3,600달러로 두 배로 증가했고 — 농촌지역의 주택 보조금은 960달러다 — 장애인을 돌보는 일에 종사하는 사람들을 위한 보조금도 만들어졌다. 한편 가정용 가스와 가솔린에 대해서는 보편적 보조금을 유지하는 반면, 공공서비스 요금에 대해서는 차등제를 실시한다. 가령 '존엄을 위한 요금' 프로그램을 통해 전력을 적게 소비하는 계층에는 킬로와트당 요금을 절반으로 줄이고 중류층과 중상류층에는 요금을 인상했다. 끝으로 정부는 2008~2009년의 식량난과 경제위기, 인플레이션에 맞서기 위해 밀, 농화학, 요소 같은 몇 가지 제품의 생산과 투자에 대해서는 직접보조금을 정착시켰다. 쌀, 밀, 우유, 빵과 같이 서민 장바구니에 큰 영향을 미치는 산물에 대해서는 가격 개입을 단행했고, 소비자 가격의 할인을 민간 부문과 협의했다.

보건 분야에서는 진찰비를 없애고 필수약품에 대한 무료 접근성을 확대시켰으며, 주간 진료시간을 8시간으로 늘렸다. 그러나 무엇보다 중요한 것은 국가 전체 예산이 증가됨에 따라 사회적 투자를 늘렸다는 점이다. 2001~2006년에는 18%였던 사회적 투자가 2012년에는 24%로 늘었다. 또한 사회적 비용과 채무상환의 관계도 역전되었다. 사회적 투자가 채무상환의 2.63배가 된 것이다. 게다가 실질임금도 인상되었다.

이런 정책들은 빈곤층과 극빈층을 감소시켰다. 빈곤층은 2006년 37%

에서 2010년 중반 33%로, 극빈층은 16%에서 14%로 줄었다. 지니계수로 본 불평등도 감소했다. 그러나 2006~2009년 사이에 원주민의 빈곤이 증가한 것은 포용적 공공정책에 한계가 있었음을 보여준다. 4년간 공적 비용의 누적금은 740억 달러였는데, 이는 이전 정부들의 14년에 걸친 누적금보다 더 많은 액수다. 국가 세수는 2006년 45억 2,200만 달러에서 2010년 78억 달러로 증가했다. 그러나 재분배 예산도 늘었다. 소득세와 누진세 같은 직접세는 2002년의 26%에서 2010년 40.7%로 늘었다. 사회적 공공지출은 2006년 GDP의 4.8%에서 2009년에는 8.1%로 늘었으며, 2010년에는 7.9%를 차지했다.

4. 전망

실제로 적용된 공공정책들을 매우 면밀하게 분석해보면 여러 사회적 정책(진보적이기는 하지만 새로운 사회적·재정적 협약 측면에서는 제한적이다)과 21세기 사회주의 정부들의 급진적 담론 사이에는 상당한 간극이 있음을 알 수 있다. 사실 사회정책은 행정제도의 외생변수인 국제 유가의 상승주기에 지속적으로 제약을 받는다. 에콰도르의 경우에도 볼리비아나 베네수엘라와 마찬가지로 생산적이고 질 높은 일자리를 어떻게 창출할 것인가 하는 거시경제적인 문제로 논의가 옮겨가고 있다. 예를 들어 마이크로 기업, 중소기업, 조합, 공동체적이고 연합적인 기업 등에 대한 장려책은 아직 불충분하다. "이 부문들은 일자리를 제일 많이 만들어내는 부문이자 동시에 소득 재분배에 가장 효과적인 메커니즘임에도 불구하고 정부의 주된 관심을 받지 못하고 있다. 이 부문들에 대해 노력은 다하지만 그러한 노력이 대기업 세력을 이롭게 하는 후견주의 논리에 종속되지 않도록 하기 위한 전략적인 시도는 이루어지지 않은 것으로 보인다.”

끝으로 포스트 신자유주의 노선을 걷는 국가들은 앞에서 언급한 지대추구 경제의 문제에 부딪히고 있다. 채굴산업과 농산물수출산업에 집중된 경향을 어떻게 점차 줄여가면서 과학기술적 혁신을 촉진시킬 것인가, 채굴산업을 불러일으키는 단기 자금의 필요성과 국가 프로젝트에 대한 장기적인 전망을 어떻게 결합시킬 것인가, 진행 중인 새로운 개발주의와 새로운 개발모델의 필요성에 대한 논의를 어떻게 연결시킬 것인가와 같은 문제에 맞닥뜨리는 것이다.

그러나 에콰도르의 야수니-ITT(Yasuní-ITT) 프로젝트는 적절한 발의이기는 하지만 환경론적 비판이 갖는 힘을 보여주는 것이기도 하다. 이 프로젝트를 통해 석유를 지하에 그대로 묻어두기 위한 자금(석유자원을 개발함으로써 달성하게 될 자금의 50%를 계획하고 있다)이 신탁예금을 통해 모였다. 에콰도르는 또한 포스트 채굴산업적 지식경제의 필요성을 성찰하는 데 있어 독보적인 듯하다. 이를 위해 에콰도르는 여러 국가기구 — 국립계획개발청(SENPLADES), 국립고등교육과학기술혁신청(SENESCYT), 국립예비투자연구소(Instituto Nacional de Preinversión) — 사이의 효율적인 결합을 모색하고 고등교육에 변화를 가하고 있다. 한국과의 협정에서 비롯된 지식도시 프로젝트가 그러한 사례다.

기간산업의 발전을 계획으로 잡은 베네수엘라와 볼리비아는 개발논쟁을 복합화하기에는 세력도 취약하고 결합성도 취약하다. 이로 인해 포스트 신자유주의 이행 이후에 대한 질문들이 추가된다. 파블로 오스피나(Pablo Ospina)가 지적한 대로 혁명적 선언들은 불행하게도 실현 가능성을 넘어서는 것이다. 속도에 있어서도 그렇고, 계획과 실제 적용된 정책 사이에도 부조화가 존재한다. 그러나 의심스러운 점이 있다고 해서 진행 중인 변화의 잠재력이 무효가 되는 것은 아니다. 오히려 이로 인해 신자유주의 극복에 대한 가장 열정적인 태도, 나아가 포스트 자본주의 노선의 개막이 두드러질 것이다.

제14장

세계화된 보살핌 서비스와 사회적 불평등

안데스 지역의 여성 이주자 급증에 관하여

지오콘다 에레라 _김유리 옮김

공공정책에서 여성 이주자들의 증가 현상은 부차적인 문제였거나 논외의 대상이었다. 그러나 여성 이주자들의 보살핌 서비스와 관련된 활동이 증가함에 따라 여성 이주자들을 받아들인 국가와 사회 내에서 주민을 위한 사회적 재생산을 보장하기가 갈수록 어려워지는 현상에 대해 이해해야 할 필요성이 증가하고 있다. 보살핌 서비스의 세계화와 국제적 이산가족 문제는 새로운 불평등을 야기할 뿐 아니라 송출국의 사회적 계급과 젠더의 계층을 새롭게 재구성하고 가족의 개념을 재정립하는 데 한몫을 한다.

지오콘다 에레라 Gioconda Herrera 사회학자이자 에콰도르에 있는 라틴아메리카사회과학대학의 사회학과 젠더 연구교수이다.

* 이 글은 ≪누에바 소시에다드≫ 233호(2011)에 실린 글을 옮긴 것이다.

1. 안데스 지역 여성의 이주와 보살핌 업종의 다국적화

지난 10년간 라틴아메리카에서는 국제이주의 지리와 구성이 변화해 왔다. 유럽이 라틴아메리카 남녀 이주자의 중요한 신흥 목적지로 부상한 한편, 안데스 지역에서의 이주자 역시 급증하고 있는데 이전에는 농촌 남성이 대부분이던 것과는 달리 이제는 도시 출신 여성이 늘어나고 있다. 이 여성들은 배우자나 자녀를 동반하기도 하고 혼자 이주를 하기도 한다. 지난 40년 사이에 여성 이주는 전 세계적으로 늘고 있는 추세로, 1960년대에 46.6%였던 비율이 2000년에는 48.8%로 늘어났다. 라틴아메리카에서는 이 비율이 44.7%에서 50.5%로 증가했으며 몇몇 나라에서는 더욱 급증하고 있다. 안데스 지역에서는 지역 내에서뿐만 아니라 유럽행, 특히 이탈리아와 스페인으로 향하는 이주 여성이 늘어나고 있다. 지역 내 이주의 경우 이런 현상은 농촌-도시 이주의 연장으로 간주할 수 있으며 이는 라틴아메리카 대륙에서 오래 전부터 있어왔던 현상이다. 콜롬비아 여성의 베네수엘라 이주가 그 예로, 1990년부터 이주자 수가 증가했으며, 같은 해에 볼리비아 여성의 아르헨티나행이, 페루 여성의 칠레행이 증가했다. 페루의 전체 이주자 중에서 여성의 비율은 최근 20년 동안 33%에서 60%로 늘어났다. 아르헨티나로 이주한 페루 이주자 중에서 여성의 비율이 1980년에는 33.6%였으나 2000년에는 59.3%로 증가했다. 칠레로 이주한 페루 이주자의 경우는 같은 기간 동안 이 비율이 48%에서 60%로 뛰어올랐다.

남북 이동 인구를 관찰해보면 남아메리카 이주자의 경우 유럽행이나 미국행 둘 다 남성의 비율이 낮아지는 반면 여성의 비율이 증가하고 있음을 명백하게 알 수 있다. 이는 멕시코와 중남미에서의 미국행 이주와는 다른 현상이다.

유럽으로 향하는 라틴아메리카 여성 이주자는 1990년에 이탈리아로 향한 페루 여성 이주자를 시작으로 급증했으며, 21세기 초가 되자 콜롬비아와 에콰도르 여성들이 이탈리아로 이주했고, 2005년에는 볼리비아 여성들이 그 뒤를 이었다. 안데스 지역의 이런 흐름 이면에는 여러 가지 동기가 있다. 에콰도르의 경우, 1999년의 경제위기가 그 후 10년간 100만여 명의 대이동을 야기한 주요 원인이라는 해석이 지배적이다. 콜롬비아의 경우, 국내 정치 분쟁으로 인해 많은 콜롬비아인이 유럽뿐 아니라 다른 라틴아메리카 국가로 피신했다. 볼리비아인은 2005년에서 2010년 사이에 유럽으로 건너갔는데, 이는 예전의 아르헨티나행과 마찬가지로 경제적인 이유 때문이었다. 여러 연구에 따르면, 안데스 지역에서 유럽으로의 이주를 주도하는 것은 여성이다. 여성이 먼저 유럽에 도착해서 유럽의 노동시장에 편입하고 그곳에서 초기의 사회네트워크를 형성하는 것이다. 이후에 가족의 재결합을 주도하는 것도 바로 유럽으로 이주한 라틴아메리카 여성들이다.

목적지의 노동시장 유입에 관한 연구 결과에 따르면, 유럽에 자리 잡은 안데스 출신 여성은 가사 도우미, 육아 도우미, 경로 도우미와 같은 보살핌 업종에 주로 종사한다. 이들의 노동 조건은 비자의 종류, 정규 노동시장으로의 진출 여부, 이주 기간, 가족의 상황에 따라 크게 다르다. 여러 연구에 따르면, 이 여성들의 이주 경험에는 모순적인 면이 있다. 이들은 경제적인 활동에 참여하고 젠더 관계의 변화 과정에 있긴 하지만 일자리에서는 노동의 가치하락을 경험한다. 같은 맥락에서 안데스 출신 여성 이주자는 노동시장으로의 유입이 불안정할 뿐 아니라 목적국에서 만난 보살핌 대상에게 효과적으로 작업을 수행하는 데 어려움을 겪는다. 따라서 안데스 출신 여성 이주자가 본국의 가족을 데려와서 가족과 재결합하는 과정이 복잡해지며 재결합한 가족이 번듯하게 가정생활을 유지하기가 상당히 어려워진다. 게다가 도우미 업종의 특성상 단순한 서비스 제공을 넘어서 고용인과 피고용자 사이에 정서적인 의존 관계라는 역설적인 현상이 발생한다. 이를 마우리시오 암브로시니(Mauricio Ambrosini)는 "비대칭적 친숙함"이라고 부른다. 이런 현상은 재산 관리라는 면에서 안데스 출신 이주자 여성이 배우자에게서 독립해 자율성을 확보한 점과는 다소 대조적이다.

행위자를 넘어 구조적인 측면에 초점을 맞추면, 도우미 업종에 종사하는 안데스 출신 여성의 이주는 송출국의 사회 재생산 위기와 이주 대상국의 보살핌 산업 위기가 맞물린 결과다. 보살핌 산업의 국제화는 제1세계 국가와 사회에서 주민을 대상으로 이러한 서비스를 보장하기가 갈수록 크게 어려워지는 것과 관련이 있다.

안데스 출신 여성 다수가 선호하는 스페인의 경우, 여성 인력의 대부분이 가사노동 분야에 종사하고 있다. 이는 고용시장의 역학, 국가의 역할, 사회적 재생산과 관련이 있다. 스페인은 다른 업종보다도 특히 가사노동 분야에서 취업비자 발급에 관대한 이민정책을 유지해온데다가 취약한 국가구조로 말미암아 어린이와 노인 대상의 공공복지를 보장하지 못하고 있다. 따라서 이러한 책임이 각 가정에 부과될 수밖에 없는데, 인구의 노령화는 갈수록 심각해지는 실정이다. 이러한 요인들 때문에 여성 이주자들을 위한 틈새시장이 형성된 것이다.

그러나 모든 안데스 출신 이주 여성이 목적국으로 가족을 데려올 생각을 하는 것은 아니다. 가족을 데려오고 싶더라도 불가능한 경우도 있다. 이런 상황이 송출국에 끼치는 영향에 대한 조사가 행해졌다. 에콰도르에서는 외국으로 이주한 사람 가운데 아버지 38%와 어머니 34%가 18세 미만의 자녀를 다른 사람의 손에 맡기고 온 것으로 나타났다. 이처럼 안데스 출신 이주자 다수는 고향에 나이 든 부모를 두고 나왔다.

보수의 유무와 관계없이 노동량을 측정한 생활시간 사용조사에 따르면, 에콰도르에서는 해외 이주자가 있는 가정에서는 어린이나 노인을 보살피는 사람의 연령이 46세에서 65세 사이인 반면, 이주자가 없는 가정에서는 25세에서 35세였다. 식구들 중에서 여러 명이 해외로 이주를 떠난 가정의 18세 미만 청소년들은 이주자가 없는 가정보다 더 많은 시간을 식구들을 보살피는 데 들이고 있다. 이 통계는 이주자의 남겨진 가족을 보살피는 책임을 떠맡는 두 개의 연령층이 조부모와 청소년임을 알려준다. 자료에 따르면, 이들의 무보수 보살핌 노동의 강도는 이주자가 없는 다른 가족보다 훨씬 더 높다. 통계조사에서 나타난 이 두 가지 유형의 가정 간의 불균등은 이뿐만이 아니다. 보살핌 작업을 조정하는 과정을 자세히 분석하면 다른 불균등 양상도 나타난다. 사실 국제적인 보살핌 네트워크에 관한 문헌에서 지적하듯이, 보살핌 적령기 여성의 해외 이주로 인한 공백, 즉 '보살핌 누수현상(care drain)'으로 인해 공립 또는 사립을 막론하고 복지제도가 전무한 상황에서는 친인척이 동원되어 새로운 보살핌 방법을 강구할 수밖에 없는 것으로 나타났다.

보살핌 서비스의 해외 조달에 관한 사례를 살펴보면, 첫째, 이러한 국제적인 네트워크가 사회적·문화적인 조직망을 바탕으로 펼쳐진다는 것을 알 수 있다. 이 조직망은 젠더의 계층, 사회적 계층, 세대별 계층 등 위계질서 위에 구성되고, 이러한 계층구조는 가족 내에서 보살핌 임무를 분배·조정하는 형식을 규정하며, 집안 전통에 뿌리를 둔 다양한 보살핌의 실천방식과 관련이 있다. 결과적으로 국제적인 보살핌 네트워크 내부에 존재하는 불균등적인 현상을 말할 때에는 이주 경험 이전에 겪었던 사회적·문화적 경험의 내력을 함께 고려해야 한다. 따라서 이주는 보살핌 서비스가 당면한 위험성을 증가시키는 유일한 사건이 아니며 그 이전에 일어났던 일을 비롯해 다른 조건들을 수반하는데, 그 예로 어린 나이의 임신, 배우자와의 헤어짐, 만성질환, 구조적 빈곤을 들 수 있다. 이러한 요인들 때문에 민간 부문은 보살핌 사업의 상품화를 추진하기에는 역부족이며, 정부의 지원은 부재하거나 있다고 해도 사용자들에게 불신을 당한다.

둘째, 보살핌 서비스의 국제적인 네트워크가 젠더와 세대 간의 위계질서에 영향을 받는다는 것을 알 수 있다. 그러나 이 외에도 보살핌 작업은 젠더와 세대 간의 위계질서 영향하에 있다. 이 위계질서는 가족과 관련된 문화적 구성체 및 그 안에서 차지하는 개인의 위치에 따라 경험하는 상이한 형식과 관련이 있다. 이주의 경험은 안데스 출신 이주 여성의 가족 내에서의 위치가 자신이 보살핌 서비스를 제공하는 이주 목적국에서의 위치와 더불어 불균등의 축으로 변화할 수 있음을 보여주었다.

한편 이주 여성의 가족 보살핌 서비스는 공간적, 그리고 시간적으로도 매우 역동적으로 실행된다. 선진국에서는 후진국 이주자가 유입되어 보살핌 작업이 이루어지면서 보살핌 작업이 국경을 초월하는 경향이 있지만, 후진국에서는 외부에서 이주자가 유입되지 않아 보살핌 작업이 후진국 가정 간의 품앗이를 통해 이루어진다. 또한 시간적으로도 매우 역동적이다. 보살핌의 관계망은 지속적으로 자체 수정되고 있으며, 끝없이 형성 과정에 있는 공간으로 본국의 가족들을 인도한다.

셋째, 국경 너머에서 보살핌 업종에 종사하는 것은 이주 여성의 가족에 의한 원망의 담론과 공존하는 것을 알 수 있다. 그 결과 가족 관계를 유지하기 위해 이민자 가족이 국경을 넘나드는 노력을 하는 경우도 있지만, 가족 해체 문제가 해외 이주자 가족의 대표적인 본보기로 떠오른다. 이처럼 해외 이주자 문제는 보살핌 업종을 둘러싼 이런저런 조정 문제로 인해 공공정책에서 다루어져야 하는 사안임을 인정받지 못하고 있다.

마지막으로, 국제 이산가족의 경험을 통해 보살핌 작업을 생산 작업과 대립시키고 보살핌 작업을 전적으로 여성에게 부여했던 성별에 따른 노동 분화의 대표적인 이미지가 희미해졌음을 알 수 있다.

보살핌 역할과 부양자 역할은 서로 겹친다. 해외로 이주한 여성들은 본국의 가족을 부양함으로써 자신의 어머니로서의 위치를 정당화한다. 이는 일반 가정에서 어머니와 여성의 공적 역할이 자녀와 가족, 그리고 지역사회를 돌보는 것으로 한정되는 것과는 다른 모습이다. 이것은 국가와 정책에 의해 정당화되던 기존 젠더 질서와의 중대한 단절을 의미한다고 할 수 있다. 인터뷰의 사연들 속에는 어머니 역할이 가정에서와는 다른 구성 형태로 나타나는데, 보살핌 역할과 부양자 역할이 서로 얽혀서 초국적인 어머니의 지위에 정당성을 부여한다.

보살핌 서비스와 개발 사이의 연관성에 관한 이러한 상황은 무엇을 말해주는가? 보살핌 업종의 국제화 현상이라는 현 시점에서 세계화와 사회적 불균등의 관계를 어떻게 볼 것인가? 다음에서는 이에 대해 생각해보고자 한다.

2. 젠더와 개발에 관한 논의 속에서 보살핌 업종의 위치

보살핌 업종을 감정적·도덕적·정서적인 작용이 아닌 사회적 작용으로 간주하는 것은 가사노동을 생산적인 노동으로 인정하는 마르크스적 페미니스트의 문제제기에 기인한다. 가사노동을 젠더 관계와 계급 관계의 재규정을 위한 기본 축으로 삼았던 이들의 생각을 바탕으로 페미니스트 경제학자들은 인간의 상호의존성을 재확인했다. 다시 말하면, 사회 재생산 활동을 인정한다는 것은 주변과 분리된 채 자본주의 노동시장에 홀로 뛰어드는 개인이라는 개념을 넘어서 인간의 필요에 따라 사회화하고, 먹이고, 치료하는 경제적 작용, 즉 직접 사회적 환경 안에서 이러한 활동을 실행할 수 있게 도와주는 작용을 염두에 두는 것이다. 사람은 유아기에 살아남기 위해 보살핌을 받아왔고 지금도 보살핌을 받고 있으며 노년에도 계속 보살핌을 받게 되리라는 사실을 인정하는 것이다.

게다가 많은 경우 보살핌을 받아왔고 지금도 받고 있는 사람들, 특히 여성이 타인을 보살피는 일을 한다. 노동시장에서 늘 주목받지는 못했으나 생명 유지를 위한 이러한 일상의 활동이 중요한 위치에 있다는 사실을 인정하는 것은 개발에 대한 우리의 인식을 두 가지 면에서 수정하도록 만든다. 첫째, 보살피는 일이란 사회적인 관계와 강렬한 정서적 관계를 내포하기 때문에 경제적 또는 물질적인 차원을 떠난, 인간의 삶에 필수적인 다른 차원을 통합·보충하는 일임을 인정해야 한다. 둘째, 보살핌 활동을 삶의 재생산에 중요한 물질적 기반으로 인정해야 한다. 따라서 보살핌 활동을 개인과 사회의 개발 방정식의 한 부분으로 인정하는 것은 이 활동의 사회적·경제적·역사적 성격을 본질적으로 강조해 기존의 개념을 바꾸는 것이다. 이로써 노동의 젠더별 차별과 여성의 가사노동에 대한 평가절하, 인종차별화, 계급 차별적 성격이 눈앞에 드러나게 되는 것이다. 이러한 요소들은 국제적 공간에서 독특한 특징을 갖는다.

이러한 불균등의 축을 조사할 때의 출발점은 보살핌 업종의 사회적 구조, 즉 사회 재생산의 영역에서 이뤄지는 활동들이다. 이는 대부분 사람들이 노동시장에 진입하기 이전에 이루어지지만 진입한 이후에 행해지기도 하는 것으로, 사람들이 일하면서 재화와 용역을 생산하고 창조 과정을 시작하며 타인의 발전에 기여하면서 사회적 관계를 구축하게 해주는 활동들이다. 그러나 역설적인 사실은 개발정책이나 공공정책 모두 이러한 기반을 많은 경우 못 본 척한다는 것이다. 안데스 지역의 이민정책이나 사회정책에서는 보살핌 활동이 사회 전체를 위해 필수적이라는 점과 사회구조의 기반 역할을 한다는 사실이 반영되지 않고 있다.

그러나 보살핌 작업이 사람들 사이에, 가족 사이에, 남성과 여성 사이에, 상이한 사회계급의 여성 사이에, 그리고 세계화 시대의 국가 사이에 항상 공정하게 배분되는 것은 아니다. 보살핌 작업의 사회적 구조에서는 남녀 사이에서뿐 아니라 같은 여성 사이에서도 격차가 크게 나타난다. 라틴아메리카, 특히 안데스 지역에는 가사노동이 식민지 시대부터 내려온 불균등 상황을 알려주는 기준이 되며, 지역 내 이주 경험에도 가사노동이 뚜렷하게 존재한다. 가사노동이 국제화되면서 이러한 위계질서와 평가절하는 단절과 지속을 거듭했다. 결국 자본주의의 근저에 여성이 재생산적인 노동으로 경제를 보조했던 노동의 남녀 차별이 자리잡고 있었다면, 국제화 시대에 이루어지고 있는 이주 여성의 가사노동 증가는 이런 현상을 초국가적 차원에서 설명한다고 볼 수 있다. 이렇듯 어디로 이주할 것인가에 관한 개인의 결정은 기존의 제도적 조정장치 또는 제도의 부재에 영향을 받는다. 우리의 관심사인 안데스 이주민의 경우에는 사회적 비용을 감축하고 특정 정책에 집중하는 신자유주의적 전략으로 인해 보살핌 문제가 전 세계적으로 위기를 맞이했다고 본다. 국가가 보살핌 문제를 책임지는 대신 국가 간의 빈부차가 생기면서 약자에게 그 책임을 지우는 것이 오늘날의 현실이다. 그 약자란 바로 이주 여성이다. 즉, 이러한 경제·사회정책 분석을 통해 우리는 보살핌 활동을 상품화하는 중산층 가족, 특히 노동력을 파는 이주자 모두가 국가와 경제성장을 위해 보조금을 지급하고 있다는 사실을 알 수 있다.

여성 이주 문제가 새로운 현상은 아니지만 국가 간의 빈부차로 인해 이 문제가 심화되었고 보살핌 직종에 종사하는 이주 여성의 수가 급증함으로써 결과적으로 본국에 예기치 않은 사회 문제가 발생했다. 그러나 이러한 여성 이주 급증 현상은 세계경제와 관련이 있을 뿐 아니라 다음 사안과도 긴밀히 연결되어 있다. 바로 세계경제의 연계성 확대와 더불어, 증가하는 글로벌 경제는 북반구 국가들의 사회인구적·경제적 질서와 관련이 있고 세계화에서 국가의 재형성과도 깊은 관련이 있는 것이다. 반면 남반구 국가에서 증가하는 글로벌 경제는 가족구조, 그리고 여성의 재생산적 노동을 어렵게 하는 보살핌 작업의 부재와 불안정한 노동력의 여성화와 관련이 있다. 이러한 전반적인 특성은 전 세계적인 질서 안에서 국가의 구조적 위치에 따른 특수성을 띠게 되고 송출국과 대상국 내에서 보살핌 활동을 담당하는 특정한 사회적 조직에 영향을 끼친다.

3. 결론

안데스 지역에서는 최근 여성 이주자의 증가현상이 출신국가에서 두드러지게 나타나고 통계조사와 국내 조사를 통해 광범위하게 기록되고 있기는 하나 국가적 차원의 담론에서는 제외되었다. 이주자 인권에 대해서는 국내외 민간조직의 담론에서 비중 있게 다뤄지지 않고 있으며, 이 지역 내에서 수립된 젠더 문제와 관련한 공공정책의 의제에서도 다뤄지지 않고 있다. 즉, 이주와 개발에 관한 의제에 포함되지 않은 것이다. 아쉽게도 기존 정책들은 이러한 변화를 못 본 척하고 있다.

라틴아메리카 일부 국가에서 이주 문제를 다루면서 합의를 얻어낸 몇 안 되는 해결책과 지금 나타나고 있는 변화상에는 국제적 기러기 가족의 문제가 아직도 포함되지 않고 있다. 간혹 여성 이주 문제를 인식하기는 하나 그 파급 현상과 본국에 남겨진 가족 및 공동체에 끼치는 영향은 고려 대상이 되지 않는다. 따라서 빈부차이로 인한 이러한 가족의 분산은 가족이나 개인을 초월해 가족, 국가, 시장 사이의 관계에서 접근해야 한다.

이와 같은 상황을 고려할 때 이주와 개발의 의제 안에서 보살핌 작업을 이해해야 할 것인가? 일단은 남녀 보살핌 노동자로 인해 송출국과 대상국에서 발생하는 비용과 기여도를 평가할 필요가 있다. 이주와 발전의 관계는 기본적으로 송금의 영향을 받았다. 게다가 이주와 발전의 관계는 이주자의 고용에 대한 연구로 발전했고 목적지 국가 인구의 사회보험과 연금에 이주자 인구가 중요한 기여를 했다는 것을 밝혀냈다. 그러나 이주 여성의 보살핌 작업이 가족의 성장과 복지에 경제적으로 기여하는 바에 대한 평가는 거의 이뤄지지 않았다. 이주 여성의 송출국과 목적국에서 이러한 공헌의 가치를 사회적·경제적인 면에서 인정할 때 우리는 지방·국가·지역·국제적 차원에서 보살핌 업종을 더욱 공정하게 관리하는 체제를 건설하도록 힘을 모을 수 있을 것이다. 또한 이 체제는 각자의 삶을 부양할 권리를 보장할 것이다. 이를 위해서는 보살핌 종사자들을 위해 근로 권리를 주장하는 것도 중요하지만 이주 가족을 향한 국가정책에 의문을 던지고 영향력을 행사하면서 계속 국가를 감시해야 할 것이다. 또한 이민정책에 영향력을 행사하는 것에 그치지 않고 이주자 가족을 고려하는 사회보호정책을 요구해야 할 것이며, 국가의 이민정책과 관련 정책이 이주자 가족과 보살핌 업종의 문제를 어떻게 다루는지 철저히 평가해야 할 것이다.

제15장

안데스 국가에 출현한 원주민운동

『라틴아메리카 원주민의 출현』에 드러나는 라틴아메리카의 또 다른 얼굴

카르멘 솔리스 _강성식 옮김

최근 몇 십 년 사이 라틴아메리카 원주민들은 정치 영역의 혁신세력으로 급부상했다. 볼리비아나 에콰도르 같은 나라에서 원주민들은 전통적으로 서름서름한 입지를 고수하며 편협하게 형성되던 국가 정체성의 범위를 넓히는 데 기여해왔다. 그렇지만 자치와 독자 관리 같은 용어를 통해 형성된 원주민의 새로운 의제는 모순점이 없지 않다. 게다가 국가는 오늘날 더 이상 소규모 공동체 내가 아닌 라파스, 엘알토, 리마, 부에노스아이레스 같은 대도시에 거주하고 있는 대다수 원주민을 배제시켜버리는 경우가 빈번하다.

카르멘 솔리스 Carmen Soliz 볼리비아의 여성 역사학자로, 뉴욕 대학교 박사과정을 수료했다. 현재 볼리비아 농업개혁과 관련한 논문을 준비 중이다.

* 이 글은 ≪누에바 소시에다드≫ 238호(2012)에 실린 글을 옮긴 것이다.

근년 들어 원주민운동은 자신들의 요구사항을 단순히 정치 의제로 편입시켜오기만 한 것이 아니라 (에콰도르와 볼리비아 같은) 정부의 실험에도 참여했거나 참여하고 있다. 특히 인종과 문화 정체성에서 출발한 정치 개입은 다양한 학문적·정치적 논쟁의 여지를 열어왔다. 바로 그 범주 내에 있는 호세 벵고아(José Bengoa)(Bengoa, 2000)의 『라틴아메리카 원주민의 출현(La emergencia indígena en América Latina)』[1]이라는 저서가 라틴아메리카에서 출간되었고 이 책이 지금도 여전히 진행 중인 변화의 일부를 파악하기 위해 필요한 논쟁에 기여하고 있음은 의문의 여지가 없다.

『라틴아메리카 원주민의 출현』은 그의 다른 작업과는 달리 20세기 말 라틴아메리카 각국 원주민의 요구와 조직의 출현을 분석하고자 시도하고 있다. 이 책은 라틴아메리카 원주민운동에 관한 광범위한 서지 목록 가운데 하나다. 이러한 참고서적으로는 바르톨로메 클라베로(Bartolomé Clavero)(Clavero, 1994, 2005), 엑토르 디아스 폴랑코(Héctor Díaz Polanco)(Polanco, 1985, 1991, 1997), 데보라 야사르(Deborah Yashar)(Yashar, 1997), 라켈 이리고옌(Raquel Irigoyen)(Irigoyen, 1999), 하비에르 알보(Xavier Albó)(Albó, 1988, 2008; Albó y Romero, 2009), 도나 리 반 코트(Donna Lee

---

1) 벵고아는 왕성한 활동을 하는 칠레 인류학자이자 역사학자로, 특히 마푸체 원주민 역사에 관한 연구로 유명하다. 또한 UN 소수노동그룹의 구성원이기도 하다. 그 자신도 지적한 바와 같이 그의 작업은 특히 칠레에서 중요한 의미를 가지는데, 칠레는 "동질성에 근거해 정체성을 구성하려고 집착하는 나라, 헤게모니모델과 맞지 않는 것은 뭐든 야만으로 규정함으로써 '문명'의 마차에 올라타려고 하는 나라"다(José Bengoa: "Los indígenas de Latinoamérica han logrado poner su cultura a la altura de los tiempos actuales", entrevista, en *Antropólogos Iberoamericanos en Red*, s./f., www.aibr.org/antropologia/boant/entrevistas/jun0201.html).

Van Cott)(Cott, 1994, 2000, 2005), 낸시 포스테로(Nancy Postero)(Postero, 2004), 윌렘 아시에스(Willem Assies)(Assies, Haar y Hoekema, 1999; Assies y Gundermann, 2007), 라첼 사이더(Rachel Sieder)(Sieder, 2002) 등의 연구가 있다. 이런 관련 서적들은 원주민운동 및 요구의 일부 측면(조직의 변화, 법률상의 다원성, 상호문화 교육, 풍속, 원주민 종족, 지방정부 조직)과 관련해 점차 전문화되는 경향이 있는데, 동일한 범주 내에 있는 벵고아의 책은 지난 수십 년간 이어진 원주민주의운동과의 지속적인 대화를 통해 이런 운동의 일반적인 특징을 분석하면서 그 기원을 탐구하고 있다. 책은 세 부분으로 구성되어 있는데, 제1부에서는 1980년대 말에서 2000년대 초까지의 원주민 조직과 요구의 등장을 분석하고 있다. 제2부에서는 주로 비원주민 사상가들에 의해 주도된 흐름인 20세기 초 이래의 라틴아메리카 원주민주의 사상의 출현을 묘사하고 있다. 제3부에서는 국제 법률상에 원주민 권리가 등장하고 진전되는 내용을 상술하고 있다. 이 같은 세 단계의 분석은 지도력, 활동가, 요구라는 맥락에서 과거 원주민주의 조류와는 대조되는 현재 원주민운동의 특징을 이해하는 데 도움을 준다.

벵고아는 과거, 특히 1960년대와 1970년대에는 원주민들이 시골주민으로서의 자기 정체성과 계급적인 자기 정체성을 주장했던 반면, 현재에 와서는 이 조직들이 인종적 특수성을 부각시키고 있다고 지적한다. 시골주민으로서의 요구는 농업개혁에 초점을 두었던 반면, 오늘날에는 원주민들이 본질적으로 자기 정체성을 재인식하고 긍정할 자신들의 권리를 되찾으려 한다. 지난 세기 전반부에는 정치적으로 가장 적극적이고 국가 무대에서 가장 가시적인 활동가가 토호의 대농장 체제에 예속되어 있던 시골주민이었던 반면, 근년에는 과거 고립 지역 또는 변두리 지역으로 여겨지던 곳에 사는 원주민들이 대중 정치 의제와 관련해 전위 자리에 위치하고 있다(Bengoa, 2000: 62).

이 같은 움직임의 출현 앞에 작가는 1970년대 말부터 가톨릭교회와 NGO가 담당했던 근본적인 역할을 부각시킨다. 벵고아는 예를 들어 에콰도르에서 주로 라디오 방송을 이용해 천천히 진행되던 교육 과정을 시작할 당시 살레시오 성직자들이 맡았던 역할을 지적한다. 그런 노력은 에콰도르와 페루 아마존에서 1970년대 초까지도 거의 고립되어 살고 있던 수아르족이 라틴아메리카 원주민의 초기 동맹들 중의 하나로 형성될 수 있도록 해주었다(Bengoa, 2000: 64). 국제기구나 NGO와 관련해서는 국제노동기구(ILO), 범미주인권위원회(IIDH), 세계은행(WB), 원주민기금, 옥스팜(Oxfam) 등과 같은 국제기구가 담당하고 있는 역할 또한 언급해야 할 것이다.

과거의 원주민 조직과 비교해 가장 주목되는 차이점 중의 하나는 오늘날의 조직이 보여주는 생태주의 성격이다. "1950년대나 1960년대 원주민 담론을 분석해보면 생태 문제 또는 환경 문제는 존재하지 않았다. 옛 원주민 담론은 착취라는 말에 집중되어 있었다"라고 벵고아는 되새긴다. 1970년대 선진국에서는 강력한 환경보호 담론이 발전하기 시작했고, "선진국 내 자본주의 발전의 통제에서 벗어나 있던 외곽이 사회의 성장 부문에 대해 우려하기 시작했다". 상이한 국제 포럼에서부터 시작된 원주민의 요구는 환경 문제에 대한 제안으로 접근해갔고, 1992년 지구정상회의에서는 그 두 담론 간의 결합이 공고해졌다. "21세기 들어 원주민들은 환경 보호의 주요 활동가로 변모해왔다. 지구 보호는 농민을 옹호하는 법정 공방을 넘어서서 생태주의를 의미하는 공방으로 변해왔다." 벵고아가 보기에 이 같은 자연 숭배의 재창조는 원주민들이 환경과 관련해 취해온 태도를 잘 드러내고 있으며 '어머니 지구'를 향해 간직해온 의식과 존중을 반영하고 있다. 하지만 벵고아도 지적하듯, 이와 동시에 의심의 여지가 없는 사실은 생태주의 담론과의 결합은 원주민운동을 사회적으로 요구되는 포스트모던 부분과 신속하게 동맹할 수 있도록 만들어주었다는 점이다(Bengoa, 2000: 71~74, 134).

이 같은 새로운 특징은 이 작가에게 인종 발생 과정에 대해 말할 수 있도록 해주었다. 즉, 단순히 과거에 이미 존재하던 특징의 회복만 문제로 다루는 것이 아니라 "원주민의 이익이나 목표와 관련해 원주민 본인에 의해 실현된, 원주민 전통에 대한 도회지식 다시 읽기를 다루고 있다. 의심할 수 없는 사실은 과거의 원주민 전망과 관계된 많은 요소가 이미 존재했다는 점이지만, 이미 흥미를 잃은 관찰자에게 또 하나 의심의 여지가 없는 사실은 그 요소들 중 많은 것이 과거를 이상화하고 있다는 점이다". 사실상 혼종적인 성격의 새로운 담론이 형성되어가고 있는데, 바로 혼성 원주민 문화로 인해 그 내부에서 의례와 제의가 재창안되고 있는 것이다(Bengoa, 2000: 128~129, 132). 크리스티앙 그로스(Christian Gross)가 지적하는 의미의 인종 발생 과정 또한 생겨나고 있는데, 그는 1990년대 콜롬비아에서 오랜 기간 동안 메스티소 지역으로 인식되던 지역인 산타 마르타 산악지역의 캉쿠아모 원주민들이 어떻게 부흥하게 되었는지를 묘사하고 있다(Bengoa, 2000: 68).

분명 20세기 전반부에 라틴아메리카 여러 나라에서는 원주민주의 흐름이 등장했다. 벵고아는 이 책을 통해 원주민공동체에는 자신들의 땅과 믿음을 지킬 권리가 있다고 옹호했던 브라질의 칸디두 마리아누 다 실바 혼돈(Cândido Mariano da Silva Rondon), 프란츠 보아스(Franz Boas)의 제자로 범아메리카원주민위원회를 이끌었던 멕시코의 마누엘 가미오(Manuel Gamio), 그리고 마지막으로 원주민 마르크시즘 입장에서 원주민 문제는 땅의 문제라고 강변했던 호세 카를로스 마리아테기(José Carlos Mariáegui) 같은 인물을 되살리고 있다. 또한 이 칠레 작가는 나름대로 디에고 리베라(Diego Rivera), 오스발도 과야사민(Osvaldo Guayasamín), 로사리오 카스테야노스(Rosario Castellanos), 호세 마리아 아르게다스(José María Arguedas)처럼 원주민이 겪었던 부당함, 배척, 착취 등을 고발했던 진보 성향의 지식인과 예술가의 역할도 회복시키고 있다.

그럼에도 원주민운동에는 극소수의 원주민만 참여했다. 원주민운동의 지도자들은 인류학, 예술, 교육, 문학, 정치학 분야 출신의 전문가나 학자였는데, 물론 이들은 공동체가 겪고 있던 배척, 빈곤, 차별 상황에 자극받은 사람들이었다. 일반적으로 통합주의 경향의 정치 자극이 핵심이었고, 근본적으로 교육, 농업 발전, 다양한 농업개혁 프로그램의 실행을 통해 공동체를 문명에 접근시키고자 하는 사람들이었다(Bengoa, 2000: 206).

비록 이 같은 원주민 옹호 시대가 원주민 또는 시골주민 - 원주민 초창기 조직에 자극을 가하는 데 기여했다고는 하지만 '원주민의 침묵'을 깨기 시작하고 농민 계급의 원주민적 특성에 맹목적이던 마르크시즘과 민족주의 담론에 도전한 1970년대와 1980년대만 해도 원주민운동은 걸음마 단계였다. 벵고아는 이렇게 적고 있다.

> 원주민 지도자들이 가시화되고 주역으로서 자기 결정을 명확히 표출하기 시작했다. …… 원주민의 침묵이 깨지기 시작했다. …… 식민 초기 동안에는 인종적 침묵의 굴종 상태였고, 크리오요 공화국 시기에는 예속 상황에 놓여 있었으며, 20세기에는 지식인, 시인, 예술가들이 원주민에 대해 발언했다. 20세기 말에 처음으로 미약하나마 그들의 목소리가 들리기 시작하더니 점차 그 강도에 힘이 붙어갔다. 마지막 10년은 치아파스의 외침으로 시작해서 '대지의 목소리들'이 차례차례 잇따르며 라틴아메리카 크리오요 사회를 놀라게 만들었다(Bengoa, 2000: 251, 253).

현대 원주민운동에 대한 이 같은 독해는 강력하긴 하지만 그렇다고 논란의 소지가 없지는 않다. '침묵 깨기'라는 생각은 '원주민 출현' 이전 시기 원주민들의 정치 활동 능력을 가려버린다. 최근 수십 년간의 라틴아메리카의 역사 기록은 구체적으로는 원주민 부문의 능력을, 일반적으로는 하위주체 부문의 능력을 엄밀하게 강조해왔다. 그 능력은 저항하는 능력뿐만이 아니라 요구와 목표 자체를 공고화하기 위한 의도에서 엘리트와 지배계급으로부터 유래한 담론을 재공식화하고 협상하며 논쟁하는 능력이기도 하다.

이 같은 의미의 작업을 해온 라틴아메리카 전문 역사가들의 목록은 방대하지만 여기서는 한 예로 볼리비아의 경우를 지적하고자 하는데, 그중에서도 구전역사연구소(THOA)의 작업을 상기시키는 것이 적절할 듯하다. 1970년대 이래 이 연구소의 작업은 공동체의 땅을 되찾는 과정에서 19세기 말 20세기 초 원주민공동체들이 취했던 법적·정치적 전술을 규명해왔다. 또한 라미로 콘다르코(Ramiro Condarco)(Condarco, 1966), 테레사 기스버트(Teresa Gisbert)(Gisbert y Mesa, 1985), 실비아 리베라(Silvia Rivera)(Rivera, 1984; Rivera y Barragán, 1997), 트리스탄 플랫(Tristan Platt)(Platt, 1982), 로사나 바라강(Rossana Barragán)(Barragán, 1992: 17~44), 초케 칸키니(Choque Canquini)(Canquini y Alejo, 1996), 브룩 라르손(Brooke Larson)(Larson, 1988), 에릭 래인저(Erick Langer)(Langer, 1989), 실비아 아르세(Silvia Arze)와 히메나 메디나셀리(Ximena Medinacelli)(Barragán et al., 1992), 허버트 클레인(Herbert Klein)(Klein, 1995), 라르손과 올리비아 하리스(Olivia Harris) 및 엔리케 단데테르(Enrique Tandeter)(Larson, Harris y Tandeter, 1987), 싱클레어 톰슨(Sinclair Thomson)(Thomson, 2002), 세르지오 세룰니코프(Sergio Serulnikov)(Serulnikov, 2003), 라우라 고코비츠(Laura Gotkowitz)(Gotkowitz, 2008), 필라르 멘디에타(Pilar Mendieta)(Mendieta,

2010) 등의 기여 역시 중요했다. 이른바 원주민 출현에 대해 말하는 것은 과거의 원주민 대표를 지워버릴 위험, 엘리트들로부터 비롯된 기획을 논의하고 재창조하며 전유하기 위한 원주민의 저항과 행동, 협상 전술을 무시할 위험을 부르는 일일 뿐만이 아니라 나아가 현 정체성은 스스로 부여한 해방적인 정체성인 데 반해 옛 (계급, 인종, 민족이 가졌던) 정체성은 단순히 부과되고 강제된 정체성이라고 생각하게 만들 위험을 무릅쓰는 일이기도 하다. 이 같은 시각은 정체성 및 현재 의제의 창조와 출현 과정을 탈정치화하게 만든다. 이런 의미에서 과거 정체성과 현재 정체성의 등장에 대한 더욱 비판적인 평가가 필요해보이며, 각 정체성이 인정하는 바와 망각하는 바를 다시 고려해야 할 듯하다. 상이한 관점으로부터 어떤 정치 기획과 어떤 유형의 사회가 상상되었는가? 누가 포함되고 누가 배제되는가? 이런 기획에 사람과 공동체가 어떻게 포섭되는가? 이러한 논점에 대해 재고해봐야 하는 것이다.

이 같은 논점이 벵고아의 책, 특히 3부에 누락되어 있는 반면, 벵고아는 국제법을 통해 원주민의 인식 발전을 분석하면서 원주민을 옹호하는 입장의 국제협약과 권리를 총괄하려는 노력에 집중하고 있다. 하지만 그 결과는 정치도 없고, 활동가도 없고, 의제도 없고, 사상도 없고, 권력 관계도 없는 서술에 그치고 말았다.

원주민 요구가 현재 보여주고 있는 특성은 이보다 훨씬 더 많은 논의를 요구하는 측면 중 하나다. 벵고아는 발전, 도로와 학교 건설, 사회 전체의 통합이라는 요구에 주력했던(Bengoa, 2000: 145) 1960년대 시골 공동체의 주장과 현재 공동체의 주장을 대비시킨다. 현대의 주장은 정치적·사회적·문화적·경제적 측면에서 오히려 차별성에 대한 인식 타파나 자원의 독자 관리, 공동체 내에서 작동하는 정치와 규범을 통한 자유로운 자결권과 자치권 행사 등을 지향하고 있다.

이러한 요구의 특징에서 부각시킬 만한 첫 번째 측면은 국가의 역할이다. 과거에는 여러 주장의 상당 부분이 자신들의 자원이나 정치 문제를 조정해줄 국가의 역할까지 포함하고 있었던 반면, 오늘날에는 정반대로 정부의 개입을 줄여달라고 요구하는 것으로 보인다. 가령 원주민 의제를 언급하면서 벵고아는 경제적 측면에는 독자 관리 능력 보호, 원주민의 경제적 역량 및 자급자족 능력 강화를 포함시키고, 사회적 측면에는 영양상의 자급, 조직화된 공동체 구조, 전통적 규범체계에 따른 사법권 관리를 포함시킨다.

관심을 끄는 두 번째 측면은 이 같은 주장이 고려되는 이유가 비원주민과의 관계에서 차별화(분리)되어 있다고 인식되는 원주민공동체에서 이러한 주장이 실제 행사되도록 하기 위함이라는 점이다. 비록 대부분의 원주민이 사실상 도시민으로 엘알토, 리마, 부에노스아이레스 같은 인구 밀집 도시에 살고 있다고 벵고아가 여러 차례에 걸쳐 지적하기는 하지만, 그렇다고 벵고아는 자치권 인정에 중점을 두는 정치를 강조하는 의제와 대부분의 원주민이 자기 공동체와 관계없는 인간, 제도, 조직과의 상호작용 속에서 자신들의 삶을 꾸려가고 있다는 사실 사이의 모순점을 바로잡지도 않는다.[2] 물론 원주민의 특성과 원주민운동에 대한 정치 담론 간의 이 같은 괴리가 벵고아 작업에서만 나타나는 특별한 요인은 아니다. 정반대로 이는 원주민 지도자, 사상가, 인종 문제 전문가 사이에 널리 퍼져 있는 특징이다.

마지막으로 원주민 의제의 지역적 특징과 원주민 요구가 내포하고

2) 원주민을 시골 공동체에서 고립되어 살아가는 일종의 모델로 간주하는 담론적·정치적 제안과 도시에서 살고 있는 실제 원주민 간의 이 같은 모순은 바라강과 솔리스가 볼리비아 사례를 통해 이미 지적한 바 있다(Barragán y Soliz, 2009) 참조.

있는 갈등의 초국가적 특징 간의 모순으로 보이는 점에 대한 분석을 다시 해볼 필요가 있다. 우리가 원주민 요구의 실행에 대해 언급한다는 것은 적어도 두 가지 유형의 문제를 언급한다는 것을 의미한다. 바로 자결권과 독자관리권 문제로, 이는 구체적으로는 구성원들 사이의 행위를 규제하는 '관례와 관습'에 의해 지배받을 원주민공동체의 권리와 관련된 문제다. 이런 권리의 행사는 라틴아메리카 여러 나라에서 이미 무수한 논쟁을 유발해왔다. 이런 논란 중의 하나는 원주민공동체 내 사법권 적용의 범위에 집중되어왔다. 공동체 사법권이 미치는 범위와 한계는 어디까지인가? 어떤 유형의 범법행위에 국가 사법권이 개입할 수 있는가? 공동체 사법권에 대해 명확히 해두어야 할 것은 무엇인가? 공동체 구성원의 마찰이 공동체 외부 인사와의 분쟁으로 이어질 수밖에 없는 상황이라면 그 사법권은 어떻게 되는 것인가? 예를 들어 볼리비아의 경우 이 모든 주제가 사법 관할권 법령 입안 범위 내에서 논란거리가 되고 있다. 또 다른 한편으로 원주민이 가질 수도 있는 권리에는 훨씬 더 마뜩잖은 면모가 있는데, 이는 생물다양성 때문이든 임산자원 때문이든 아니면 지하자원이나 석유 때문이든 간에 원주민 땅의 많은 부분이 국가적·초국가적으로 중대한 이해관계와 얽혀 있는 까닭이다. 따라서 자결권이니 독자 관리니 자치니 하는 개념은 그 공동체 성원에게만 영향을 미치는 것이 아니라 원주민이 아닌 다른 주민에게도 근본적인 함의를 가지며 (공동체 사이에도 존재하는 갈등을 넘어서서) 각국 정부나 외국의 개인 투자와 관련해서도 전략적인 이해관계로 얽혀 있다.

원주민 권리라는 주제를 다루어온 저자들의 대다수는 이런 문제점을 결정적으로 누락시켜왔다. 원주민들의 경제적·사회적·문화적·정치적 권리를 그토록 상세하게 적시하고 묘사하는 벵고아의 의제에도 이 같은 측면은 빠져 있다. 경제적 측면에서 벵고아가 요약하는 요구를 한 번

더 조목조목 나열해보면, ① 발전 계획 및 프로그램, ② 금융 체계, ③ 독자 관리 능력, ④ 원주민 경제 역량 강화, ⑤ 자급자족, ⑥ 환경적 영향, ⑦ 천연자원의 보존 및 이용, ⑧ 통제 및 관리 과정과 체계, ⑨ 관리 및 통제 구조다(Bengoa, 2000: 141).

앞에서 언급한 모든 측면은 지금 우리가 배타적으로 원주민공동체에만 영향을 미치는 정치에 관해 이야기하고 있는 듯한 인상을 준다. 이 같은 착각은 줄기차게 이어져온 일반적인 경향인데, 원주민 지도자들의 경우도 그랬고 1990년대와 최근 10년간의 대부분 시기 동안 이러한 주제를 다룬 문학의 경우도 다르지 않았다(Albó y Romero, 2009; Clavero, 1994; Cott, 1994, 2005; Sieder, 2002; Yashar, 1997).

하지만 현실은 이 기막힌 침묵의 반향이 되어주지 못했다. 최근 들어서는 원주민 영역으로 인식되는 지역 내 천연자원의 개발을 둘러싼 분쟁이 그날그날의 사정에 달려 있는 상황이다. 라틴아메리카 여러 나라에서 발생한 갈등의 이 같은 새로운 국면은 사전협의권으로 표현되어 왔다.

한편 이해관계, 환경에 미치는 영향, 광산과 석유, 임산물에 대한 특정 개발 이익 등을 명확하게 표출할 개방적 논의와는 거리가 먼 각국 정부는 쭈뼛거리는 역할만 해왔다. 1990년대를 거치면서 각국 정부는 대부분 원주민의 사전협의권을 인정하는 ILO의 169조 협약을 국내법의 일부로 승인하긴 했지만, 이들의 권리를 제한하기 위해 보완된 법체계는 놀라울 정도로 '기지가 넘쳤다'. 클라베로는 콜롬비아에서는 국가 내 여러 종족 집단의 사전 협의에 대한 근본적인 권리를 보장한다는 핑계로 원주민 협의에 관한 마지막 조항의 적용이 원주민 영역 내 천연자원에 대한 접근에 관심 있는 기업들의 손으로 사실상 넘어가버렸다고 비난해왔다(Clavero, 2011a).

클라베로가 비난하듯, 페루에서는 우말라가 대통령으로 선출된 이후 반대파 의원인 켄지 후지모리(Kenji Fujimori)가 시골주민 및 토착민공동체와 원주민들이 천연자원 개발활동에 따른 경제적 이익을 함께 나누어 갖도록 하는 법안을 제출했는데, 이 법안은 이 법안이 통과되기 전이라면 반드시 따를 수밖에 없었던 사전 협의 과정을 폐기하자는 내용을 담고 있었다(Clavero, 2011b).

한편 볼리비아에서는 이시로보 세쿠레 원주민 지역 국립공원(TIPNIS: Territorio Indígena Parque Nacional Isiboro Sécure)을 관통하는 고속도로 건설안이 모랄레스 정권과 이 공원에 거주하고 있는 원주민 유키스족 및 유라카레스족을 대립시켜왔으며 지금도 대립시키고 있는 중이다. 원주민공동체들은 모랄레스 정권 스스로 자신들이 통과시킨 새 법률에 보장된 사전협의권을 위반했다고 비난해왔다.[3] 하지만 그 계획안은 코카잎 생산 농민 및 원주민과 여러 공동체를 다른 공동체들과도 대립시켜 찬반양론으로 분열시켜왔는데, 이러한 사실은 원주민 사이에서도 근간이 되는 단일한 세계관이 존재하지 않는 경우가 흔하며 통칭 원주민이라는 정체성의 우산 아래 통합되는 상이한 주민들의 (지리, 정체성, 생태, 생산물 등에 근거한) 다양한 입장에 따라 이해관계가 다원화되어 있음을 보여준다.

하지만 이러한 논란에는 원주민 지도자나 옹호론자, 정부 또는 원주민을 무시하고 천연자원 개발 계획을 강제로 밀어붙이려는 기업체 간의 단순한 대립만 존재하는 것이 아니다. 이러한 논쟁에는 또 다른 입장도 포함되어 있는데, 바로 천연자원, 석유자원, 임산자원 개발에 큰 관심을

3) 시위가 벌어지고 도로건설안에 제동이 걸린 이후 정부가 협의법을 통과시켰으나 많은 조직은 때가 늦었다거나 탈법적이라고 여겼다.

두는 사기업이 국가의 해당 지역 통제권에 맞서려는 목적으로 원주민의 자치권이나 독자관리권을 부추기는 경우도 빈번하다고 비난하는 입장이다.

그러므로 상반된 두 가지 경향이 무대에 등장한다. 한쪽은 (민족주의 관점에서) 원주민 자치권 요구를 다국적 기업 침투의 새로운 형태라고 비난하며, 다른 한쪽은 (다국민국가 옹호 입장에서) 정부의 행위나 다국적 기업의 행위나 모두 원주민 자치권에 반하는 불법행위이기는 마찬가지라고 본다. 어쨌든 비록 각기 나름의 진실성은 확보하고 있다고 하더라도 만약 이러한 분석을 일반적이고 탈색채적인 범주로 라틴아메리카 전체에 적용시킬 경우 양 입장의 분석은 또 다시 문제가 된다. 개별 국가 원주민들 각각의 관계, 역사, 인구 구성상의 특징, 상황이 상이하듯, 각국과 사적인 투자 간의 관계 역시 서로 다른 모습을 보여왔으며 또 지금도 다르다. 예를 들어 콜롬비아와 볼리비아처럼 너무나 다른 지역에 동일한 의제를 적용시키려는 시도는 상이한 질서에 대한 일종의 도전에 불과한데, 콜롬비아는 원주민으로 간주되는 인구 비율이 5%인 반면, 볼리비아는 60%가 넘는다. 이 경우 자치권, 공동체 사법권, 자결권을 인정한다는 사실이 두 나라에 어떤 의미를 가지며, 이는 어떤 반향을 불러일으킬까?

원주민운동이 출현한 이래 20년도 넘게 동요가 이어져 온 지금 당연히 강조해야 할 점은 과거 국가 정치가 성립되었던 범위와 한계에 대한 문제 제기 능력이다. 원주민 조직들은 '몇몇 소수의 권리'를 희생시켜 '만인의 이익'을 꾀한다는 정치론을 급진적인 방법으로 문제 삼는 데 성공해왔으며, 동질성이라는 그럴듯한 개념으로 차별과 내적 식민화를 은폐했던 민족 정체성의 편협함도 고발해왔다. 벵고아도 지적하듯, 비록 그런 움직임이 라틴아메리카 전역에 걸쳐 범원주민주의운동을 연계시켜낼 수 있는 능력을 전에 없이 획득해왔다고는 해도, 한편으로는 확고하고 공고하며 몰역사적인 정체성을 가진 주체로서의 원주민공동체 '모델'을 전제하는 경우가 많았다는 의제상의 문제점 역시 없지 않다. 그리고 독자 관리와 자치에 대한 권리는 찬양되지만 도시에 거주하는 원주민 대다수를 위한 정치론이나 제안은 누락되어 있다. 또한 자결권을 강조하면서도 이 사실을 관통하고 있는 국가적 그리고 초국가적 이해관계에는 충분한 관심을 기울이지 않는다는 문제 또한 안고 있다.

참고문헌

Albó, Xavier. 1988. *Raíces de América. El mundo Aymara*. Alianza, Madrid.

______. 2008. *Movimientos y poder indígena en Bolivia, Ecuador y Perú.* Centro de Investigación y Promoción del Campesinado, La Paz.

Albó, X. y Carlos Romero. 2009. *Autonomías indígenas en la realidad boliviana y su nueva constitución.* Vicepresidencia de la República, La Paz.

Assies, Willem y Hans Gundermann(eds.). 2007. *Movimientos indígenas y gobiernos locales en América Latina.* IIAM, Santiago de Chile.

Assies, Willem, Gemma van der Haar y André Hoekema(eds.). 1999. *El reto de la diversidad: pueblos indígenas y reforma del Estado en América Latina.* El Colegio de Michoacán, México, DF.

Barragán, R., L. Escobari, X. Medinacelli y S. Arze. 1992. *Etnicidad, economía y simbolismo en los Andes: II Congreso Internacional de Etnohistoria, Coroico.* Hisbol / IFEA / SBH / Asur, La Paz.

Barragán, Rossana. 1992. "Identidades indias y mestizas: Una intervención al debate." en *Autodeterminacion*, No. 10.

Barragán, R. y Soliz Arze. 2009. "Identidades urbanas: el caso de los aymaras en la ciudad de La Paz y El Alto." en Denise Y. Arnold(ed. y comp.). *¿Indígenas u obreros? La construcción política de identidades en el Altiplano boliviano.* UNIR, La Paz.

Bengoa, José. 2000. *La emergencia indígena en América Latina.* Fondo de Cultura Económica, Santiago de Chile.

Canquini, R. Choque y Esteban Ticona Alejo. 1996. *Jesús de Machaqa: La marka rebelde.* Cedoin, La Paz.

Clavero, B. 2011a. "Colombia: proyecto entreguista de ley de consulta." en *Bartolomé Clavero. Ensayos, opiniones y actualidad.* 28/11/2011, http://clavero.derechosindigenas.org/?p=10724.

______. 2011b. "Perú: ataque cruzado a la Ley de Consulta desde el Congreso y el Gobierno." en *Bartolomé Clavero. Ensayos, opiniones y actualidad.* 13/12/2011, http://clavero.derechosindigenas.org/?p=10829.

Clavero, Bartolomé. 1994. *Derecho indígena y cultura constitucional en América.* Siglo XXI Editores, México, DF.

______. 2005. *Indigenous Peoples, Constitutional States and Treaties or Other Constructive Arrangements between Indigenous Peoples and States*. Martinus Nijhoff, Leiden.

Condarco, Ramiro. 1966. *Zárate, el temible Willka: Historia de la rebelión indígena de 1899.* Talleres Gráicos Bolivianos, La Paz.

Cott, Donna Lee Van. 1994. *Indigenous Peoples and Democracy in Latin America.* St. Martin's Press/Inter-American Dialogue, Nueva York.

______. 2000. *The Friendly Liquidation of the Past: The Politics of Diversity in Latin America.* University of Pittsburgh Press, Pittsburgh.

______. 2005. *From Movements to Parties in Latin America: The Evolution of Ethnic Politics.* Cambridge University Press, Cambridge.

Gisbert, Teresa y José de Mesa. 1985. *Arquitectura andina 1530-1830.* Embajada de España en Bolivia, La Paz.

Gotkowitz, Laura. 2008. *A Revolution for Our Rights: Indigenous Struggles for Land and Justice in Bolivia, 1880-1952.* Duke University Press, Durham.

Irigoyen, Raquel. 1999. *Pautas de coordinación entre el derecho indígena y el derecho estatal.* Fundación Myrna Mack, Guatemala.

Klein, Herbert. 1995. *Haciendas y ayllus en Bolivia. La región de La Paz, ss. XVIII Y XIX.* Instituto de Estudios Peruanos, Lima.

Langer, Erick. 1989. *Economic Change and Rural Resistance in Southern Bolivia, 1880-1930.* Stanford University Press, Stanford.

Larson, Brooke, Olivia Harris y Enrique Tandeter. 1987. *La participación indígena en los mercados surandinos: Estrategias y reproducción social siglos XVI a XX.* Centro de Estudios de la Realidad Económica y Social, La Paz.

Larson, Brooke. 1988. *Colonialism and Agrarian Transformation in Bolivia:*

Cochabamba, 1550-1900. Princeton University Press, Princeton.

Mendieta, Pilar. 2010. *Entre la alianza y la confrontación: Pablo Zárate Willka y la rebelión indígena de 1899 en Bolivia.* Plural, La Paz.

Platt, Tristan. 1982. *Estado boliviano y ayllu andino: tierra y tributo en el norte de Potosí.* Instituto de Estudios Peruanos, Lima.

Polanco, Héctor Díaz. 1985. *La cuestión étnico-nacional.* Línea, México, DF.

______. 1991. *Autonomía regional. La autodeterminación de los pueblos indios.* Siglo XXI Editores, México, DF.

______. 1997. *Indigenous Peoples in Latin America. The Quest for Self-Determination.* Westview; Colorado.

Postero, N. Grey y León Zamosc. 2004. *The Struggle for Indigenous Rights in Latin America.* Sussex Academic Press, Brighton.

Rivera, Silvia. 1984. *Oprimidos pero no vencidos: luchas del campesinado aymara y qhechwa de Bolivia, 1900-1980.* Hisbol/CSUTCB, La Paz.

Rivera, Silvia y Rossana Barragán(comps.). 1997. *Debates post coloniales: una introducción a los estudios de la subalternidad.* Historias/Aruwiyiri/Sephis, La Paz.

Serulnikov, Sergio. 2003. *Subverting Colonial Authority: Challenges to Spanish Rule in Eighteenth-Century Southern Andes.* Duke University Press, Durham.

Sieder, Rachel. 2002. *Multiculturalism in Latin America: Indigenous Rights, Diversity, and Democracy.* Palgrave Macmillan, Houndmills.

Thomson, Sinclair. 2002. *We Alone Will Rule: Native Andean Politics in the Age of Insurgency.* University of Wisconsin Press, Madison.

Yashar, Deborah. 1997. *Indigenous Politics and Democracy: Contesting Citizenship in Latin America.* WP No. 238, Helen Kellog Institute for International Studies, University of Notre Dame, Notre Dame.

제16장

대륙 좌파들의 동요와 도전

발터 포머 _강성식 옮김

라틴아메리카와 카리브 여러 지역에서는 상이한 전통과 사상을 기획해온 좌파 정당들이 정권을 획득해왔다. 이 같은 진전에도 불구하고 신자유주의 여파를 줄이려는 개혁의 첫 단계에서부터 전략적 부실이 감지된다. 이 글은 라틴아메리카와 카리브 지역 좌파가 세력을 확장시키되 그 방향을 잃지 않으려면 21세기 자본주의에 대한 논쟁, 20세기 사회주의의 동요, 그리고 전략적 논의에 한층 큰 주의를 기울여야 할 것이라고 주장하고 있다. 그리고 여기에는 정치노선, 사회 토대, 정당, 정부, 국가 간의 관계에 대한 계산도 포함되어야 한다고 주장한다.

발터 포머 Valter Pomar 상파울루 대학교 역사학 박사이자 노동자당 국가 간부회의 임원이다.

* 이 글은 ≪누에바 소시에다드≫ 234호(2011)에 실린 글을 옮긴 것이다.

라틴아메리카와 카리브 지역은 자본주의 발전에 중요한 역할을 했다. 더 구체적으로 말하자면 지금도 여전히 주도적 강대국인 미국이나 유럽 일부 국가들의 번영에 중요한 역할을 하고 있다. 라틴아메리카와 카리브 지역에 대한 수탈이나 착취는 유럽 메트로폴리스의 자본주의 산업화에 앞서 진행된 부의 축적에 기여했다. 그 후에는 이 지역 국가들이 1차원료 공급자로서의 역할뿐만 아니라 산업 생산물의 소비시장이자 메트로폴리스에 의해 수출된 자본의 수령자 역할도 했다.

이 같은 착취관계는 주축 메트로폴리스로서 패권을 행사하는 국가가 포르투갈, 스페인, 네덜란드, 프랑스, 영국, 미국 중 어느 나라가 되든 상관없이 역사를 따라 지속적으로 이어지며 유지되었다. 메트로폴리스의 착취가 라틴아메리카 발전에 방해가 되지는 않았지만 착취, 대외 의존, 불평등에서 비롯된 상황을 확대재생산하는 발전 유형을 낳은 것은 사실이었다. 라틴아메리카와 카리브 지역은 이 같은 한계 내에서 발전을 수용하고 나아가 자극을 받기도 했는데, 그때의 발전은 언제나 예속적이고 종속적이며 의존적이고 주변적이었다. 사실 착취도 발전도 ① 자연 조건, ② 콜럼버스 이전 사회의 특징과 상응 메트로폴리스의 성격, ③ 착취의 상이한 유형과 수준, 즉 지배계급의 일반적 태도와 착취당하는 사회집단의 내성도에 따라 상이한 형태를 취했다.

국가, 하위 지역, 사회, 인종, 문화, 언어에 따른 차이점은 단일한 라틴아메리카 및 카리브 지역이 존재한다는 인식에 대한 문제제기의 근거가 되는 경우가 많았다. 19세기 초가 그랬으며, 특히 1998년부터 촉발되어 ALBA, UNASUR, 중남미·카리브 해 국가공동체(CELAC) 등과 같은 기구들을 만들어낸 통합정책에 맞서는 사회 부문들의 담론에서 관찰되듯 이러한 문제제기는 21세기 초에도 여전히 지속되고 있다.

분명 라틴아메리카 및 카리브 지역 각국 간에 존재하는 상당한 차이점을 무시하거나 경시할 수는 없지만 그 차이점 중 일부는 메트로폴리스의 활동 및 지역 내의 동맹세력으로 인해 생겨난 것이다. 문제는 식민 시대부터 이들 지역이 한편으로는 종속 상태의 통합 가능성, 더욱 정확하게는 때로 서로 대립하지만 메트로폴리스 중심지에 동일하게 종속된 자치 국가 단위로의 분열 가능성을 드러내면서, 다른 한편으로는 자치적인 통합 가능성이라는 이중적인 가능성을 드러내왔다는 사실이다. 두 가능성의 종착지는 라틴아메리카와 카리브의 가능한 여러 미래상 속에 포함되어 있다. 다시 말해 핵심 강대국의 이익과 필요에 의해 외부로부터 통합되는 지역으로 변할 수도 있고, 반대로 내부로부터 통합되는 지역으로 변모할 수도 있다. 이 중 두 번째 가능한 미래에서는 이 지역의 한 국가에 의해 그 국가 지배계급 자체의 이익에 부합하는 방향으로 행사되는 패권을 통한 통합에서부터 사회주의를 지향하는 통합까지 연속적으로 이어지는 여러 가지 대안이 부챗살처럼 펼쳐질 수 있다.

우리도 잘 알다시피 지난 5세기 동안 통합과 관련된 하나의 주변적이고 예속적인 종속 변수, 즉 불평등과 제한된 민주주의적 자유에 의해 특징되는 국가발전과 연관된 하나의 변수는 메트로폴리스였다. 앞서 언급한 바와 같은 관계로 인해 이 기간 동안 메트로폴리스에서 발생한 매번의 위기는 국가발전의 성격을 변모시키고 지역 통합 및 지역 내 여타 세계와의 관계를 향한 투쟁을 강화시켰다. 18세기 말과 19세기 초에는 유럽의 부르주아 혁명 과정이 라틴아메리카 독립에 적합한 정세를 형성시켰다. 하지만 일부 독립국과 군주국 브라질은 이베리아 반도의 패권에서 벗어나 영국의 패권으로 방향을 선회했다.

20세기 전반기에는 제국주의 간의 갈등이 산업의 가속화를 향한 문을 열 수 있도록 도와주었는데, 이 과정은 1930~1950년대에 일어난 일련의 혁명 및 대중주의와 1960년대에 시작된 일련의 쿠데타 및 독재에 토대를 두고 있었다. 이 단계의 산업화는 영국 패권의 쇠락, 미국의 지역적·세계적 패권 공고화와 동시에 진행되었다.

1970년대의 세계 위기, 더 정확히는 위기에 대처하는 미국의 태도는 범세계 차원의 후퇴 국면을 불러왔다. 라틴아메리카와 카리브 지역도 예외는 아니었는데, 이 과정은 유럽 사회민주주의, 아프리카 민족주의, 라틴아메리카 발전주의, 마지막으로 소련식 사회주의의 붕괴로 특징화된다. 또한 이 외에 외채의 위기, 신자유주의의 대두라는 특징도 보여주었다.

이 같은 새로운 정세 속에서 1980년대와 1990년대 동안 신자유주의가 라틴아메리카의 주도적인 흐름으로 자리 잡았고, 그 결과 종속성, 불평등, 정치적 보수주의가 강화되었다. 이로 인해 1990년대에는 라틴아메리카의 국가적·대중적·민주주의적·사회주의적 이익을 향한 투쟁이 수세 국면으로 접어들었다. 다시 말해 사회주의의 위기와 신자유주의의 공세로 특징화되는 정세 속에서 과거에 획득해둔 정복지를 지켜내는 데 주력한 것이다.

게다가 1990년대 후반기부터는 대중세력의 이 같은 전술적 수세 상황이 국제적으로 엄청나게 불안정한 시기와 때를 같이했는데, 그 불안은 자본주의의 위기와 미국의 패권 쇠퇴라는 두 현상이 결합된 결과였다. 한편에서는 재정, 무역, 통화, 에너지, 식량, 환경 등 모든 면에서 직접 또는 간접적으로 드러나는 집적의 위기가 관찰되었고, 또 다른 한편에서는 ① 범세계적인 패권을 유지하려는 미국이 봉착한 난관, ② 소련권 붕괴 이후 증가일로에 있던 범세계적인 자본주의 모순의 심화, ③ 경쟁 상태의 강대국들, 특히 중국의 성장에서 비롯된 지정학적 재타협이 나타났다. 이렇게 해서 지정학적 현상과 거시경제적 현상의 결합에 의해 야기된 세계적인 불안정의 시기가 열렸는데, 이 시기는 위기, 전쟁, 사회 혼란이라는 특징을 보여주고 있으며, 이러한 시기는 앞으로도 지속될 것이다.

이 위기가 얼마 동안 지속될지, 그리고 이 위기에서 벗어난 세계가 어떤 모습일지는 알 수 없다. 이는 국가 간, 그리고 지역 블록 간의 투쟁과 각국 내부의 정치 투쟁의 결합양상에 달려 있을 것이다. 현재 그 투쟁은 두 개의 축을 중심으로 전개되고 있다. 즉, 한편으로는 미국과 그 동맹인 유럽·일본 사이에서, 또 한편으로는 BRICS(브라질, 러시아, 인도, 중국, 남아프리카공화국)와 그 동맹세력 사이에서 전개되고 있는 것이다. 1945년 이전 상황과는 달리 오늘날에는 옛(일이 되다시피 한) 주변부 국가들과 옛(일이 되다시피 한) 중심부 국가들 간에 분쟁이 존재한다. 또한 1990년 이전 상황과는 달리 오늘날에는 자본주의 맥락 내의 분쟁이 핵심 문제다.

라틴아메리카는 미국과 BRICS 사이에 벌어지고 있는 투쟁의 무대다. 지정학적인 관점에서 중장기적으로 생각해보면 적어도 세 가지의 가능한 시나리오가 존재한다. 첫째는 미국이 범세계적 및 지역적 패권국 자격을 유지하는 것이다. 둘째는 미국이 범세계적 패권국 자격을 잃지만 지역 패권은 유지하는 것이다. 셋째는 라틴아메리카와 카리브 지역에 가장 유리한 경우로, 미국이 범세계적 패권은 물론 지역적 패권도 상실하는 것이다.

이미 지적했다시피 미국과 BRICS 간의 투쟁은 자본주의 맥락 내에서 벌어지고 있다. 하지만 라틴아메리카와 카리브 지역에서는 독특한 변수 하나가 고려되어야 한다. 1998년부터 시작된 과정의 결과인 그 변수는 지역 내에 좌파들의 강력한 영향력이 형성되었다는 사실이다. 상파울루 포럼 제17차 회의에 근거한 자료[1])에서 부각되듯, 좌파 정당은 쿠바,

베네수엘라, 니카라과, 엘살바도르, 브라질, 에콰도르, 볼리비아, 우루과이, 파라과이, 아르헨티나, 도미니카 공화국 정부의 지지세력이거나 참여세력이거나 또는 주도세력이다.

일련의 과정을 통해 무장 투쟁을 전개하고 1961년 사회주의 성향을 채택한 결과 탄생한 정부인 쿠바의 경우를 제외한 나머지 정부들은 선거 승리의 결과로 탄생했는데, 그 흐름은 1998년 베네수엘라의 차베스가 처음 일으켜서 2009년 엘살바도르의 마우리시오 푸네스(Mauricio Funes)에게까지 이어진 물결의 여파였다. 이른바 이 같은 '좌향좌'는 최근 페루에서 우말라가 승리함으로써 새로운 장을 형성하고 있다.

물론 좌파가 참여하고 있는 정부들 간에는 중요한 차이점이 존재한다. 이러한 차이는 자연적·지리적 원인에서부터 역사적·사회적 원인까지 다양한 요인에 의해 빚어진 것인데, 이러한 원인에는 정권을 장악한 좌파는 물론 그 반대편에 선 우파가 취하고 있는 상이한 정치노선에 의해 생겨난 요인도 포함된다. 하지만 이런 정치적 차이점이 반드시 부정적인 의미로만 나타나는 것은 아니다. 반대로 생각해 만약 단 하나의 정치만 있고 단 하나의 모델만 추구했다면 그렇게나 상이한 나라들의 선거에서 라틴아메리카 좌파가 승리하지는 못했을 것이다.

물론 그런 다양성에도 불구하고 라틴아메리카와 카리브 지역의 좌파는 모두 다음과 같은 공통적인 문제에 직면해 있다. 첫째, 신자유주의, 보수적 발전주의, (볼리비아와 브라질의 인종주의와 같은) 식민 과거의 역사 유산, 둘째, 라틴아메리카 부르주아(그리고 동맹을 맺은 중도파)의 다수파가 권력, 부, 사회적 권리 등 모든 문제와 관련해 일체의 재분배정책에 맞서 행사하는 극단적인 반대, 셋째, 지역 통합 과정에 우선순위를 두는

1) www.forodesaopaulo.org.

라틴아메리카 정부에 맞서 옛 메트로폴리스들이 취하는 날선 태도다.

각 나라의 통합 과정은 상이한데 어떤 경우는 진보주의나 좌파 정권의 물결이 밀려오기 이전에 시작되었다. 바로 남미공동시장(MERCOSUR)이나 지역 내 여타 통상 협정의 경우로, 이는 통합주의자들의 목표에 부응하는 것이기도 했지만 한편으로는 미주자유통상지대(ALCA)를 향한 중간 단계의 발걸음이기도 했다. 또 다른 통합 과정은 좌파가 참가하고 있는 몇몇 정부의 발의로 최근 등장했는데, UNASUR나 ALBA, CELAC 같은 경우다. ALBA는 사상적으로 친연성이 있는 정부들 간의 공조를 위한 제도적 틀인 반면, UNASUR와 CELAC은 각 정부의 정치적·사상적 지향점과는 무관하게 지역 내 모든 국가를 포괄하려는 지역 통합안이다.

앞서 우리는 미국과 BRICS 간의 투쟁이 자본주의 맥락 내에서 전개되고 있다는 사실, 라틴아메리카와 카리브 지역은 그 투쟁이 벌어지고 있는 무대 중의 하나라는 사실, 그 지역에는 반드시 고려되어야 할 독특한 변수, 즉 좌파의 강력한 영향력이 존재한다는 사실을 이미 언급한 바 있다.

범세계적으로 진행 중인 지정학적 성격의 전투에서 라틴아메리카와 카리브 지역을 수동적인 무대가 아닌 중심축의 하나가 될 수 있도록 해주는 것이 바로 좌파의 영향력이다. 다시 말해 좌파의 영향력은 이 지역이 자본주의에 대한 대안적 사회주의의 재구축 공간 가운데 하나가 될 수 있도록 해준다는 것이다. 이 두 가지 가능성을 현실화하려면 라틴아메리카와 카리브 지역의 좌파는 다양한 이론적·전략적·전술적 도전에 맞서야 할 것이다.

라틴아메리카와 카리브 지역의 정치적·사회적 좌파의 첫 번째 도전은 라틴아메리카 우파와 그 동맹세력인 메트로폴리스의 반격을 분쇄하는 것이다. 근년에 보아왔듯이 그러한 반격에는 다음과 같은 것들이 포함된다. ① 좌파에 맞선 지속적인 매체 전쟁, ② 지역 내 좌파 정부들 사이에 쐐기를 박아 온건과 급진으로 분리시키고 서로 대립하게 만들려는 시도, ③ 쿠데타를 포함해서 불안을 조장하려는 의도(쿠데타의 경우 지금까지는 온두라스에서만 성공을 거두었다), ④ 선거전에서 경쟁력 있는 후보자 추대(파나마, 코스타리카, 칠레에서 성공한 전술이다), ⑤ 미 4함대의 재진출과 미국 및 유럽 내 미국 동맹국들의 지역 내 군사기지 확충을 통한 군사적 압박이다.

우파의 이 같은 반격은 두 가지 요인으로부터 지원을 받는 것으로 보인다. 하나는 오바마 행정부이고, 다른 하나는 세계 위기의 지역적 충격이다. 버락 오바마(Barack Obama)의 당선은 세계의 주변부 주민들에게 커대란 기대를 불러일으켰고 그 기대는 미국 통치자인 그에 대한 정치자금 제공으로 이어졌다. 이는 조지 부시(George Bush)로서는 기대할 수 없던 일이었다. 그리고 심지어 오바마 행정부가 미국의 대외정책 기조에 변화를 주지 않았음에도 그런 자금은, 상당히 줄어들긴 했지만, 여전히 활동적이다. 다른 한편으로는 세계 위기가 지역 내 여러 국가, 특히 수출에 크게 의존하는 국가들에 어마어마한 난관을 불러왔다.

라틴아메리카와 카리브 지역의 정치적·사회적 좌파의 두 번째 도전은 지금까지 확보한 국가 정권을 잃지 않는 것이고, 세 번째 도전은 새로운 국가 정권을 확보하는 것이다. 페루에서는 후지모리주의의 퇴로를 차단하며 이 같은 일을 이루어왔으며, 중도좌파가 집권하고 있는 세 나라인 과테말라, 아르헨티나, 니카라과에서는 몇 개월 내로 선거과정이 전개된다. 마지막으로 베네수엘라 및 멕시코에서는 중요한 선거가 두 차례 예정되어 있다.

라틴아메리카와 카리브 지역의 정치적·사회적 좌파의 네 번째 도전은 국가 정권을 장악하고 있는 나라들에서 민주주의적이고 대중적인 성격의 구조 변화를 추동하는 것이다. 이 점과 관련해서는 다음과 같은 몇몇 한계를 고려할 필요가 있다.

첫째, 범세계적으로 좌파는 여전히 전략적 수세 단계에 머물러 있으며 이는 구조 변화에 객관적·주관적 난관을 형성시키고 있다. 둘째, 선거를 통해 탄생한 정부를 시발로 구조 변화를 추동하는 것은 혁명 정부를 시발로 구조 변화를 추동하는 것과는 아주 다른 문제다. 셋째, 구조를 개혁하려면 선거에서 이기는 데 필요한 것보다 훨씬 더 큰 정치적 지지가 요구된다. 넷째, 일반적으로 라틴아메리카와 카리브 지역에서 정치적·사회적 좌파가 참여하고 있는 정부들은 (중도파, 그리고 심지어는 우파 정당과는) 정치적으로, (부르주아 계파와는) 사회적으로 공조하고 있는데 이러한 공조는 자본주의 내에서 작동하며 어느 정도는 부르주아 계파에 유리하기까지 한 정책을 취하기도 한다. 다섯째, 이 때문에 정치적·사회적 좌파의 지지를 받는 라틴아메리카 정부들은 우파의 반대 외에 중도파나 부르주아 계파와의 협약, 그리고 자본주의 유형의 정책에 맞서는 좌파의 반대에도 직면할 수 있다.

브라질은 국가 정부 시발로 민주주의적이고 대중적인 성격의 구조 변화를 추동하기가 아주 복잡하고 어렵다는 사실을 보여주는 좋은 사례다. 20세기 내내 브라질 역사는 발전과 관련해 두 가지 거대 대안, 즉 보수주의 대안과 진보주의 대안이 서로 투쟁하는 특징을 보여주었다. 보수주의 대안은 구조개혁 없이 낮은 수준의 민주주의로 자본주의를 발전시키고 그 과정에서 브라질을 메트로폴리스(처음에는 영국, 나중에는 미국)의 이익과 연결점을 유지하는 기조였다. 반면 진보주의 대안은 개혁, 민주화, 국가 주권, 자주적 대외정책과 결합된 자본주의 발전을 이끄는 것이었다.

20세기 대부분에 걸쳐서는 보수주의 대안이 지배적이었는데, 이는 독재 분위기 속에서 급속한 성장과 사회 불평등의 확대가 공존하고 있었음을 설명해준다. 이와는 대조적으로 진보주의 대안은 소수파라는 상황 외에도 자본주의 세력의 우세라는 상황을 견뎌야 했고, 이로 인해 일부 사회주의 세력과 동맹해야 했다. 하지만 1980년대 말에는 노동자당이 주도하는 사회주의 세력이 진보주의 대안을 옹호하는 정치·사회 세력 진영을 이끌어가기 시작했다. 그렇게 해서 잠시나마 브라질에서는 보수적 자본주의 대안과 대중적·사회주의적 민주주의 대안이라는 두 가지 거대 대안 간에 투쟁이 펼쳐질 것처럼 보였다.

하지만 이러한 낙관은 얼마 이어지지 못했다. 사회주의의 위기와 신자유주의의 공세로 특징지어지는 국제적·국내적 상황 속에서 노동자당과 브라질 좌파 상당수는 자신들의 강령상의 목표와 전략적 목표를 수정하고 진보주의에 의해 주도되는 노선(사회적 정치, 민주주의, 주권, 그리고 통합을 통한 자본주의 발전)을 받아들였는데, 심지어는 사회주의를 장기적 목표로 유지하는 경우에도 마찬가지였다. 그래서 1990년대에는 (신자유주의가 주도하는) 보수주의 대안과 (이제 노동자당이 주도하게 된) 진보주의 대안 간의 투쟁이라는 특징을 보여주었다.

신자유주의 시기는 브라질 발전과 관련해 전통적인 엘리트의 성향을 가장 보수적으로 만들어놓았고, 심지어는 주도 진영 내부에서 균열이 일기까지 했다. 2002년 루이스 이나시우 룰라 다 실바(Luiz Inácio Lula da Silva)가 대통령에 당선된 데에는 다양한 부르주아 간의 분열이 미친 영향이 사실상 절대적이었다. 그리고 실제로 노동자당이 국가의 대통령직을 장악한 이후에도 국가 정치의 큰 주제(그리고 브라질 좌파의 전술적 대과제)는 여전히 신자유주의 유산을 극복하는 것이었다. 하지만 노동자당 정부가 집권한 지 8년이 넘었음에도 2011년 현재 이 같은 신자유주의의 유산은 여전히 막대한 영향력을 유지하고 있다.

오늘날 노동자당의 전략적 대과제는 국가 정권에 대한 통제력을 지속시키는 것, 진보주의 세력에 대한 노동자당의 주도권을 유지하는 것, 사회주의적 대안이 (1980년대 말처럼) 다시 논쟁의 한 축이 되도록 만드는 것이다. 하지만 현재 이 같은 전략적 도전은 부르주아의 일부 부문이 노동자당에 대해 행사하는 물질적·정치적·사상적 영향력의 증가로 인해 가로막혀 있는 형국이다.

전술적 도전과 전략적 도전 간의 실천적 결합은 이른바 '대중적·민주주의적 구조개혁', 즉 소득·재산·권력의 집중 완화를 목표로 하는 개혁의 실현에 달려 있다. 구체적으로는 분배개혁, 농업개혁, 도시개혁, 금융체계개혁, 정치개혁, 소통의 민주화 등을 말한다. 좌파에 대한 자본의 영향을 감소시켜야 할 필요성 때문이든 아니면 구조개혁에 필수 불가결한 다수 의석 확보를 위해서든 간에 최소한 현재 좌파가 취하고 있는 전략의 맥락에서는 정치개혁이 중요하게 부각된다.

만약 좌파에 이 같은 개혁을 향해 발걸음을 옮길 능력이 없다면 좌파가 정권을 장악하는 것이 비록 지금 당장은 민중의 삶을 향상시키는 데 도움을 준다고 할지라도 전략적으로는 큰 의미를 갖지 못한다. 또한 동시에 이 같은 개혁을 이루지 못할 경우 좌파 지지세력을 실망시키고 분열시킬 수 있는데, 칠레 중도좌파연합인 콘세르타시온(Concertación)에서는 이 같은 일이 일부 벌어지고 있다. 그렇지만 구조개혁을 실현하기 위해서는(또는 최소한 개혁을 위한 힘의 축적을 위해서는) 좌파 정부에 정치적인 후원이 필요한데, 그런 후원이 없을 경우 2009년 온두라스의 마누엘 셀라야(Manuel Zelaya) 정권처럼 전복될 수도 있다. 때문에 정치적·사회적 좌파는 아주 빨리 나아갈 수도, 그렇다고 아주 천천히 나아갈 수도 없으며, 특수 상황에 대한 구체적 분석을 통해 세력 간의 상관성을 적절하게 고려해야 할 필요가 있다.

라틴아메리카와 카리브 지역의 정치적·사회적 좌파의 다섯 번째 도전은 지역 내 잠재력 활용과 제국주의 간섭 축소에 꼭 필요한 지역 통합 과정을 가속화하는 것이다.

여섯 번째 도전은 지역 내에서 라틴아메리카와 카리브 대중문화가 다시 주도적이 되도록 만드는 것이다. 왜냐하면 정치적 관점에서는 미국이 강한 문제제기를 받는다 하더라도 문화적으로는 사실상 '미국식 생활방식(American way of life)'이 여전히 압도하고 있기 때문이다.

마지막으로 일곱 번째 도전은 라틴아메리카와 카리브 지역 좌파의 정치적·이론적 능력 배양과 연관되어 있다. 특히 정부, 정당, 사회운동 간 조화의 폭을 확장시켜야 할 필요성이 부각된다. 그렇지 못하면 국가 차원에서 우파와 맞서거나 대륙 통합 및 세계 불안이라는 도전에 대응하기가 점차 어려워질 것이다. 이론적 성찰 면에서는 세계관과 라틴아메리카 좌파 내 상이한 계파의 형성 과정에 체계적인 왜곡을 불러올 수 있는 다음 세 가지 사항을 인식해야 한다. 첫째, 민족주의적·발전주의적·사회민주주의적·사회주의적 대안의 위기, 즉 신자유주의의 영향과 연결된 위기를 인식하고, 둘째, 선거 과정과 국가 제도권에의 참여를 받아들여야 할 필요성을 인식하며, 셋째, 계급 그 자체로서, 그리고 그 자신을 위한다는 의미에서의 노동자 계급이 약화되는 맥락 내에서 다(多)계급 전선을 구축할 필요성을 인식하는 것이다.

이러한 사항은 좌파의 각 계파에서, 구체적으로는 각 조직 내에서 다른 방식으로 작용했다. 물론 모든 노선과 정당에서 나타난 세 가지 경향을 구분해볼 수는 있는데, 바로 중도파, 유토피아파, 운동파다.

당연한 일이지만 1990년 국면에서는 광적인 좌파를 제외하고는 (정치적·강령적) 양보를 피할 수 없었다. 그러므로 중도파에 대해 다룰(그리고 비판할) 때에는 가장 심각한 양보를 했던 조직인지, 강령상의 목표나 자신의 사회적 토대를 변화시킨 조직인지, 또는 단순히 전략적으로 부르주아 부문의 이익에 종속되는 태도를 취한 조직인지를 이야기해야 한다. 마지막 태도는 중도좌파 전략을 택했던 사람들 사이에서 지배적이었다.

한편 어떤 시기든지 좌파조직은 다소간 낭만적 사고, 즉 흔히 말하는 유토피아주의를 취하는 사람을 일부 필요로 하는데, 그런 사고는 과학적이고 합리적인 신념을 보완하고 강화하며 장기적인 목표를 염두에 두고 간직할 수 있도록 도와주기도 한다. 그러므로 유토피아파에 대해 다룰(그리고 비판할) 때에는 전술적 차원에서 변화 과정에 대한 적대세력의 힘을 체계적으로 최소화시키는 태도를 취하는 조직인지, 전략적 차원에서 자본주의 이전의 모범을 따르는 조직인지를 이야기해야 한다. 이러한 특징은 예를 들어 볼리비아와 에콰도르 좌파의 일각에서 확연히 두드러진다.

마지막으로 선거라는 토대를 통해 조직화된 사회 토대를 변화시키는 좌파 정당은 사상이나 정치적으로는 물론 선거에서도 패배할 수밖에 없다. 이 같은 이유로 인해 좌파는 반드시 사회 토대의 유동화와 조직화를 원조하고 촉진해야 한다. 그러므로 운동파에 대해 다룰(그리고 비판할) 때에는 현 역사 시기에서 선거전과 정부 참여의 중요성을 과소평가하고 이른바 사회운동을 신비화·신화화하며 사상적 차원에서는 사회운동을 자본주의에 대한 투쟁의 전위로 변화시키는 경향이 있는 비밀 무정부주의적 개념을 언급해야 한다.

그 모든 것의 결과로 현 상태를 바꾸어놓으려는 라틴아메리카와 카리브 지역의 좌파는 근본적인 두 가지 과업, 즉 진로의 지도를 제공해야 하고 활동하고 있는 전선 전체를 조화시켜야 한다는 과업을 이행함에 있어 커다란 난관에 직면해 있는 현실이다. 물론 이 같은 단언이 각 정당 내에 존재하는 일부 부문이나 일부 조직과 관련해서는 적합하지 않을 수도 있지만, 총체적으로 보자면 적절한 언급이라고 여겨진다. 그리고 더 구체적으로는 정당의 경우 불가피하게 집단적 지도부에 역행하면서 카리스마적 지도력을 얻기 위해 대중을 자주 동원하는 것이 요구된다. 또한 대중매체에 의해 영향을 매우 많이 받는 국민들로부터 선거에서 승리하고 불평등이 심한 국가를 통치하기 위해 대중을 자주 동원하는 것이 필요하다. 또한 '표 장사'로 인해 강령상의 논쟁이 뒷전으로 밀려나기 일쑤인 선거 과정에서는 엄청난 양의 선거자금이 불가피하게 필요하다는 점에서도 이는 마찬가지다. 때문에 국가나 기업 부문과의 관계가 형성되는데, 그런 관계는 정당의 본래 사회 토대를 부분적으로나마 차별화시켜 놓을 수 있다. 마지막으로 앞서 언급한 상황은 좌파로 하여금 국가기구 안팎에서 활동할 것을 요구하며, 권력을 향해 나아가는, 다시 말해 정치적·사회적 혁명을 향해 나아가는 길의 일부로서 선거전을 치르고 다스릴 수 있는 능력을 갖추어 패권세력인 동시에 반패권세력이 되는 길을 모색하도록 요구한다.

이 같은 부정적 요인들은 진보 정당들을 통합하거나 원조하는 행정부가 보여주는 급진성의 정도와는 무관하게 정부 내 모든 진보 정당에 영향을 미친다. 하지만 염두에 두어야 할 중대한 차이점도 존재하는데, 신자유주의가 더욱 파괴적이었던 국가들에서는 후견주의 우파의 지지기반까지 침식되고 좌파의 정치 스펙트럼을 포함한 모든 정치 스펙트럼이 내부로 함몰되었다는 사실이다. 또한 바로 그 이유 때문에 신자유주의 패권이 기력을 다하고 반대파가 선거에서 승리한 현재 상대적으로 최근에 생겨난 정치조직의 통합 당사자가 대통령에 새로 당선되기도 했는데, 베네수엘라의 제5공화국운동(MVR), 볼리비아의 사회주의운동,

에콰도르의 조국동맹 같은 조직이 이러한 경우다.

게다가 새로운 정부들은 제헌의회를 소집하기 위한 수단을 필요로 하고 동시에 그 수단에 의지하는데, 이는 수사적·정치적·제도적 관점에서 과정 자체를 급진적으로 만든다. 이 같은 급진성은 부분적으로는 엄청난 구조적 불평등에 대한 대응이지만, 다른 한편으로는 평가절하전, 불안조성전, 쿠데타전 등을 동원하는 우파 측 반대의 급진성에 대한 대응의 표출이다. 아울러 급진정책이 의미하는 바가 이런 나라들의 거시 및 미시경제 조건이 신자유주의 이후 경제모델을 설정하는 데 가장 유리한 조건이라는 것은 아니며, 자본주의 이후 경제모델을 설정하는 데 가장 유리한 조건이라는 의미는 더더욱 아니다.

주관적 조건과 객관적 조건 간의 모순은 이런 정부들이 기존에 가지고 있던 사회 토대와 이 정부들이 어쩔 수 없이 강구해야 한다고 느끼는 발전정책 사이에서 증가하고 있는 갈등의 기저에 존재한다. '어쩔 수 없이'라고 말한 이유는 이것이 축적된 사회적 요구에 대한 화답과 관련된 문제인 동시에 중장기 미래의 요구에 부응하는 문제이기 때문이다. 하지만 실제 현존하는 발전주의는 자본주의적 속성을 갖고 있어서 상이한 좌익 계파 사이에 중도파의 반발(자본과의 전략적 동맹), 운동파의 반발(특정 정책에 반대하는 분파의 반발), 유토피아파의 반발(발전에 대한 좌파적 거부)을 발생시킨다. 그리고 정부들의 정치적·사회적 토대 내에서 벌어지는 이 같은 분열은 세계 위기로 야기된 난관이라는 배경 속에서 우파에 유리한 선거 상황을 불러올 수 있다는 점도 간과할 수 없다.

이와는 반대로 다변화된 산업 경제가 존재했던 대륙의 여타 국가들에서는 정치적·사회적 저항이 신자유주의에 더 큰 한계를 안겨다주었다. 이러한 경우 국가와 정치 스펙트럼은 더욱 잘 유지되었으며 선거에서 승리한 반신자유주의 정당은 더욱 긴 생명력을 갖게 되었는데, 브라질의 노동자당(1980년 창당), 우루과이의 광대한 전선(FA, 1971년 창당)이 바로 이러한 경우다. 하지만 선거에서 패배한 우파 역시 유사한 이유로 인해 아주 막강하고 영향력 있는 상태를 유지하면서 제도화 과정과 구조개혁을 가로막고 있다.

이런 나라들에서 중도실용주의가 강력한 반면 유토피아주의와 운동주의는 상대적으로 소외되어 있다고 해서 놀랄 일도 아니다. 역설적이지만 과정에 대한 이 같은 상대적인 정치적 온건성과는 반대로 이 국가들은 (최소한 잠재력 면에서는) 사회주의 건설을 이행하기 위한 조건을 포함해 신자유주의 이후 경제모델을 구축하기에 더욱 유리한 거시 및 미시경제 조건을 갖추고 있다.

도식적으로 서술해보았지만, 앞서 언급한 주관적 조건과 객관적 조건 간 모순의 이론적·실천적 해결책은 대륙의 전략이라는 맥락 내에 오롯이 존재한다. 때문에 통합은 라틴아메리카와 카리브 지역 좌파의 정치 논쟁에서 핵심 분수령이다. 물론 통합이 지역 내 개별 국가에 사회주의적 미래를 보증해주는 것은 아니며 통합이라고 모두 사회주의 전략과 양립 가능한 것도 아니다. 하지만 현 국제 정세상 라틴아메리카와 카리브의 대다수 국가 입장에서는 통합만이 사회주의(또한 진보적 자본주의 발전)를 현실적 대안으로 삼을 수 있게 만드는 수단이다.

그러므로 라틴아메리카와 카리브 지역의 좌파가 세력을 확장시키되 그 방향을 잃지 않으려면 21세기 자본주의에 대한 논쟁, 20세기 사회주의의 동요, 그리고 전략적 논의에 한층 큰 주의를 기울여야 할 것이다. 여기에는 정치노선, 사회 토대, 정당, 정부, 국가 간의 관계에 대한 계산도 포함되어야 한다. 그리고 국가 변혁과 지역 통합 간의 관계에 대한 계산 역시 포함되어야 한다.

연대표

1. 에콰도르 역사 연표

2. 볼리비아 역사 연표

3. 페루 역사 연표

1. 에콰도르 역사 연표

1830 그란 콜롬비아로부터 독립.

1832 갈라파고스 섬을 에콰도르 영토에 귀속.

1834 그란 콜롬비아의 외채를 베네수엘라, 콜롬비아, 에콰도르 사이에 배분.

1835 내전 이후 비센테 로카푸에르테(Vicente Rocafuerte)가 1839년까지 통치.

1845 과야킬에서 마르시스타 혁명(Revolución Marcista)으로 후안 호세 플로레스(Juan Jose Flores)를 해임.

1851 에콰도르의 국가수장으로서 호세 마리아 우르비나(José María Urvina)가 흑인 노예해방 선언.

1856 외채 조정.

1858 페루가 에콰도르에 전쟁을 일으킴.

1859 페루 군대가 과야킬에 상륙.

1860 가르시아 모레노(García Moreno)의 반격으로 페루와의 전쟁에서 승리.

1863 콜롬비아와 전쟁을 벌였으나 에콰도르 군대는 쿠아스푸드에서 패배.

1868 지진으로 임바부라 주 파괴. 에콰도르 중앙은행 설립.

1869 가르시아 모레노가 주도한 쿠데타의 성공으로 1875년까지 절대권력 행사.

1875 모레노가 키토에서 암살로 사망.

1883 에콰도르에서 첫 번째 정당(보수당) 창당.

1884 과야킬 - 키토 간 전보 서비스 시작.

1885 화폐단위로 수크레(Sucre) 도입.

1890 자유당(Partido Liberal Nacional) 창당, 카카오 붐으로 세계에서 제1위의 카카오 수출 국가로 부상.

1895 과야킬에서 쿠데타로 엘로이 알파로(Eloy Alfaro)가 주도하는 자유주의 혁명 시작.

1896 과야킬에서 큰 화재 발생.

1897 과야킬 - 키토 간 철도건설계약 체결.

1898 금본위제 도입.

1900 세속국가 전환으로 인한 자유당 - 보수당 갈등.

1902 시민결혼과 이혼법 제정.

1906 알파로의 새로운 혁명이 승리. 자유주의 개혁과 정교분리를 지향하는 헌법 제정.

1908 과야킬 - 키토 간 철도 완성. 법에 의해 종교계에 속한 재산 국유화.

1910 페루와 국경 갈등.

1912 알파로와 여러 측근 세력이 키토에서 암살됨.

1913 에스메랄다스 지역에서 반란이 일어남.

1918 부채로 인해 구금할 수 있도록 한 법률 폐지.

1920 카카오 무역 위기 발발.

1922 총파업으로 과야킬 노동자 수백 명이 사망.

1925 군 반란으로 7월개혁(Reforma Juliana) 발발.

1926 사회당(Partido Socialista Ecuatoriana) 창설.

1927 국가개혁 시작. 감사원과 중앙은행 재창설.

1928 신헌법 제정.

1938 알베르토 엔리케스(Alberto Enriquez)가 노동법 제정.

1941 페루군, 에콰도르 영토 침입.

1942 에콰도르-페루 국경 협정을 위해 리우데자네이루 협정 서명.

1944 대중 폭동으로 아로요 델 리오(Arroyo del Río) 정부 붕괴. 에콰도르 노동자협회(CTE) 창설.

1945 에콰도르 유엔 가입.

1949 지진으로 암바토가 파괴되고 여러 지역이 피해를 봄. 국제적인 여러 종교단체의 방문으로 근대화 시기가 시작됨.

1952 200마일 배타적 경제수역 선포.

1957 제조업 진흥법 제정.

1959 경제위기로 마나비와 과야킬에서 대중반란 발생.

1963 군사독재 시작.

1964 농업개혁법 제정.

1966 국립중앙대학교(Universidad Central)에 군대 진입. 군사독재 붕괴.

1967 동부지역에서 석유 발견.

1969 안데스 통합그룹(Grupo de Integración Andina)에 에콰도르 가입.

1972 새로운 군부독재가 석유 붐 시대를 통치. 석유 수출.

1973 아스트라 지역에서 수십 명의 노동자가 국가의 폭력으로 사망.

1978 신헌법 제정. 문맹자에게 투표권 허용.

1979 권력이양으로 민주화.

1981 페루와 군사적 갈등.

1982 신자유주의 도입.

1985 교황 후안 파블로(Juan Pablo) 2세, 에콰도르 방문.

1987 지진으로 여러 지역에서 피해 발생.

1990 원주민봉기 시작.

1991 에콰도르 대통령, 유엔에서 페루와 국경분쟁 해결 시도. 페루 대통령, 에콰도르 방문.

1992 신자유주의가 가속화됨.

1995 페루와 새로운 무력 갈등.

1996 애틀란타 올림픽에서 에콰도르의 제퍼슨 페레즈(Jefferson Pérez)가 역사상 처음으로 금메달 획득.

1997 압달라 부카람(Abadalá Bucaram) 대통령이 국민에 의해 탄핵됨.

1998 신헌법 제정. 하밀 마우아드(Jamil Mahuad)가 대통령에 당선.

1999 역사상 가장 심각한 경제위기 발생.

2000 달러화 도입. 마우아드 대통령이 국민에 의해 강제로 탄핵됨.

2004 쿠스코 선언에서 에콰도르가 남미연맹(Unión Sudamericana)에 가입.

2005 루시오 구티에레스(Lucio Gutiérrez) 대통령이 국민에 의해 강제로 탄핵됨.

2006 라파엘 코레아(Rafael Correa)가 대통령에 당선.

2008 신헌법 제정.

2009 라파엘 코레아, 대통령 재선.

2013 대통령 선거 실시. 라파엘 코레아가 출구조사에서 56%로 1위.

2. 볼리비아 역사 연표

1825 페루로부터 독립 선언.

1826~1828 안토니오 호세 데 수크레(Antonio José de Sucre) 장군이 볼리비아 대통령 역임.

1830 콜롬비아 산타마르타에서 시몬 볼리바르(Simón Bolívar) 사망.

1839 칠레 융가이 전투(Batalla de Yungay)에서 칠레가 페루-볼리비아 연합군에 승리.

1879~1883 태평양전쟁(Guerra del Pacífico)에서 칠레가 페루-볼리비아로부터 초석이 풍부한 사막지역의 땅을 빼앗음.

1899 내전에서 라파스 시를 중심으로 한 세력이 승리해 입법부와 사법부가 라파스로 이전.

1904 볼리비아와 칠레 사이에 태평양전쟁 종전협정 체결. 볼리비아의 초석 산지였던 태평양 연안의 안토파가스타 지역에 대한 칠레의 소유권 인정. 대신 볼리비아 내륙의 라파스와 칠레 해안의 항구도시 아리카를 잇는 철도 건설에 합의.

1926~1930 에르난도 실레스 레예스(Hernando Siles Reyes)가 대통령에 집권.

1928 파라과이의 무력 도발이 전면전으로 확대됨.

1929 페루와 볼리비아가 타크나-아리카 지역에 관한 협정을 체결. 아리카는 칠레에 귀속되고 타크나는 페루에 반환되며 아리카의 항구에 대한 볼리비아의 접근을 허용한다는 내용의 이 협정은 1999년까지 이행되지 않음.

1932~1935 파라과이와 볼리비아 간의 차코전쟁(Guerra del Chaco)이 양국이 공유한 평야지대 차코보레알에 대한 분쟁으로 촉발.

1933 파라과이가 볼리비아에 선전포고.

1935 중립국위원회(아르헨티나, 브라질, 칠레, 콜롬비아, 페루, 미국)가 차코 전쟁에 대한 휴전을 선언.

1936 석유, 천연가스 등의 채굴, 생산, 유통에 독점권을 행사하는 볼리비아국영석유공사(YPFB: Yacimientos Petrolíferos Fiscales Bolivianos) 창설.

1937 다비드 토로(David Toro) 장군의 민족주의적 정권이 에너지 부문을 국유화. 스탠더드석유회사(Standard Oil Company)와의 계약 취소.

1942 빅토르 파스 에스텐소로(Víctor Paz Estenssoro)가 민족혁명운동(MNR: Movimiento Nacionalista Revolucionario) 창당.

1952 민중봉기가 일어나 광산이 오루로와 포토시의 은광 및 주석광산을 독점하던 세 가문의 손아귀에서 벗어남. 이를 계기로 이 광산들은 정부가 새로 설립한 볼리비아국영광업공사(COMIBOL: Corporación Minera de Bolivia)의 소유가 됨. 에르난 실레스 수아소(Hernán Siles Zuazo)는 광범위한 사회경제개혁을 지휘. 이 개혁은 봉건제도에서 벗어나 보통선거권 실현의 계기가 됨. 주요 사업의 국유화 진행.

1952 민족혁명운동을 중심으로 농지개혁, 보통선거, 광산국유화 등 사회개혁 진행.

1952 대농장 아시엔다(hacienda)가 농지개혁으로 해체됨.

1952~1956 파스 에스텐소로의 첫 번째 집권.

1953~1955 파스 에스텐소로 대통령에 의해 보통선거권 확립. 군의 규모 및 예산 축소. 3대 주요 주석광산이 국유화되어 볼리비아광업공사가 운영함. 농민을 고려해 대대적인 농지개혁 단행. 광부들을 중심으로 볼리비아노동연맹(COB: Central Obrera Boliviana) 결성.

1956~1960 실레스 수아소 집권.

1960~1964 파스 에스텐소의 두 번째 집권.

1964 파스 에스텐소가 세 번째 집권을 했으나 부통령 레네 바리엔토스 오르투뇨(René Barrientos Ortuño) 장군의 군사 쿠데타로 실각. 알프레도 오반도 칸디아(Alfredo Ovando Candía)와 함께 군사평의회(Junta Militar) 주도. 이때부터 볼리비아에 일련의 군사정권이 이어지고 인권유린 문제가

심각해짐.

1965 바리엔토스가 대통령에 당선.

1967 바리엔토스 대통령이 원주민 농민의 지지를 이끌어내면서 혁명 활동에 심각한 장애가 됨.

1967 에르네스토 체 게바라(Ernesto Che Guevara)가 볼리비아에서 민족해방군(ELN: Ejército de Liberación Nacional)을 조직.

1967 체 게바라가 바도 델 예소 부근에서 미국이 훈련시킨 볼리비아군에 붙잡힘.

1967 체 게바라 총살.

1969 바리엔토스 대통령, 헬기 사고로 사망.

1969 에너지 산업의 두 번째 국유화.

1971 우고 반세르(Hugo Banzer)의 쿠데타 성공. 토레스 대통령은 아르헨티나로 피신.

1971 정치적 납치에 대해 사형선고가 가능한 법안이 통과됨.

1971~1978 반세르 대령의 통치기. 군사독재로 압제와 고문의 공포 정치기.

1973 볼리비아에서 반세르가 칠레 군 당국자들과 회동.

1974 반세르, 모든 정치 활동을 금지.

1978 후안 페레다 아스분(Juan Pereda Asbún) 장군의 쿠데타로 반세르 실각.

1980 실레스 수아소가 대선에서 1위를 하지만 군부 쿠데타로 볼리비아를 떠나 해외로 도피.

1982 실레스 수아소의 재집권으로 18년 만에 잔혹한 군정이 종식되고 민주주의 회복. 실레스 수아소는 1985년까지 집권.

1985 초인플레이션과 정권에 비협조적인 국회로 인해 실레스 수아소의 임기가 단축되고 조기 선거가 단행됨. 반세르가 선거에서 승리하지만 연합정부 구성에 실패.

1985 주석 가격 폭락. 2만 3,000여 명의 광부가 일자리를 잃음.

1985 국제통화기금(IMF)이 화폐 평가절하와 재정 조정을 권고.

1985~1986 유엔 특별자문위원인 제프리 삭스(Jeffrey Sachs)가 초인플레이션 현상 해결을 목표로 경제고문 역할.

1985~1989 파스 에스텐소로의 네 번째 집권.

1986~1996 미국이 12억 달러를 원조.

1989 하이메 파스 사모라(Jaime Paz Zamora)가 대통령에 취임.

1993 '고니(Goni)'라고 불리는 곤살로 산체스 데 로사다(Gonzalo Sánchez de Lozada)가 대통령에 선출. 1995년부터 외국투자자들에게 기업 매각 추진. 수익의 반은 볼리비아 기업 구조의 현대화에 사용되고 나머지 반은 볼리비아 국민연금기금으로 운용.

1993 대통령 임기를 5년으로 하는 개헌 단행.

1994 새로운 자본화 프로그램이 국회를 통과.

1994 휴스턴에 기반을 둔 엔론(Enron) 사가 볼리비아-브라질을 잇는 천연가스 송수관 사업에서 볼리비아 측 사업을 담당하게 됨.

1995 채권국의 모임인 파리클럽(Paris Club)이 볼리비아 외채의 67%를 탕감하고 나머지 외채의 이자를 시중 금리로 할 것을 권고.

1995 에보 모랄레스(Evo Morales)가 사회주의운동(MAS: Movimiento al Socialismo) 창당. 모랄레스가 국회의원으로 선출됨. 2002년 대선에서는 산체스 데 로사다에게 근소한 표차로 패배.

1996 COMSUR(Compañía Minera del Sur)사가 자신들이 소유한 광산의 저수지에서 23만 톤의 납과 비소가 함유된 폐수를 필코마요 강의 지류인 필라야 강에 방출. 이는 금세기 라틴아메리카 최악의 환경 재앙으로 알려짐.

1996 정부가 토지개혁법과 관련해 지주 및 원주민 지도자들과 합의를 이끌어냄. 이는 원주민들이 2주 동안 거리투쟁을 벌인 결과임. 양보의 대가로 대지주는 50%의 세금 감면 혜택을 얻음. 이 법안에 따르면 소유주가

토지세를 내지 못하면 토지가 국가에 귀속됨.

1996 1만 2,000~1만 9,000에이커에 달하는 코카 재배지를 근절하기로 미국과 협약. 볼리비아가 이를 어길 경우 세계은행(World Bank) 등의 자금 지원이나 해외원조 조달이 중지됨.

1996 남미공동시장(MERCOSUR)에 준회원국으로 합류.

1996 민영화의 기반을 닦기 위한 석유자원법(Ley de Hidrocarburos, 일명 탄화수소법)이 국회를 통과.

1996 볼리비아국영석유공사가 산유 단계에서 채굴과 생산의 두 부서와 운송 관련 부서로 세분화.

1997 30년 만의 폭우로 수만 명의 이재민이 발생하고 농작물에도 막대한 피해를 입음.

1997 전체 인구의 5분의 1이 샤가스 병에 감염. 트리파노소마 크루즈라는 원충을 빈대와 비슷한 침노린재라는 곤충이 옮겨 발병함. 상처부위에 감염되면 혈관을 타고 돌면서 신경 파괴 및 심장과 결장의 팽창을 유발해 사망에 이르는 병.

1997 전직 대통령이자 우파 성향의 반세르가 대통령 선거에서 22%를 득표했으나 과반수 득표에 실패. 또 다른 전직 대통령인 파스 사모라는 17.5%의 득표율로 2위를 차지. 8월 4일 의회가 최다 득표자 두 명 가운데 반세르를 대통령으로 당선시킴.

1997 반세르가 개혁을 단행하고 빈곤을 퇴치하겠다고 약속함.

1997 연간 1인당 소득이 1,024달러를 달성.

1998 미국이 볼리비아에서 마약과의 전쟁을 위한 예산의 75% 또는 3,400만 달러를 대규모로 삭감. 1997년 실제 원조액은 4,600만 달러임. 일부 예산은 콜롬비아 원조로 돌림.

1998 볼리비아농업노동자유일연맹(CSUTCB: Confederación Sindical Única de Trabajadores Campesinos de Bolivia)은 임금 인상과 코카 재배 근절 프로그램의 철폐를 요구하며 무기한 파업에 돌입. 무력 충돌로 차파레 지역에서 4일 동안 3명이 사망하고 수십 명이 부상. 반세르 대통령은

임기 5년 동안 코카 재배와 마약거래 근절정책을 지속할 것임을 재확인.

1998 지진으로 수백 가구가 파괴되고 적어도 60명이 사망.

1998 볼리비아 정부군이 약 3만 7,000에이커의 코카 재배 지역을 파괴.

1998 천연가스의 채굴과 생산에 대한 투자가 6억 500만 달러로 최고점에 도달.

2000. 4 반정부 시위가 지속됨. 정부가 물값 인상을 예고했던 벡텔(Bechtel) 사 계열의 아구아스 델 투나리(Aguas del Tunari) 사와의 계약을 취소하면서 코차밤바에서는 정부와 시위대 간의 긴장이 다소 해소됨. 2002년에는 벡텔 사가 40년 동안의 수도사업 민간위탁 취소에 대한 배상금으로 2,500만 달러를 요구. 2006년, 배상을 하지 않는 것으로 종결.

2000. 9 코카 재배 근절 반대시위가 격화되어 라파스가 봉쇄됨. 10명 사망.

2001. 8 반세르 대통령 사임. 41세의 부통령 호르헤 키로가 라미레스(Jorge Quiroga Ramírez)가 대통령직 승계.

2002. 6 대통령 선거와 총선 실시. 선거운동 중 급진적인 정치체제 변화 및 자유시장 경제 전복을 내세운 후보들이 등장. 경제 불안이 지속되고 범죄가 증가. 볼리비아 유권자들이 기존의 정치인이 아닌 국가불안을 악화시킬 수 있다는 지적을 받은 소수 그룹의 급진 후보를 선택. 사회주의운동의 42세 후보 모랄레스가 21%의 득표율을 기록하며 국회의원에 당선됨. 상원 27석 중 10석, 하원 130석 중 36석을 원주민이 차지.

2002. 8 미국에서 자란 전 대통령이자 기업인 산체스 데 로사다를 국회에서 대통령으로 선출.

2003. 5 볼리비아의 코카 재배 증가. 미국이 지원한 대체 곡물 프로그램의 실패도 하나의 요인임.

2003. 10 산체스 데 로사다 대통령이 의회에 서면으로 사임을 표명. 부통령 카를로스 메사(Carlos Mesa)가 대통령직 승계.

2004. 7 국가적인 소요 사태를 진정시키기 위해 천연가스 수출과 관련해 국민투표 실시. 석유와 가스에 대한 정부의 권한 증대와 세금 인상안이 가결됨.

2004. 12 메사 정부가 디젤과 휘발유 가격을 각각 23%와 10% 인상한다고 발표.

국민들의 저항에 부딪힘.

2005. 3 볼리비아 의회가 메사 대통령의 사임 요구를 만장일치로 각하. 정권에 적극적인 협조를 약속.

2005. 5 외국계 석유회사에 대한 증세 법안 통과. 천연가스와 석유의 생산자들이 로열티로 지불하던 18% 세금에 32%의 생산세 추가. 대통령과 시위대가 석유와 천연가스 산업의 국유화를 원함.

2005. 6 사실상 라파스를 마비시킨 2주간의 시위로 메사 대통령이 제헌의회 구성 및 자치권 확대에 대한 국민투표 제안.

2005. 12 사회주의운동의 대선 주자인 모랄레스의 승리로 라틴아메리카에 좌파 바람이 공고해짐.

2006. 1 볼리비아 최초의 원주민 대통령인 모랄레스가 취임. 빈곤과 차별에 시달려온 대다수 원주민의 권익 신장을 약속.

2006. 1 모랄레스 대통령이 마르크스주의자를 에너지자원부 장관에 임명. 원주민, 지식인, 노조위원장 등으로 구성된 사회주의 지향의 내각 출범.

2006. 4 모랄레스 대통령이 베네수엘라, 쿠바와 함께 미국 주도의 미주자유무역지대 창설을 거부하고 사회주의 성격의 대안적인 지역 간 협력 및 통상을 제안. 미주볼리바르동맹(ALBA: Alternativa Bolivariana para los Pueblos de Nuestra América)에 세 번째로 가입.

2006. 5 모랄레스 대통령이 석유와 가스 산업의 국유화를 지시. 외국기업들이 6개월 이내에 생산권을 넘겨주지 않으면 강제 축출하겠다고 위협. 볼리비아의 최대 가스전은 브라질석유공사(Petrobras)가 운영 중.

2006. 6 모랄레스가 국유지 9,600평방마일을 빈농에게 나누어주는 대대적인 토지개혁에 착수. 5년에 걸쳐 포르투갈 면적의 두 배에 달하는 7만 7,000평방마일의 국유지를 내놓으려는 토지개혁에 대한 모랄레스와 기업 농업인 간의 회의가 결렬된 후 이 같은 발표가 나옴.

2006. 7 제헌의회 선거 및 정치와 재정 부문에서의 자치권 확대에 대한 찬반 국민투표 실시. 새 헌법을 만들 국회를 완전히 장악하지는 못했으나 모랄레스 측이 255석 중 132석을 획득함으로써 다수 원주민의 정치적 세력 확대와 국가의 경제지배권 확립에 청신호가 됨 . 총 9개 주 중

4개 주가 자치권 확대에 찬성.

2006. 8 모랄레스 대통령이 개헌을 위한 제헌의회를 공식적으로 개원.

2009 신헌법 제정.

3. 페루 역사 연표

1532 피사로 카하마르카 지역에서 잉카제국의 황제 아타우알파(Atahualpa) 체포.

1535 리마 창설.

1536 망코 잉카 반란 발발.

1538 살리나스 전쟁에서 알마그로(Almagro) 사망.

1541 프란시스코 피사로(Francisco Pizarro) 암살.

1542 페루 부왕령 창설.

1544 첫 번째 리마 부왕 블라스코 누네스 벨라(Blasco Nuñez Vela) 도착.

1551 산 마르코스 대학 창설.

1569 프란시스코 데 톨레도(Francisco de Toledo) 부왕 도착.

1570 종교재판소 창설.

1581 리마 주교로 산토 토르비오 데 몬그로베호(Santo Toribio de Montegrovejo) 도착.

1609 가르실라소 데 베가의『잉카 서설(Comentarios REales del Inca)』출판.

1613 리카 재판소 창설.

1620 원주민 귀족을 위한 학교(Colegio de Príncipes)를 리마에 창설.

1630 리마에 지진 발생.

1668 푸노 광산에서 폭동 발생.

1677 우아망가에 산크리스토발 대학 창설.

1720 남쪽산맥 지역에서 콜레라와 티푸스가 발생해 주민 피해.

1740 누에바 그라나다 부왕령 창설.

1743 남미와 리마에서 최초의 신문인 ≪가세타(Gaceta)≫ 창간.

1776 리오 데 라 플라타 부왕령 창설.

1778 자유무역법 제정.

1787 쿠스코 아우디엔시아 창설.

1821 리마의 산마르틴에 의해 독립 선포.

1823 첫 번째 헌법 제정.

1829 가마라(Gamarra) 정권 수립.

1872 첫 번째 시민 대통령인 마누엘 파르도(Manuel Pardo) 정권 수립.

1879 태평양전쟁 발발.

1881 칠레군, 리마 점령.

1906 리마에 전기전차 출현.

1917 가톨릭대학 창설.

1919 아우구스토 레히아(Augusto Leguia)에 의한 쿠데타 발발.

1924 빅토르 라울 아야 데 라토레(Victor Raul Haya de la Torre)가 멕시코에서 APRA 창설.

1930 산체스 세로(Sánchez Cerro)의 쿠데타로 레히아 정권 붕괴.

1931 선거에서 세로가 아야 데 라 토레에 승리.

1933 세로 암살.

1941 에콰도르와 갈등 발발.

1942 리우데자네이루 협정 서명.

1945 호세 루이스 부스타멘테(Jose Luis Bustamante)가 대통령에 취임.

1947 200마일 배타적 경제수역 선포.

1948 마누엘 오드리아(Manuel Odria) 장군에 의한 쿠데타 발발.

1956 여성에게 투표권 허용.

1962 군사위원회에 의한 쿠데타 발발.

1963 페르난도 벨라운데 테리(Fernando Belaúnde Terry)가 선거에서 승리.

1968 후안 벨라스코(JUan Velasco) 장군에 의한 쿠데타 발발.

1969 농업개혁법 제정.

1974 신헌법 제정.

1980 센데로 루미노소(Sendero Luminoso)가 등장하면서 단체활동 시작.

1981 에콰도르와 영토 갈등.

1985 알란 가르시아(Alan Garcia)가 대통령에 취임. 교황 후안 파블로 2세 방문.

1987 은행 국유화.

1990 알베르토 후지모리(Alberto Fujimori)가 대통령에 취임.

1992 후지모리의 궁정 쿠데타. 의회 해산. 센데로 루미노소 지도자인 아비마엘 구스만(Abimael Guzman) 체포.

1993 신헌법 제정.

1995 후지모리가 대통령에 취임. 에콰도르와 영토 갈등.

1998 브라질리아에서 에콰도르와 평화협정.

2000 민주주의 위기. 발렌틴 판니아구아(Valentin Paniagua)가 임시대통령으로 취임.

2001 알베르토 톨레도(Alberto Toledo)가 대통령에 취임.

2006 가르시아가 대통령에 취임.

2012 오얀타 오말라(Ollanta Humala)가 대통령에 취임.

서울대학교 라틴아메리카연구소(SNUILAS)는 1989년 스페인중남미연구소로 발족하여 2008년 확대 재편된 국내 라틴아메리카 연구의 산실이다. 라틴아메리카의 33개 독립국과 1개 준독립국, 인구 약 5억 5,000만 명의 광대한 지역을 연구대상으로 하는 서라연은 총서, 학술지, 웹진, 이슈 등을 발간하고 있으며, 다양한 분과학문 출신의 연구진이 학제적 연구를 통해 지식의 식민성 극복과 학문의 대중적 소통을 지향하고 있다.

엮은이

김달관, 서울대학교 라틴아메리카연구소 HK연구교수

옮긴이

강성식, 서울대학교 서어서문과

김유리, 한국외국어대학교 스페인어과

우석균, 서울대학교 라틴아메리카연구소 HK교수

조영현, 서울대학교 라틴아메리카연구소 HK연구교수

조영실, 서울대학교 서어서문과

한울아카데미 1619

에콰도르, 볼리비아, 페루

포스트 신자유주의 시대의 안데스 국가의 변화와 도전

ⓒ 서울대학교 라틴아메리카연구소, 2013

엮은이 | 김달관
펴낸이 | 김종수
펴낸곳 | 도서출판 한울

편집책임 | 김현대
편집 | 조수임

초판 1쇄 인쇄 | 2013년 11월 15일
초판 1쇄 발행 | 2013년 11월 30일

주소 | 413-756 경기도 파주시 광인사길 153 한울시소빌딩 3층
전화 | 031-955-0655
팩스 | 031-955-0656
홈페이지 | www.hanulbooks.co.kr
등록번호 | 제406-2003-000051호

Printed in Korea.
ISBN 978-89-460-5619-0 93950

* 책값은 겉표지에 있습니다.